알고리즘 탐정 프랭크

신비한 마법 가면과 문서 도난 사건

꿈꾸는 10대를 위한

신비한 마법 가면과 문서 도난 사건
알고리즘 탐정 프랭크

초판 1쇄　2020년 5월 13일
　　2쇄　2020년 7월 10일

지은이 제러미 쿠비카
옮긴이 이가영
발행인 최홍석

발행처 (주)프리렉
출판신고 2000년 3월 7일　제 13-634호
주소 경기도 부천시 길주로 77번길 19 세진프라자 201호
전화 032-326-7282(代)　**팩스** 032-326-5866
URL www.freelec.co.kr

편　집 고대광, 박영주
디자인 황인옥
일러스트 한재홍

ISBN 978-89-6540-271-8

알고리즘 탐정 프랭크

신비한 마법 가면과 문서 도난 사건

제러미 쿠비카 지음
이가영 옮김

프리렉

Title of English-language original: The CS Detective: An Algorithmic Tale of Crime, Conspiracy,

and Computation, ISBN 978-1-59327-749-9, published by No Starch Press.

Copyright © 2016 by Jeremy Kubica

All rights reserved.

This Korean edition was published by Freelec in 2017 by arrangement with No Starch Press, Inc.

through KCC(Korea Copyright Center Inc.), Seoul.

차
례

감사의 말

이 책을 위해 애쓰신 분들과 도움과 응원을 보내 주신 모든 분께 깊은 감사 인사를 드립니다.

먼저 노 스타치 프레스(No Starch Press) 출판사의 담당 팀원 모두에게 감사드립니다. 특히 편집 방향을 제시해 주고 큰 도움과 조언을 준 리즈 채드윅(Liz Chadwick)과 라일리 호프만(Riley Hoffman)에게 감사 인사를 전하고 싶습니다. 리즈의 현명한 조언은 이 책이 방향을 잃지 않고 이야기를 전개해 나가는 데 매우 큰 역할을 했습니다. 또한, 기술적인 내용을 〈강의 노트〉 형식으로 쓰자는 멋진 아이디어를 내 주신 데도 깊은 감사를 표합니다. 빌 폴락(Bill Pollock)과 타일러 오트만(Tyler Ortman)의 도움에도 감사드립니다. 특히 빌은 제목을 제안해 주었습니다. 제게 노 스타치 프레스 출판사를 소개해 준 카를로스 부에노(Carlos Bueno)에게도 감사드립니다.

등장인물과 이야기 전개에 딱 맞는 멋진 삽화를 그려 준 미란 리포바차(Miran Lipovača)에게도 감사합니다.

꼼꼼하고 예리하게 기술 감수를 해 준 하이디 뉴턴(Heidi Newton)에게 감사합니다. 하이디는 제가 이 책에 나오는 개념을 정확하면서도 이해하기 쉽게 설명할 수 있도록 도와주었습니다. 설명이 너무 기술적이라 학생들이 이해하기 어려울지도 모른다고 여러 번 지적해 주셔서 고맙습니다.

이 책의 초고를 공들여 검토하고 의견을 보내 주신 존 불(John Bull), 마이크 호치버그(Mike Hochberg), 에디스 쿠비카(Edith Kubica), 레이건 리(Regan Lee), 크리스틴 "킷" 스텁스(Kristen "Kit" Stubbs) 박사에게도 무척 감사드립니다. 이 책의 초안을 편집하고 매끄럽지 않은 부분을 다듬는 데 도움을 준 일라나 슈바르츠(Ilana Schwarcz)에게도 감사 인사를 전합니다.

저를 응원해 준 가족들에게도 깊은 감사 인사를 전합니다. 특히 컴퓨터 과학을 좋아하는 아이였던 저를 응원해 주시고 이 책을 쓸 수 있도록 용기를 북돋워 주신 부모님께 감사드립니다.

이 책은 컴퓨터 과학의 연산 사고와 탐색 알고리즘의 어려운 연산 개념을 쉽게 이해할 수 있도록 흥미진진한 이야기 형식으로 구성되어 있습니다. 스릴 넘치는 이야기를 통해 연산 개념 뒤에 숨겨진 동기를 알아보고 비컴퓨터 분야에서 연산 개념들이 어떻게 적용되는지 알아볼 수 있죠. 이 책은 알고리즘 종합서가 아니며, 여기 담긴 이야기들은 컴퓨터 과학 분야의 기술적인 설명을 대체하려는 의도에서 구성한 것이 아닙니다. 연산 사고와 알고리즘의 개념을 좀 더 완벽하게 이해할 수 있는 자료의 보충 삽화나 예처럼 사용되기를 바랍니다.

이 책은 탐색 알고리즘을 큰 범주로 나누어서 이들이 공통적으로 가지고 있는 다양한 연산 접근법을 다루고 있습니다. 이야기의 흐름에 맞게 개념을 먼저 제시하고 좀 더 기술적인 설명은 각 장이 끝날 때마다 드레커 교수의 강의 노트로 살펴볼 수 있습니다. 물론 이야기만 읽고 강의 노트는 나중으로 미루어도 상관없습니다.

물론 프로그램 언어를 몰라도 전혀 문제가 없습니다. 이 책에서 다룬 알고리즘은 프로그램 언어를 사용해 개발하거나 문제를 해결하는 데 적용되는 것들입니다.

이 책은 기본적으로 컴퓨터 과학에서 나오는 개념들을 어느 정도 알고 있다고 전제하고 있지만, 모르더라도 프랭크 런타임 탐정을 따라 미스터리한 사건을 추적하다 보면 자연스럽게 이해할 수 있을 것입니다.

프랭크 런타임

불명예 퇴직한 전직 형사, 현직 사설탐정. 도너번 경감에게 문서를 훔쳐간 도둑을 찾아 달라는 의뢰를 받고 탐색을 시작한다. 불필요한 반복과 시간 낭비하는 걸 싫어하고 의심이 많지만, 직감이 아주 뛰어나다.

엘리자베스 노테이션

경찰 대학을 갓 졸업한 의욕 가득한 신참 형사. 단독으로 문서 도난 사건을 수사하던 도중 프랭크를 만나게 된다. 틀린 건 그 자리에서 바로 잡아야만 직성이 풀리는 성격이다. 경찰 대학 시절 자료구조와 알고리즘 과목에서 1등, 석궁 과목에서 2등을 한 우수 졸업생이다.

삭스 리펠런트

프랭크와 노테이션이 비네티 일당에게 둘러싸여 위험에 처했을 때 도움을 주고는 일행에 합류하는 견습 마법사. 어쩐지 실수투성이에 어설픈 행동으로 도무지 믿음이 가지 않는다.

도너번 경감

노테이션이 근무하는 경찰서의 경감으로, 규율과 명령을 아주 중요하게 생각한다. 아무리 화가 나도 소리를 지르기보다 조곤조곤 설명해서 부하 직원이 스스로 부끄럽게 만드는 방법을 자주 사용한다.

레베카 비네티

밀거래는 물론 온갖 불법적인 일을 저지르고 다니며 잔인하기로 소문난 비네티 일당의 우두머리. 예전에 프랭크에게 꼬리를 잡힌 적이 있지만, 증거 불충분으로 풀려났다. 자꾸만 일을 방해하는 프랭크에게 복수할 기회를 노리고 있다.

마비스

프리랜서 밀수꾼이자 TCP 플라이어의 선장이
다. 조심스러운 성격 덕에 한 번도 유죄판결을
받은 적이 없다는 전적이 있다. 프랭크가 위험
에 처했을 때 도움을 주곤 한다.

드레커 교수

경찰관들에게 핵심과도 같은 탐색 수사의 기초
과목인 '경찰 알고리즘 입문' 수업을 하는 교수
로, 인자한 표정과 달리 산더미 같은 과제와 깐
깐한 시험 채점 방식으로 악명 높다.

익스포넨셔스

흑마법으로 알고리즘 기반을 공격해 왕국 전
체를 혼란의 도가니로 빠뜨린 사악한 마법사.
지금은 감옥에 얌전히 갇혀 있지만, 지금까지
도 종종 캠프파이어에서 견습 마법사들과 기
사들을 겁줄 때 단골 소재로 등장하곤 한다.

뜻밖의 의뢰

노크도 없이 문이 열렸다. 삐걱대는 경첩 소리로 누가 왔음을 알 수 있을 뿐이었다. 프랭크는 석궁을 집으려다가 이내 그만두었다. 비네티 일당이라면 이미 도끼로 문을 내리쩍었을 게 분명했다. 비네티 일당이 아니라면 문을 연 사람은 상담을 받으러 온 손님이 분명했다. 프랭크는 석궁 대신 머그잔을 들고 다 식은 커피를 마시며 남자를 향해 말했다.

"도너번 경감님, 어떻게 이런 누추한 곳까지 오셨습니까? 이제 15번가 아래로는 안 내려오시는 줄 알았는데요."

"오랜만이네, 프랭크. 어떻게 지냈나?"

경감은 짧게 답했다.

"아주 잘 지냈죠."

프랭크는 방을 둘러보는 경감을 바라보며 건성으로 대답했다.

경감은 프랭크의 허름한 사무실을 훑어보고 있었다. 붉은색 경찰 망토 뒷자락이 가볍게 흔들렸다.

"사설탐정 놀이는 어떻게 돼 가나?"

"먹고살 만은 합니다."

물론 거짓말이었다.

경감은 고개를 끄덕이고는 잠깐 걸음을 멈췄다가 책장 앞으로 다가가 꽂힌 책들을 살펴보기 시작했다.

"안부 인사차 오신 겁니까? 가족들 안부라도 물어야 할까요?"

"다들 잘 지내고 있네."

경감이 등을 돌린 채 답했다.

"요즘 아내의 거북이 미용 사업이 아주 잘돼. 빌은 작년에 경찰이 되었어. 베로니카는 회계사가 됐네. 회계사라니 생각지도 못한…"

프랭크가 경감의 말을 잘랐다.

"진짜 궁금해서 물어본 건 아닙니다."

경감은 어깨를 으쓱했다. 그러더니 책꽂이에서 책을 한 권 꺼내 대충 책장을 넘겼다. 프랭크는 책 제목을 확인하기 위해 목을 길게 뺐다. 《제21기 경찰 대학 졸업사진집》이었다.

"뭐 때문에 오신 겁니까?"

경감은 그제야 고개를 들어 프랭크의 눈을 응시하며 말했다.

"자네 도움이 필요하네."

프랭크는 자세를 고쳐 똑바로 앉았다. 프랭크가 경찰을 떠나 사무실을 차린 뒤 5년이 지날 동안 도너번 경감은 딱 두 번 찾아왔다. 두 번 다 수사 중인 사건에서 손을 떼라고 협박하기 위해서였다. 프랭크는 경감이 이번에

도 같은 소리를 하러 왔다고 생각했다. 하지만 이번엔 달랐다. 어쩌면 밀린 사무실 임대료를 해결할 수 있을지도 모른다는 생각에 귀가 솔깃했지만, 짐짓 대수롭지 않다는 듯 대답했다.

"전 이제 경찰이 아닙니다. 경감님의 믿음직한 부하 형사들에게 맡기면 되지 않습니까?"

"경찰 외부 사람이 필요하네."

경감은 탁 소리나게 책을 덮으며 말했다.

"모르는 척 그만하게. 내가 여기까지 찾아온 이유조차 모르는 사람이었다면 찾아오지 않았을 걸세."

프랭크는 껄껄 웃었다.

"기밀 유출인가요? '경감님' 경찰서에서요?"

"더 심각하네. 어젯밤 누군가 경찰서 기록 보관실에 침입해 양피지를 500장 넘게 훔쳐갔다네."

"뭐 때문에요?"

프랭크는 무의식적으로 몸을 앞으로 당긴 뒤 새 양피지와 깃펜을 손에 잡았다. 프랭크에게는 커피를 마시거나 계단 오르기를 피하는 일 만큼이나 자연스러운 행동이었다.

"모르겠네. 대중없이 가져갔어. 재산 분쟁 서류부터 지출 보고서까지 몇몇 칸에 든 문서만 몽땅 가져갔네. 청부살인업자, 유명인, 사설탐정, 공증인 등을 관리하는 원장까지 전부 다. 심지어 스윈슨 농장에 대한 소음 탄원서가 담긴 상자 2개까지 다 가져갔다네. 그런데 다른 칸은 전혀 건드리지 않았어. 지금까지 파악된 도난 문서만 512건이 넘네."

"스윈슨 농장 주변에 사는 사람이 가져갔나 보죠. 분명 누군가 주민들에게 경찰에 신고해 봤자 뻔한 설교나 듣게 될 거라고 말했을 겁니다."

프랭크의 농담에 도너번 경감은 대답 대신 한심하다는 듯 프랭크를 쳐다 봤다. 프랭크는 머쓱한 듯 헛기침한 다음 입을 열었다.

"그럼 문서를 찾아 드리면 됩니까?"

경감은 고개를 저었다.

"범인을 찾아 줬으면 하네. 문서는 복사본을 가지고 있어. 범인에게 필요한 정보가 뭔지, 그 문서로 뭘 하려는 건지 알아내고 싶네."

"탐색 문제로군요."

프랭크는 생각에 잠겼다. 경찰 시절, 프랭크의 특기는 범인 탐색과 경감 괴롭히기였다.

"국왕께선 알고 계십니까?"

"어제 보고드렸네."

경감은 짜증이 묻어나는 목소리로 말했다.

"그 괴짜 마법사 사건 이후로 날마다 모든 사건을 보고하라고 하신다네."

2년 전, 권력욕에 사로잡힌 익스포넌셔스(Exponentious)라는 사악한 마법사가 왕국 전체를 무너뜨리려고 시도한 적이 있었다. 그 사건 이후 프레더릭 국왕은 직접 나서서 왕국의 보안을 대대적으로 강화했다. 300개가 넘는 보안 관련 규제가 만들어졌고 이 중 5개 이상이 10층 이하 왕국 건물에 있는 공문서 보관에 관한 규제였다.

"하지만 국왕 폐하를 탓할 수만은 없는 일이지. 하마터면 진짜 왕국이 없어질 뻔했잖은가. 앤 공주님이 아니었다면 지금 어떻게 됐을지 알 수 없는 일이야."

도너번 경감이 중얼거렸다. 프랭크는 말없이 고개를 끄덕였다. 사악한 마법사 익스포넨셔스는 알고리즘을 연구하는 학자들에게 저주를 걸어 왕국의 알고리즘 기반을 공격했다. 사람들은 몇 달 만에 간단한 연산조차 제대로 할 수 없게 되었고 왕국은 서서히 멈추기 시작했다. 모든 곳에서 피해가 속출했다. 심지어 동네 빵집을 찾은 손님들이 줄 서는 법을 잊어버려 허둥대는 모습을 목격하기도 했다. 경감은 짜증스럽게 말했다.

"당연하지만, 폐하께서는 이 사건에 관심이 많으시네. 세세한 사항까지 모두 알고 싶어 하시지. 누가 이 사건을 담당하나? 어떤 탐색 알고리즘을 사용하고 있나? 주변 건물은 샅샅이 다 뒤져 봤나?"

프랭크는 웃음을 참으며 경감의 제의를 곰곰이 생각해 보았다. 수도 경찰의 자문 일을 맡는다면 꽤 큰돈을 벌 수 있을 터였다. 프랭크는 신발에 난 구멍 사이로 빠져나온 자신의 발가락을 가만히 내려다보다가 입을 열었다.

"자문을 맡으면 제 방식대로 수사할 겁니다."

결정적 순간이었다. 5년 전, 프랭크는 '그의 방식대로 수사'했다는 이유로 경찰을 떠나야 했다. 도너번 경감은 규율과 명령을 중시하는 사람이었다. 프랭크가 마지막으로 수사에 사용한 휴리스틱 기법이 결정적 문제가 됐다. 그날 오후, 잔뜩 화가 난 도너번 경감은 프랭크에게 경찰 배지를 반납하고 나가라고 명령했다. 이런 일이 있긴 했지만, 프랭크의 수사 방식은 언제나 성과를 내는 데는 탁월했다. 경감이 드디어 입을 열었다.

"그렇게 말할 줄 알았네."

경감은 경찰 망토에서 얇은 폴더 하나를 꺼내 프랭크의 책상 위에 올려놓았다.

"연락하겠네."

도너번 경감은 이렇게 말하고는 인사도 없이 뒤돌아서 사무실을 나갔다.

※ ※ ※

3시간 후, 머그잔으로 커피 열두 잔을 더 마신 프랭크는 구부정한 자세로 책상 앞에 앉아 경감이 주고 간 정보가 담긴 얇은 폴더를 일곱 번째 넘기고 있었다. 흔들리는 촛불에 글자가 이리저리 날뛰고 아른거렸다. 하지만 새로운 실마리는 찾을 수 없었다.

쓸 만한 정보가 별로 없었다. 경감이 준 폴더에는 도둑맞은 문서의 목록과 도둑맞은 날 밤 경찰서의 근무자 명단이 들어 있을 뿐이었다. 프랭크는 과장되게 한숨을 쉰 다음 양피지를 집어 들어 메모를 시작했다.

탐색 문제를 풀 때는 언제나 경찰 알고리즘 입문 수업에서 가르치듯 **탐색목표**(찾고자 하는 대상)를 정하는 데서부터 시작해야 했다. 프랭크는 신참 경찰 시절에 이 사실을 몸으로 배웠다. 이야기하자면 경찰로 발령받은 첫 주에 프랭크는 공작이 도둑맞은 경주용 종마를 찾는 사건을 맡았었는데,

그날 오후 그가 찾아내 경찰서로 가져온 것은 19킬로그램의 뿔난 거북이었던 것이다. 확실히 깊은 인상을 남길 만한 파충류는 아니었다. 애초부터 잘못된 대상을 찾고 있다면 그 어떤 뛰어난 탐색 알고리즘도 무의미한 것이 된다.

이 사건에서는 도둑맞은 물건이 아니라 도둑이 대상이었다. 도너번 경감은 그 점을 제대로 지적했었다. 일단 도둑이 문서를 가져갔다면 문서를 찾아서 돌려주는 건 더 이상 중요하지 않다. 도둑은 이미 그들이 원하는 정보라면 뭐든 가지고 있기 때문이다. 그래서 프랭크의 목표는 간단했다. 문서를 훔친 사람 또는 사람들이었다.

탐색할 목표를 정한 다음 탐색 문제에서 해야 할 일은 **탐색 공간**, 즉 어디를 살펴볼지 정하는 일이었다. 매일 열쇠를 어디에 두었는지 잊어버리는 프랭크가 열쇠를 찾을 때라면 탐색 공간은 사무실 내에 열쇠를 둘 수 있을 만한 모든 평평한 곳으로 정하면 될 것이다. 마찬가지로 범인을 잡으려면 프랭크는 수도를 포함해 인근에 있는 모든 도시를 탐색 공간으로 삼아야 했다.

프랭크는 등을 뒤로 젖히고 눈을 비볐다. 범죄자가 득실대는 도시에서 얼굴도 모르는 범인을 찾아내야 한다니 큰일이었다. 하지만 프랭크는 더 어려운 문제도 경험했었다.

탐색 목표와 탐색 공간을 정했으니 문제는 정해진 셈이었다. 이제 문제를 푸는 데 사용할 **알고리즘**을 정할 차례였다. 도시에 사는 모든 사람을 조사할 순 없으므로 선형 탐색은 일찌감치 제외했다. 경찰 대학 시절 배운 여러 복잡한 알고리즘도 제외했다. 이런 문제를 풀려면 기본으로 돌아가 사설탐정의 가장 믿음직한 친구인 기초 탐색 알고리즘을 사용해야 했다.

프랭크는 여기까지 생각한 내용을 양피지에 적었다. 탐색 목표를 설정했고 탐색 공간을 알아냈고 알고리즘을 선택했다. 일을 시작할 시간이었다.

탐색 문제

이 수업에서 우리는 탐색 문제를 풀 때 사용하는 몇 가지 알고리즘(과 자료구조)을 함께 살펴보게 됩니다. 여기서 말하는 **탐색 문제(search problem)**란 우리가 찾는 값일 가능성이 있는 값을 모두 모아 둔 공간(탐색 공간)에서 특정한 값(목표)을 찾아내야 하는 문제입니다.

졸업해서 경찰이 될 생도들은 이 수업에서 다룰 탐색 문제와 비슷한 문제들을 매일 접하게 될 것입니다. 탐색 문제라고 뭉뚱그려 부르는 이런 문제에는 다양한 종류의 컴퓨터 과학 문제가 속해 있습니다. 원하는 항목을 찾기 위해 경찰 기록을 살펴보는 일도, 범인이 숨은 건물의 방을 수색하는 일도, 정해진 조건에 맞는 체포 기록을 찾아내는 일도 모두 탐색 문제입니다. 탐색 문제를 다 배우려면 몇 년이 걸릴지 모르니 이 수업에서는 중요하고 기초적인 알고리즘이 적용된 간단한 사례 몇 가지만 짚고 넘어갈 것입니다.

이 수업에서 배울 모든 알고리즘은 다음 세 가지 구성 요소를 공통적으로 가지고 있습니다. 바로 탐색 목표와 탐색 공간 그리고 탐색 알고리즘입니다.

탐색 목표란 찾고 있는 데이터를 말합니다. 탐색 목표는 특정한 값이 될 수도 있고 탐색이 성공했는지 알려 주는 판단 기준이 될 수도 있습니다.

탐색 공간은 탐색 목표일 가능성이 있는 것을 모두 모아 놓은 집합을 말합니다. 예를 들어 값을 모아 놓은 목록이나 그래프 상의 모든 노드가 탐색 공간이 될 수 있습니다. 탐색 공간에 있는 하나의 가능성을 **상태(state)**라고 부릅니다.

탐색 알고리즘은 탐색을 진행하면서 따라야 하는 특정 절차나 지침을 모아 놓은 집합을 말합니다.

탐색 문제 중에는 추가 요구가 있거나 복잡한 문제도 있습니다. 이 수업에서는 기초 탐색 알고리즘 외에 다른 알고리즘도 간단히 다루게 될 테니 공부할 준비들 단단히 해 오는 게 좋을 겁니다.

천 리 길도 탐문부터

완전 탐색 알고리즘

"효율적 알고리즘의 핵심은 정보입니다."

드레커(Drecker) 교수는 경찰 알고리즘 입문 수업 시간마다 이렇게 강조했다. 프랭크의 머릿속에는 아직도 이 말이 깊이 새겨져 있었다.

"자료의 구조를 찾아내고 이를 활용할 줄 알아야 유효한 알고리즘을 쓸수 있습니다. 유효한 알고리즘은 정보가 결정합니다."

프랭크는 3비트 골목길을 향해 방향을 틀며 옛 추억에 미소 지었다. 흙길인 3비트 골목길에는 허름한 바와 고급 커피숍이 뒤섞여서 늘어서 있었다. 프랭크는 갑옷을 입고 쇠 부딪히는 소리를 내며 지나가는 기사 두 명에게 공손히 인사한 다음, 이 골목길을 떠나기 전에 잊지 말고 3배 진한 에스프레소를 한 잔 마셔야겠다고 생각했다. 하지만 커피를 마시기 전에 먼저 탐색에 도움이 될 만한 정보부터 얻어야 했다. 프랭크는 정보를 어디서부터 찾아야 할지 정확히 알고 있었다.

지금 시각이면 분명 유리 상자 빌리가 이 골목에 있는 가게에 자리를 잡은 채 조용히 앉아 가게 안을 떠도는 대화를 엿듣고 있을 터였다. 빌리에게 일부러 말을 흘리는 사람은 없었다. 사람들은 그저 빌리가 옆에 있다는 사실도 모른 채 대화를 나눌 뿐이었다. 빌리에게 남보다 뛰어난 단 한 가지 재주가 있다면 바로 눈에 띄지 않는 재주였다. 아무리 노력해도 어째서인지 사람들은 빌리가 거기 있다는 사실을 몰랐다. 어쩌면 창백한 피부와 왜소한 체격 때문일지도 몰랐다. 아니면 너무 평범하게 옷을 입어서일 수도 있었다. 이유야 어쨌든 빌리는 꽤 오래전부터 자신에게 주어진 단 하나의 재능을 활용해 말을 엿듣고 정보를 모아서 원하는 사람에게 팔아넘기는 일을 하고 있었다.

프랭크는 3비트 골목길에 옹기종기 모인 가게 여덟 곳의 입구를 유심히 보면서 빌리가 이 중 어디에 있을지 고민했다. 빌리가 있을 만한 곳을 찾으려 대여섯 가지 탐색 알고리즘을 실행해 봤지만, 소용이 없었다. 프랭크에게는 근거로 삼을 정보가 전혀 없었다. 빌리는 이 골목길의 바와 커피숍 중 어디에나 있을 수 있었다.

어쩔 수 없이 빌리를 찾을 때까지 있을 만한 곳을 다 들어가 보는 **완전 탐색 알고리즘**을 사용할 수밖에 없었다. 프랭크는 완전 탐색 알고리즘을 좋아하지 않았다. 오랫동안 형사와 사설탐정 일을 하면서 완전 탐색은 지금처럼 정보가 완전히 없는 상황이 아니면 시간 낭비라는 사실을 배우게 되었다. 아주 작은 정보라도 갖고 있다면 대개 완전 탐색보다 더 나은 탐색 알고리즘을 사용할 수 있기 마련이었다. 게다가 프랭크는 완전 탐색처럼 비효율적인 방식에 기대는 것을 좋아하지 않았다.

프랭크는 투덜대면서 빌리를 찾기 시작했다. 먼저 골목에 있는 첫 번째 가게인 절댓값이라는 술집부터 들어가 보기로 했다.

가게로 들어서는 프랭크를 보더니 험상궂게 생긴 에이브라는 바텐더가 흠집이 잔뜩 난 카운터 아래로 손을 집어넣었다. 말은 안 했지만, '난 무기를 들고 있다. 뭔지는 알아서 생각하도록. 하지만 날 귀찮게 하면 가만 안 둘 줄 알아.'라는 메시지가 분명했다.

"문제를 만들러 온 게 아니네. 에이브."

양손을 들어 보이며 프랭크가 말했다.

"빌리를 찾으러 여기 왔을 뿐이야."

"음, 빌리는 여기 없어."

에이브가 말했다. 프랭크는 하마터면 안도의 미소를 지을 뻔했다.

"그럼 다른 데 가 봐야겠군."

에이브는 건성으로 고개를 끄덕이면서 프랭크가 문을 나설 때까지 손을 카운터 아래에 계속 둔 채 지켜봤다. 가게 밖으로 나온 프랭크는 두어 번 차가운 바깥 공기를 깊이 들이마신 다음 고개를 저었다. 에이브는 프랭크가 아는 사람 중에 가장 뒤끝이 긴 사람이었다. 물론 프랭크가 에이브의 형제를 네 명이나 체포하긴 했지만 말이다.

다음 가게는 극명하게 검은색과 흰색만 써서 전형적인 불리언 양식으로 장식한 현대식 커피숍인 황동 불리언이었다. 불리언 시 주민들은 절대 논리에 집착해 모든 것을 참 아니면 거짓으로 보기로 유명했다. 그래서 불리언 시 출신 사람들의 목격담은 믿을 만했다. 황동 불리언은 이 도시에 있는 유일한 불리언 카페로, 불리언 시에서 온 이민자들의 안식처였다. 이곳에서는 손님을 불리언 시 출신이냐 아니냐로만 구분했다.

프랭크는 문틈으로 고개를 들이민 채 가게 안에 있는 모든 사람을 향해 "빌리 여기 있나?"라고 물었다. 20쌍의 눈이 가게를 구석구석 훑는 동안 잠시 정적이 흘렀다. 불리언 시에서 온 사람들은 확신이 있기 전까지는 대답하지 않았다.

"아니."

정확한 대답이 돌아왔다. 프랭크는 완전 탐색을 계속해 나갔다.

세 번째와 네 번째 가게는 지금까지 들른 가게보다 친절했지만, 똑같이 소득은 없었다. 불변 상수의 바텐더는 프랭크를 반갑게 맞으며 함께 했던 지난 행복한 시절을 추억해 보자고 말했다. 겨우 지난달에 프랭크를 처음 만난 사이인데 말이다.

가까스로 불변 상수의 바텐더에게서 벗어난 프랭크는 다음 가게로 발걸음을 옮겼다. 소란스럽기로 소문난 마법사 소굴인 대담한 더블에 가자 사람들은 김이 모락모락 나는 머그잔을 치켜들어 프랭크를 환호하며 흥겹게 노래를 불러 댔다. 그들은 새로운 손님이 들어올 때마다 그걸 반복하는 중이었다.

프랭크는 다섯 번째 가게인 기하급수 에스프레소에서 빌리를 찾았다. 기하급수 에스프레소는 이 거리에 있는 커피숍 가운데 단연코 가장 시끄럽고

엉성했지만, 카페인이 3배나 많은 원두 때문에 골수 단골을 제일 많이 끌수 있었다. 특히 만족스러운 대화는 꼭 큰 소리로 해야 한다고 믿는 듯한 신경과민인 사람들로 만석을 이룰 때는 장사가 잘되는 날이었다.

그날 아침, 기하급수 에스프레소는 비교적 한산했다. 몇 테이블에만 손님이 있었고 그마저도 대부분 혼자 앉아서 몸을 흔들거나 이따금 혼잣말을 조용히 중얼거리며 커피를 마시고 있을 뿐이었다.

빌리는 가게 중앙에 있는 테이블에 앉아 대화를 나누고 있는 가장 가까운 테이블 쪽으로 어색하게 몸을 기울이고 있었다. 아무도 빌리가 있다는 사실을 눈치채지 못한 듯했다. 프랭크조차 빌리를 한 번에 알아보지 못했다.

"빌리!"

프랭크가 큰 소리로 빌리를 부르자 빌리는 나쁜 짓을 하다가 걸린 사람처럼 벌떡 일어섰다가 프랭크를 발견하고는 자신을 알아봐 줘서 기쁜 듯 씩 웃으며 다시 자리에 앉았다.

"의자 가져와서 앉아."

"정보를 찾고 있어."

빌리 맞은편에 앉으며 프랭크가 말했다.

"내가 도움이 될지 모르겠네. 요즘은 통 기억력이 좋지 않아서."

빌리는 애초에 자기 것도 아니었을 오래전에 다 마신 커피잔을 힐끗 보며 말했다. 프랭크가 바리스타에게 손짓하자 곧 갓 뽑은 커피가 테이블 위에 놓였다.

"경찰서 도난 사건에 대해 뭐 좀 아는 거 있나?"

빌리는 커피잔을 들던 손을 흠칫하고는 눈을 크게 떴다.

"지금 도난 사건이라고 했어?"

빌리가 납득하기 어렵다는 듯 되물었다. 그는 누가 자신의 목소리를 들었을세라 재빨리 가게를 훑었지만, 평소대로 아무도 빌리에게 관심을 기울이지 않고 있었다. 프랭크는 금화 두 닢을 테이블 위에 놓았다. 이런 일 따위에 돈을 쓸 만큼 여유 있는 처지는 아니었다. 특히나 단서일지 단순 가십거리일지 모르는 상황에서는 더 그랬다. 하지만 돈이 싸게 먹히진 않으리란 것은 이미 알고 있었다. 속은 쓰리지만 어쩔 수 없었다. 프랭크는 빌리 쪽으로 몸을 기울여 조용히 속삭였다.

"이틀 전에 도둑들이 문서 더미를 통째로 가져갔어."

"기억해 봐야 신상에 좋을 만한 건 아니겠는걸. 아쉽지만, 사람을 잘못 찾아온 것 같아. 프랭크."

"그거 진짜 금이라고."

프랭크가 투덜거리며 말했다.

"미안해. 도와줄 수가 없어."

빌리는 한 번 더 가게 안을 둘러본 뒤 덧붙였다.

"도난 사건에 대해 뭔가 들었다고 하더라도 잊으려고 노력했을 거야. 누가 문서를 나르는 걸 도와주었는지 같은 별거 아닌 사실을 알고 있다고 해도 내일 누가 내 신발에 소똥을 뿌릴지도 모르는데 그런 위험까지 감수할 필요는 없지."

프랭크가 빌리를 빤히 쳐다봤지만, 빌리는 입을 다물었다. 정보를 팔아서 먹고사는 사람치고는 특이하게도 빌리는 말을 아끼는 편이었다.

"소똥?"

프랭크가 물었다. 빌리는 고개를 끄덕였을 뿐 더 이상 입을 떼지는 않았다.

"더 정확히 말해 줄 순 없겠나? 북부지방 소야, 남부지방 소야?"

"그게 중요해?"

빌리는 프랭크 쪽으로 몸을 기울여 속삭이듯 말하기 시작했다.

"요점은 누가 훔친 문서를 날랐는지 들었다고 해도 난 기억하지 않을 거라는 거지. 특히 그 사람들이 시내에서 8킬로미터쯤 떨어진 곳에 사람 하나쯤 납치해다가 숨겨도 아무도 모를 만큼 커다란 농장을 가지고 있다면 말이지. 게다가 그 농장을 소유한 가족이 불법 활동을 한 이력이 있는 데다 유머 감각도 험악하다면 말할 것도 없지. 아니, 난 기억 못 해. 그 사건에 관한 건 뭐든 기억해 봤자 신상에 분명 안 좋을 거야."

"아쉽군. 그럼 나중에 보지."

프랭크가 웃으면서 턱짓으로 금화를 가리켰다.

"나중에 기억이 나면 보너스가 있네."

프랭크는 자리에서 일어나 기하급수 에스프레소를 큰걸음으로 빠져나온 다음 왼쪽으로 돌아 3비트 골목길을 따라 계속 올라갔다. 일단 3비트 골목길을 빠져나가 방향을 바꾸어 빌리의 설명과 맞아떨어지는 유일한 외딴 농장인 크래녹 농장으로 향할 생각이었다. 레지스터 결함을 지날 무렵 프랭크는 인근 골목으로 그림자 움직임이 사라지는 걸 느꼈다. 벌써 미행이 붙은 게 분명했다. 프랭크는 작은 소리로 욕을 중얼거리며 계속 앞으로 나아갔다. 지난번 도너번 경감이 신중하지 못하게 대놓고 방문한 걸 생각하면 꼬리를 잡힌 건 당연한 걸지도 몰랐다.

시내를 벗어나 크래녹 농장으로 향하는 거칠고 지저분한 흙길에 들어서자 기분이 좋아졌다. 빌리에게서 얻은 정보는 많지 않았지만, 얼마 안 되는 정보로도 완전 탐색이 아닌 다른 효과적인 알고리즘을 사용할 수 있을 터였다.

완전 탐색

완전 탐색(exhaustive search) 알고리즘은 목푯값을 찾을 때까지 탐색 공간 내 모든 가능성을 탐색합니다. 그중에서도 모든 가능성을 순서대로 확인하는 선형 탐색을 가장 많이 사용합니다.

여러분이 쫓던 도둑이 폐업한 호텔 2층 복도에서 사라진 상황을 가정해 봅시다. 이 호텔 2층에는 30개의 방이 있고 모든 문은 닫혀 있습니다. 올바른 경찰 지침대로 행동한다면 동료가 이미 반대쪽 계단을 막고 있을 테니 도둑은 2층 어디엔가 갇힌 셈입니다. 이때 도둑을 찾으려면 어떻게 해야 할까요? 왔다 갔다 아무 문이나 열어 보며 운에 맡겨야 할까요? 아닙니다! 문을 차례대로 한 번에 하나씩 열어 봐야 합니다.

이번에는 목푯값을 탐색하기 위해 숫자 배열(목록)을 훑어보는 알고리즘을 생각해 봅시다. 이 알고리즘은 배열을 따라 이동하면서 모든 숫자를 순서대로 하나씩 빠짐없이 확인해 나가다가 탐색 목표에 도달하면 멈춥니다. 그렇다면 9개의 숫자로 이루어진 배열에서 5를 탐색하는 과정을 살펴볼까요?

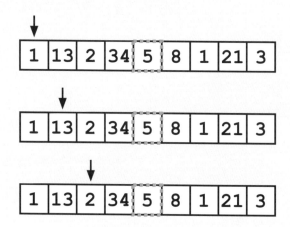

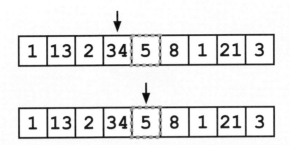

완전 탐색 알고리즘은 실제 구현이 간단하고 데이터가 구조화되어 있지 않아도 사용할 수 있다는 장점이 있습니다. 완전 탐색을 할 때는 도둑이 어떤 방에 있을지 가정할 필요가 없습니다. 단순히 모든 방을 살펴보기만 하면 됩니다. 단점이라면 데이터가 구조화되어 있고 이 구조를 탐색에 활용할 수 있는 경우에는 완전 탐색 알고리즘보다 다른 알고리즘을 사용하는 편이 효율적이라는 것입니다. 예를 들어 도둑이 어느 방향으로 도망쳤는지 안다면, 그 많은 방을 열어보는 대신 해당 정보를 사용해서 범인이 달아난 쪽 방만 살펴보는 편이 시간을 아낄 수 있을 것입니다.

효율적 알고리즘의 핵심은 정보입니다!

크래녹 농장의 수상한 수레

배열과 인덱스

크래녹(Crannock) 농장에 도착한 프랭크는 집 앞에 경찰 말이 묶여 있는 것을 보고 큰 소리로 욕을 내뱉었다. 경감이 직접 멀리까지 찾아와 일을 맡겼기 때문에 프랭크는 이 사건을 경찰이 정식으로 수사할 리 없다고 생각했었다. 경감이 부하 직원에게 일을 시키지 않고 프랭크를 찾아온 이유는 부하 직원이 사건에 가담했을 가능성이 있거나 사건을 맡을 만큼 능력 있는 직원이 없다고 판단해서였을 터였다. 하지만 경찰 말이 여기에 묶여 있다는 사실은 이 사건을 맡아서 수사 중인 경찰이 있을 뿐 아니라 그 경찰이 프랭크보다 한발 앞서 있다는 뜻이었다.

열려 있는 문으로 들어가자 현관에 농장 주인 크래녹과 여자 형사 한 명이 서 있었다. 크래녹은 프랭크를 보고도 전혀 놀라지 않는 눈치였다. 그저 경계심 가득한 눈빛으로 쏘아볼 뿐이었다. 하지만 그 형사는 전혀 예상하지 못한 듯 당혹스런 표정을 지었다. 형사가 양피지와 깃펜을 손에 쥔 채 프랭크 쪽으로 고개를 돌리며 물었다.

"누구시죠?"

프랭크는 형사의 말을 무시한 채 말했다.

"크래녹 씨, 다시 만나서 정말 반갑군요!"

"프랭크! 자네도 우릴 괴롭히러 온 건가? 난 하나도 반갑지 않네."

"환영받을 거라곤 기대하지 않았습니다. 부인을 뵙고 싶은데요. 몇 가지 물을 말이 있어서요."

형사가 프랭크 쪽을 바라보며 코웃음을 쳤다.

"프랭크? 프랭크 런타임? 퇴직하고 사설탐정이 됐다는 그 사람이에요? 여기서 뭐 하시는 거죠? 누가 애완용 드래곤이라도 잃어버렸대요?"

프랭크는 이 말도 무시한 채 크래녹을 향해 물었다.

"크래녹 씨, 부인은 어디 계시나요?"

크래녹은 손을 내저으며 말했다.

"아내는 아무 잘못도 없어! 알다시피 우린 손 턴지 오래야. 이번엔 진짜라고."

아마추어치곤 나쁘지 않은 연기력이었다. 프랭크는 웃었다. 웃는 표정이 상대를 더 불안하게 만든다는 사실을 프랭크는 잘 알고 있었다. 크래녹이 움찔했다.

"저도 잘 알죠. 크래녹 씨. 전 그저 부인의 전문 지식을 빌리기 위해 왔을 뿐입니다. 아니면 전 가겠습니다. 그냥 여기 형사 분과…"

형사가 프랭크의 말을 잘랐다.

"노테이션(Notation) 형사입니다. 이 사건은 제 담당이에요."

거짓말이었다. 경찰은 언제나 2인 1조로 수사했다. 게다가 경감이 준 근무자 명단에서 노테이션이라는 이름을 본 기억이 났다. 사건이 벌어진 날 밤, 노테이션은 사건 현장인 경찰서에 있었다.

"노테이션 형사님. 제가 여기 사건 조사하러 왔다고 누가 그러던가요? 그냥 잃어버린 애완용 드래곤을 찾고 있을지도 모르잖습니까."

노테이션이 프랭크를 쏘아봤다. 그때 뒤뜰에서 소란스러운 소리가 들렸다. 누군가 크래녹을 불렀지만, 곧 시끄러운 울음소리에 묻혔다. 크래녹이 안절부절못하며 말했다.

"아내는 말이랑 있어. 2번 헛간이야. 이제 내 집에서 나가!"

크래녹은 노테이션과 프랭크를 현관문 쪽으로 떠밀고는 허둥지둥 뒤뜰로 뛰어나갔다. 프랭크가 크래녹의 등에 대고 소리쳤다.

"늘 그랬듯 만나서 반가웠어요. 크래녹 씨!"

노테이션 형사가 마당을 가로질러 가는 프랭크를 따라왔다. 그녀는 땅에 분풀이라도 하듯 쿵쾅대며 걸었다. 그녀가 물었다.

"어디로 가야 하는지는 알아요?"

"2번 헛간이지."

"그건 나도 알아요."

노테이션이 불쾌한 투로 말했다.

"그러니까 2번 헛간이 대체 어디냐고요?"

프랭크는 걸음을 멈추고 노테이션 쪽을 향해 물었다.

"갓 졸업했나 보지, 노테이션 형사?"

"뭐라고요?"

"탐색할 때 그런 질문을 하는 사람은 신참뿐이야. 경찰 프로시저와 자료 구조 강의를 안 들었어? 아니면 요새는 덜 어려운 과목으로 바꿔서 가르치나? 거북이 그리기 입문 뭐 이런 걸로?"

노테이션이 잠시 움찔하고는 자신감 없는 목소리로 말했다.

"경찰 프로시저와 자료구조는 당연히 들었죠. 그렇지만 제 말뜻은…"

"그럼 배열과 인덱스는 알겠군."

"네. 하지만…."

"농장에 있는 헛간 하나를 찾는 건 간단한 탐색 문제야. 완전 탐색을 사용해서 모든 건물을 살펴보면 된단 말이지. "농장에 있는 모든 건물을 탐색해 2번 헛간인지 확인하라." 우리 땐 이런 건 경찰 알고리즘 첫 시간에 배웠는데. 물론 이 문제엔 더 좋은 방법이 있어. 크래녹 농장에는 6개의 헛간이 있고 깔끔하게 차례대로 잘 정렬돼 있거든. 마치 커다란 **배열**처럼. 크래녹 씨가 친절하게 헛간 번호까지 알려 주었잖아. 배열로 치자면 **인덱스**를 알려 준 셈이지. 이제 그냥 2번 인덱스가 표시된 헛간으로 가기만 하면 돼."

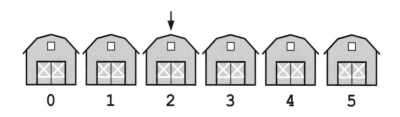

"그런 말을 하려던 게 아니라고요!"

노테이션이 손사래를 치며 크게 말했다.

"배열의 인덱스를 어떻게 쓰는지는 저도 알아요. 바깥에 2라고 커다란 번호가 붙은 헛간으로 가면 되는 것도요. 이래 봬도 자료구조와 경찰 알고리즘 과목에서 모두 1등으로 졸업했으니 배열 사용법에 대한 강의는 그만둬요."

"물어봤으니 답한 것뿐이야."

"저는 그 잘 정렬된 헛간 배열이 어딨는지 아느냐고 물은 거라고요."

프랭크가 다시 걸음을 옮기며 말했다.

"물론 그러셨겠지. 몇 등으로 졸업했는지나 떠벌리다니 역시 신참답군."

"헛간 위치 알아요?"

노테이션이 프랭크의 걸음을 따라잡으려고 뛰다시피 하며 크게 말했다. 프랭크는 어깨너머로 그녀에게 미소를 지었다.

"이 언덕 너머에 있어."

프랭크가 몇 년 전 알게 된 바로는 크래녹 가족은 배열에 광적으로 집착하는 사람들이었다. 크래녹 가족은 뭐든 선형 구조로 배치한 다음, 개별 요소 각각에 명확한 인덱스를 붙였다. 0번 헛간을 지나던 프랭크의 눈에 돼지 여물통 15개가 눈에 들어왔다. 이 여물통은 돼지 한 마리의 한 끼분 사료를 담을 수 있는 크기였다. 농장 일꾼 한 명이 여물통을 한 줄로 세우고 차례로 사료를 붓고 있었다.

프랭크와 노테이션 형사는 문밖에 2라고 쓰여 있는 헛간으로 갔다. 그곳엔 크래녹의 말대로 크래녹 부인이 있었다. 크래녹 부인은 쌀쌀맞긴 했지만, 남편에 비하면 훨씬 친절해 보였다. 적어도 아직 뭘 던지지는 않았으니까 말이다. 크래녹 부인이 물었다.

"뭐 때문에 오셨죠?"

노테이션이 증인과 말할 기회를 프랭크에게 뺏길세라 서둘러 입을 열었다.

"크래녹 부인. 몇 가지 질문에 답해 주셨으면 하는데요."

프랭크는 노테이션 형사가 질문하는 모습을 그냥 지켜봤다. 빌리의 단서는 이 농장에 와야 한다는 사실뿐이었지만, 노테이션에게는 다른 단서도 있는 듯했다. 크래녹 부인은 코웃음을 치더니 땅에 침을 뱉었다.

"난 아무 짓도 안 했어요. 알다시피 손 털었다고요."

"체포하러 온 게 아니에요. 배열 수레라는 당나귀 수레에 대해 질문하러 왔을 뿐입니다."

프랭크는 잠깐 의구심이 들었다. 노테이션 형사는 다른 사건을 수사하러 여기 온 걸까? 그건 아닌 듯했다. 프랭크에게는 노테이션도 문서 도난 사건을 수사하러 왔다는 직감이 있었다. 오랫동안 경험한 바에 따르면 이럴 때는 직감을 믿는 편이 좋았다.

"배열 수레라…"

크래녹 부인이 미심쩍어하면서도 자부심을 드러내며 말했다.

"제 발명품이죠. 배열에서 아이디어를 얻었어요. 수레에 농장 가축을 한 마리씩 넣을 수 있는 우리를 여러 칸 얹은 거예요. 우리 1칸에 딱 한 마리를 실을 수 있어요. 우리 앞면에 문을 내서 가축을 한 마리씩 싣거나 내리기 편하죠. 어떤 칸에든 쉽게 가축을 싣고 내릴 수 있답니다. 가축과 승강이할 시간이 절약되죠."

"가축 수송에 배열과 인덱스의 개념을 적용하다니 정말 기발한데요."

노테이션 형사가 고개를 끄덕이며 감탄하자 크래녹 부인이 좀 더 자신감이 붙은 목소리로 덧붙였다.

"이건 시작에 불과해요. '마법사랑' 같이 마법의 포인터가 달린 완전히 새로운 배열 수레도 만들고 있거든요! 경찰에서 쓰기에도 안성맞춤일 거예요. 경감님께 좋은 값에 드리겠다고 전해 주세요."

프랭크는 노테이션에게 심문을 맡길 수밖에 없었다. 역시 크래녹 가족의 입을 여는 데는 배열 만한 주제가 없었다.

"배열 수레를 빌려주기도 한다는데, 맞나요?"

순식간에 크래녹 부인의 눈빛이 차가워졌다.

"합법적인 사업이에요. 세금을 내고 있다고요."

프랭크는 코웃음이 나려는 것을 참았다.

"이틀 전에 배열 수레를 빌려준 적이 있나요? 우리 6칸짜리 작은 수레로요."

노테이션이 캐묻자 크래녹 부인은 냉랭함을 넘어 적대적인 태도를 보이기 시작했다.

"그랬을지도 모르죠."

"누가 빌려 갔는지 기록해 뒀나요?"

"아뇨. 수레를 반납하면 기록한 종이를 분쇄하거든요. 누가 빌렸는지는 기억나지 않네요."

드디어 빌리가 준 정보가 돈값을 하는 듯했다. 운송 수단이 필요한 범죄자가 수레를 빌릴 만한 곳은 많지 않았다. 빌려준 다음에 기록을 지워 버리는 곳은 더더욱 적었다. 크래녹 부인은 손을 털었다고 우겼지만, 여전히 옛 동료에게 필요한 일을 해 주며 조금이나마 범죄를 돕고 있는 게 분명했다.

"정말 고객에 대해 아무것도 기억나지 않나요?"

노테이션 형사가 물었지만, 프랭크는 더 이상 부인을 추궁하는 건 아무 의미 없다는 사실을 알고 있었다. 전에 크래녹 농장에서 벌어진 소 도난 사건을 조사할 때 크래녹 부인을 3시간 동안 심문한 적이 있었다. 크래녹 부인은 소를 도둑맞은 입장인데도 한마디도 하지 않았다. 이번에도 입을 열리 없었다.

노테이션 형사가 같은 질문을 말만 바꿔서 반복하는 동안 프랭크는 조용히 헛간을 빠져나와 수레 창고를 찾았다. 창고에는 수레를 둘 수 있는 구획 10개가 번호가 붙은 배열 형태로 정리되어 있었다. 열 구획 가운데 수레가 있는 구획은 2번, 4번, 8번뿐이었다. 2번과 4번 구획의 수레는 우리 10칸짜리로, 노테이션이 말한 수레보다 컸다. 하지만 8번 구획의 수레는 우리 6칸짜리인 데다 바퀴에는 묻은 지 얼마 안 된 듯한 진흙이 그대로 엉겨붙어 있었다.

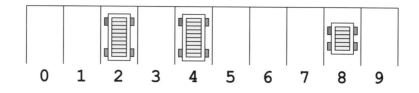

프랭크는 수레 창고의 다른 곳도 잠시 둘러본 다음 다시 6칸짜리 배열 수레로 눈길을 돌렸다. 수레에 실린 우리 바닥에는 지푸라기가 흩어져 있을 뿐 비어 있었다. 프랭크는 우리를 하나씩 차례로 열어 혹시 단서가 될 만한 게 있는지 살폈다. 무릎을 바닥에 대고 손으로 지푸라기를 훑자 잘게 찢어진 양피지 몇 조각이 나왔다.

프랭크는 작은 양피지 조각 6개를 주워 모았다. 문서를 수레에서 내릴 때 못에 귀퉁이가 뜯긴 듯했다. 두 조각에는 글자가 쓰여 있었는데 아무래도 원장에서 뜯긴 조각 같았다. 확실한 실마리는 아니었지만, 이 수레가 이번 범죄에 사용된 것은 분명해 보였다.

프랭크는 수레 앞으로 자리를 옮겨 운전석 주변을 샅샅이 살핀 끝에 처음으로 의미 있는 단서를 찾아냈다. 운전석의 갈라진 나무 틈새에 검은색과 주황색이 섞인 실 몇 가닥이 끼어 있었다. 색이 선명한 것을 보니 새 옷에서 나온 듯했다. 프랭크는 만족스럽게 실을 챙긴 다음 수레에서 내려왔다.

코로 신선한 공기 내음이 훅 들어왔다. 프랭크는 그제야 자기도 모르게 수레 안에서 숨을 참고 있었다는 사실을 눈치챘다. 수레 주변에서 생선 썩은 내가 진동하고 있었다. 프랭크는 코를 킁킁대며 냄새를 따라갔다. 냄새는 진흙이 묻은 바퀴에서 나고 있었다. 프랭크는 진흙에 코를 가까이 대고 깊게 숨을 한 번 들이쉬고선 곧 후회했다. 그 고약한 장어 썩은 냄새는 진흙에서 나는 게 틀림없었다.

프랭크는 역겨움과 기쁨을 동시에 느끼며 수레에서 물러났다. 누가 이 수레를 빌렸는지는 아직 모르겠지만, 적어도 이 수레가 어디에 있었는지는 이제 알 수 있었다.

배열

배열(array)은 값을 여러 개 저장할 수 있는 간단한 자료구조입니다. 말하자면 무언가를 담을 수 있는 빈 상자가 한 줄로 늘어서 있는 것이나 다름없습니다. 배열의 각 상자에는 숫자나 문자 같은 정보를 하나씩 저장할 수 있습니다.

값:	20	15	19	1	10	1	5	33	9
인덱스:	0	1	2	3	4	5	6	7	8

배열 구조 덕분에 배열 안에 있는 각 값(배열 요소)에 접근할 수 있게 됩니다. 바로 위치를 뜻하는 **인덱스**를 지정하는 겁니다. 배열에 값을 저장하기 위해서든 가져오기 위해서든 배열의 인덱스를 지정함으로써 쉽게 접근이 가능합니다. 많은 프로그램 언어에서는 0-인덱스 배열을 사용합니다. 0-인덱스 배열은 첫 번째 값의 인덱스가 0인 것입니다. 0부터 시작해서 두 번째 값의 인덱스가 1, 세 번째 값의 인덱스가 2인 식으로 인덱스를 매기는 거죠.

배열에 든 배열 요소를 나타내는 기호도 있습니다. 배열을 뜻하는 Array의 A와 인덱스를 뜻하는 index의 i를 따서 **A[i]**로 나타냅니다. 예를 들어 앞의 그림에서 A라는 배열의 세 번째 배열 요소는 A[2]라고 나타내며 값은 19입니다.

어제 수도 경찰서 유치장 견학을 갔을 때 유치장이 배열 구조로 되어 있다는 사실을 눈치챈 사람도 있을 것입니다. 국왕께서 직접 배열 구조로 유치장을 만들어 인덱스를 붙이고 1칸에 한 명만 수감해서 수감자 검색을 간소화하라고 명령하셨기 때문입니다. 이에 따라 모든 경찰서에는 그 지역에 사는 범죄자의 수에 따라 적게는 4칸에서 많게는 6칸짜리 배열 유치장을 갖추게 돼 있습니다.

광고판의 비밀 암호

문자열

프랭크는 노테이션 형사를 따돌린 채 농장 뒷문으로 빠져나가 길옆 커다란 광고판 앞에 섰다. 크래녹 가족은 오래전부터 이 광고판을 동료 범죄자들과 불법 행각에 대한 암호를 주고받는 수단으로 사용하고 있었다. 요즘이 광고판은 농장을 방문하는 범죄자들이 꼭 들르는 곳이 되었다. 폭력배들은 이곳에 후배들을 데리고 와서 열이면 열 "내가 잘 나갔을 때는 말이야…"로 시작하는 추억담을 꺼냈다.

모델명이 애니텍스트인 이 광고판은 12칸짜리 **문자 배열** 3줄로 이루어져 있다. 칸마다 글자나 공백, 문장 부호를 하나씩 쓸 수 있으므로 모두 36개의 문자를 쓸 수 있는 셈이었다. 각종 불법 행각에 대한 소식을 주고받기엔 충분한 공간이었다. 크래녹 가족은 월요일 아침마다 글자가 담긴 바구니를 끌고 와서 1칸에 문자를 하나씩 끼워 넣었다.

경찰이 된 첫 주에 프랭크는 파트너인 선배 형사 손에 이끌려 이 광고판에 대해 알게 됐다. 선배는 "저 간판 잘 봐봐."라고 말했다. 그날 간판에는 "사과 딸 사람 구함. 민달팽이가 있다고요?"라고 쓰여 있었다. 프랭크가 보기엔 전혀 문제 없는 문구였다. 사과 수확을 도울 일손을 구하고 있고, 정원의 민달팽이를 잡아 준다는 말이 아니던가. 그가 이렇게 말했을 때 잔뼈가 굵은 20년 차 베테랑 여형사였던 로실은 껄껄 웃었다.

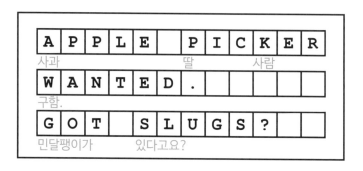

"저들은 우리가 그렇게 읽어 주길 바라겠지. 글자 그대로의 뜻 말고 범죄자들이 저 글자를 어떻게 해석할지 생각해야 돼. 여기 쓰여 있는 '사과 딸 사람 구함'은 좀도둑을 모집한다는 말이야. 수레에서 사과 훔치는 정도의 도둑질을 할 애들 말이야."

로실 형사가 설명하자 프랭크가 물었다.

"그럼 민달팽이는요?"

"불법 민달팽이 경주가 있거든. 여기서 몇 달에 한 번씩 경주가 열려. 이건에 대해선 나중에 더 자세히 알게 될 거야."

이날 이후 프랭크는 범죄자 세계의 동향을 파악하기 위해 매주 크래녹 농장의 광고판을 살펴보기 시작했다. 몇 달이 지나자 암호를 대부분 해독할 수 있었다. '일꾼'은 조직의 부하를 의미했고, 특별히 힘이 세거나 잔혹한 조직원을 구할 때나 조직원 수가 정해져 있을 때는 여기에 수식어를 덧붙였다. '판화가'는 지폐 위조범, '가수'는 사기꾼을 뜻했다. '닭 한 무리'라는 표현은 프랭크를 며칠 동안이나 괴롭혔다. 나중에 로실이 "시끄럽게 주변을 돌아다니며 관심을 끌어 줄 단순한 불량배 무리, 머리 쓸 필요 없음"이라고 해석해 주었다.

1년쯤 지나자 프랭크는 광고판을 술술 읽을 수 있게 되었다. 지난 몇 년 동안 광고판의 뜻을 푸느라 고생했던 적은 사악한 마법사 익스포넨셔스가 왕국을 공격했을 때밖에 없었다. 익스포넨셔스는 왕국에 있는 모든 배열 디자인 광고판에 잘못된 인덱스 주문을 걸었다. 이 주문은 인덱스를 바꾸어서 크래녹 부인도 글자를 원하는 위치에 넣을 수 없었다. 일주일 동안 크래녹 농장의 광고판은 뒤죽박죽이었다.

다행히 익스포넨셔스의 주문은 한 배열 내에 있는 글자만을 뒤섞는 주문이었고, 게다가 크래녹 농장의 광고판인 애니텍스트 모델은 3개짜리 배열로 처리하였기 때문에, 한 줄씩 글자를 짜 맞추면 어느 정도는 해독할 수 있었다. 프랭크는 각 줄의 글자를 맞춰 숨겨진 메시지가 "방어 마법사 구함(Defensive Wizard Wanted)"이라는 것을 알아냈다.

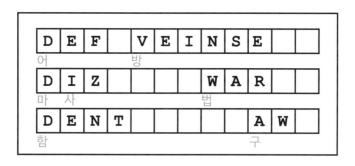

오늘 간판에 쓰여 있는 메시지는 알아채기 쉬웠다. 지금까지 프랭크가 본 크래녹 농장의 광고판에 올라온 메시지 가운데 가장 뜻이 명확했다. 광고판에는 "묻지도 따지지도 않고 배열 수레 대여"라고 쓰여 있었다.

문자열

배열은 나열된 숫자뿐 아니라 텍스트 문자인 **문자열**을 저장할 때도 사용합니다. 많은 프로그램 언어가 문자열을 배열로 처리합니다. 배열의 각 칸에는 글자, 숫자, 특수 기호, 심지어 공백을 포함한 단 하나의 문자만 들어갈 수 있습니다. 다른 배열과 마찬가지로 문자열 속 문자도 인덱스를 사용해 바로 접근할 수 있습니다.

경찰 일을 하다 보면 문자열을 배열로 생각하는 데 무척 익숙해지게 될 겁니다. 모든 공식 경찰 문서에는 문서를 작성한 경찰의 이름을 적을 수 있도록 쪽마다 맨 위에 32칸짜리 배열이 있습니다. 아마 여러분이 정식 경찰이 되면 이 배열에 한 달에 사백 번은 넘게 이름을 적어 넣게 될 것입니다.

이름 없는 배의 이름을 묻다

이진 탐색 Ⅰ

유에스비(USB) 항구는 작은 어촌 마을이었다. 건물이라고는 기다란 부두 끝에 모여 있는 비바람에 씻긴 몇 채의 건물이 전부였다. 배가 들어올 때마다 잠깐 활기가 돌긴 했지만, 이를 제외하면 마을은 아주 조용했다.

프랭크는 항구에 도착하자마자 크랩스 핀치라는 술집으로 향했다. 수요일 밤마다 열리는 뱃노래 자랑 대회와 클램 차우더 수프로 유명해서 어부들이 즐겨 찾는 술집이었다. 운이 좋으면 오늘이 가기 전에 정보를 줄 사람 한 명쯤은 만날 수 있을 터였다. 사실 유에스비에서 갈 만한 곳이라곤 크랩스 핀치뿐이었다. 프랭크는 가게 뒤쪽 구석에 앉아 클램 차우더 수프를 시키고 아는 사람이 나타나길 기다렸다.

얼마 지나지 않아 프리랜서 밀수꾼인 마비스가 눅눅하고 좁은 술집 안으로 들어왔다. 마비스는 워낙 조심스러운 성격이어서 법적으로 유죄 판결을 받은 적은 없었다. 하지만 그녀가 증거를 없애기 위해 자기 배에 불을 질렀다는 사실은 모두 알고 있었다. 프랭크는 경찰을 관둔 후에 마비스와 친해져서 이제는 가끔 단편적인 정보는 주고받는 사이가 되었다.

프랭크는 1시간 내내 품고 있던 수프 그릇을 앞으로 밀어내며 마비스에게 손짓했다. 그녀는 문가에서 잠시 망설이다가 사람들을 헤치며 안쪽으로 들어왔다.

"마비스, 어떻게 지냈나?"

마비스가 구석에 있는 프랭크에게 가까이 오자 그가 말했다.

"10분 전까지만 해도 좀 좋았지."

그녀가 퉁명스럽게 내뱉었다. 프랭크가 질문을 시작하려는 찰나, 노테이션 형사가 술집 문으로 성큼 들어와 양손을 치켜들고 소리쳤다.

"신사 숙녀 여러분. 잠시만 주목해 주세요! 저는 이틀 전에 이곳에 있었던 수레를 찾고 있습니다."

프랭크는 숨죽여 욕을 했다. 벌써 노테이션에게 따라잡히다니 기분이 나빴다.

"새벽 일을 마치고 따끈한 수프 한 그릇 먹으며 잠깐이라도 쉬고 싶어서 왔는데 짭새가 당나귀 수레 따위나 찾는 소리를 들어야 한다니."

마비스가 투덜거리는 소리를 들으며 프랭크가 무미건조하게 웃었다.

"저 형사가 갈 때까진 물건 못 내리는 거 맞지?"

마비스가 프랭크를 쏘아봤지만, 아니라고 말하지는 않았다. 유에스비 항구는 고기잡이나 해운업으로 보면 실패한 항구였다. 하지만 깐깐한 공무원을 피해 물품을 교역하고 싶어 하는 밀수꾼들에게는 사랑받는 곳이었다.

프랭크는 이 항구에 정박한 배 가운데 밀수품을 싣지 않은 배가 한 척도 없다는 데 한 달치 사무실 월세를 걸 수 있었다. 프랭크가 목소리를 낮춘 채 속삭이듯 물었다.

"수레에 대해서 아무것도 모르나?"

마비스가 어깨를 으쓱했다.

"부둣가에 수레야 맨날 있지. 여긴 항구라고 프랭크. 다들 뭘 나른단 말이야."

"이 수레는 좀 특이해. 바퀴가 달린 커다란 배열처럼 가축 우리 몇 개가 이어져 있어."

"특이한 수레네. 하지만 가축을 나르는 배가 있다는 소리는 들어 본 적이 없어. 소형 거북이를 한두 궤짝 밀수했다는 소문은 들은 적 있지만, 가축 우리를 써야 할 정도로 많이 옮기는 건 본 적이 없는걸. 그 수레가 여길 지나간 게 확실해?"

프랭크가 고개를 끄덕였다. 수레 창고에서는 생선 비린내를 내뿜는 방향제라도 뿌린 듯한 냄새가 났다. 유에스비 항구만큼 비린내가 진동하는 곳은 몇 없었다.

"그날 출항한 배는 없었고?"

프랭크가 물었다. 훔친 문서를 여기까지 들고 온 도둑들이 시간을 끌 리 없었다.

"그날은 리트라이 루프(Retry Loop)밖에 출항하지 않았어. 다들 아는 사실이라 말해 주는 거야. 그 배가 뭘 날랐는지는 전혀 몰라. 그리고 아무

관심도 없어."

"그 배 언제 다시 돌아왔는지 알아?"

"19시간 전에 항구에 돌아왔어. 이번에도 뭘 싣고 왔는지는 몰라."

프랭크가 빙그레 웃으며 말했다.

"동네 한 바퀴 돌러 나갈 때가 된 것 같군."

마비스는 건성으로 웃더니 뒤돌아서 웨이터를 불렀다.

※　※　※

프랭크가 술집에서 나와 부두로 20미터쯤 갔을 때 노테이션 형사가 옆으로 다가왔다.

"런타임 씨, 이건 제 사건이에요. 정보를 알고 계신다면…"

프랭크가 갑자기 걸음을 멈추자 노테이션도 말을 멈추며 급히 섰다.

"지금 정확히 어떤 사건을 수사하고 있는 거지, 신참?"

이 질문은 의도보다 효과적이었다. 노테이션은 입만 벙긋거리며 목까지 빨개졌다.

"경감님은 자네가 여기 온 것도 모르지 않나? 정식 수사가 아니니까."

"무슨 말씀이신지…"

노테이션이 입을 열었지만, 곧 프랭크가 끼어들었다.

"연기는 그만둬. 자네가 여기 혼자 있는 거만 봐도 알 수 있어. 개인적으로 시간을 내서 수사하고 있다는 걸 말이야. 대체 왜지?"

이 말을 들은 노테이션 형사는 머리끝까지 빨개졌다. 특히 귀가 불타는 듯 새빨개졌다.

"당신이 상관할 바 아니에요."

"경감님은 자기 부하들을 못 믿어서 나한테 왔어."

"경감님이 당신같이 볼 장 다 본 탐정을 고용했다고요?"

"응. 난 믿을 만하거든."

프랭크는 침착하게 대답했다. 점점 노테이션 형사의 표정이 굳더니 눈이 이글이글 타올랐다. 잠깐이지만, 프랭크는 그녀가 자길 곤봉으로 때릴지도 모른다는 걱정까지 했다. 하지만 그녀의 화는 빨리 오른 만큼 빨리 가라앉 았다. 그리고는 이내 무겁게 가라앉은 목소리로 말했다.

"꼭 제가 그 문서를 찾아야 해요. 제 잘못이었다고요. 제가 그날 밤 보초 근무였어요."

"기분은 이해해."

프랭크가 다정한 목소리로 말했다.

"전 그 문서를 꼭 찾아야 해요. 전 경찰이 된 지 몇 달밖에 안 된데다…"

노테이션 형사는 불안한 목소리로 또 한 번 말했다. 프랭크는 노테이션 의 어깨를 두들기며 그녀가 진정할 수 있도록 미소를 지어 보였다. 신참 형 사들은 자신이 저지른 실수를 잘 받아들이지 못하는 경우가 많았다. 게다 가 노테이션은 다른 신참 형사들보다 더 상처를 받은 듯했다. 프랭크가 말 했다.

"지금 리트라이 루프라는 배를 찾고 있어. 도난 사건 날 밤 크래녹 농장의 수레가 그 배에 뭔가를 실었어. 19시간 전에 이 항구에 돌아왔대."

노테이션을 믿지는 않았지만, 곁에 두고 관찰하고 싶었다. 그녀가 크래녹 농장에 왔다는 사실은 그녀가 보고한 사실보다 더 많은 것을 알고 있다는 뜻이었다. 분명 보고에는 무언가 빠져 있었고, 프랭크는 그녀가 또 무엇을 알고 있는지 알아내고 싶었다. 노테이션이 걱정스럽게 부두를 내려다보며 말했다.

"빨리 시작해야겠어요. 살펴볼 배가 많아요. 맨 앞에 있는 배부터 살펴 봐야 하나요?"

항구에 있는 배는 대부분 밀수선이어서 이름이 쓰여 있지 않았다. 배 이름을 알려면 직접 묻는 수밖에 없었다.

"더 좋은 방법이 있지. 이곳 항만 관리소장이 아주 체계적이거든. 그 사람이 항구에 들어온 순서대로 배를 정박해야 한다는 규칙을 만들었어. 여기선 가장 최근에 들어온 배가 물건을 싣고 내리기 좋은 위치, 그러니까 마을에서 가장 가까운 자리를 차지하게 돼 있어. 원래 정박해 있던 배들은 새 배가 들어올 때마다 자리를 비켜 주어야 하지."

"말도 안 돼요. 너무 비효율적이잖아요. 왜 그렇게 하는 거죠?"

"항만 관리소장은 이편이 효율적이라고 우기지만, 유에스비에서 일주일만 있어 보면 누구나 진짜 이유를 알게 돼. 관리소장은 썩은 생선 냄새를 참을 수 없었던 거야. 싣고 온 생선을 다 팔지 않은 배가 항구에 남아 있으면 뭐랄까… 무척 향기로운 냄새가 퍼지거든. 관리소장은 항구에 오래 머문 배일수록 자기 판잣집에서 먼 곳에 두기 위해 이 규칙을 만든 거지."

노테이션 형사가 그를 빤히 보더니 이렇게 물었다.

"그 말 진짜예요?"

프랭크는 다시 껄껄 웃었다.

"말할 필요도 없지. 이 동네를 순찰하다 보면 자네도 알게 될걸. 중요한 건 배들이 순서대로 정박해 있다는 사실과 리트라이 루프가 19시간 전에 이 항구에 들어왔다는 사실을 알고 있으니 **이진 탐색**을 할 수 있다는 거지.

우리의 목푯값은 19고 알고리즘은 이진 탐색이야. 탐색 공간은 현재 여기 정박해 있는 모든 배니까 **상계**와 **하계**도 이미 정해져 있어. 경계도 탐색에 포함하기로 하면 하계는 첫 번째 배고 상계는 마지막 배가 돼. 리트라이 루프가 이 항구에 있다면 첫 번째 배와 마지막 배 사이에 있어야만 하니까.

먼저 중간에 있는 배가 항구에 얼마나 있었는지부터 물어보면 돼. 그 배가 항구에 머무른 지 19시간이 안 됐다면 리트라이 루프는 그 배보다 뒤에 있겠지. 여기까지 알면 탐색 공간이 반으로 줄어. 그리고…"

노테이션이 끼어들었다.

"그리고 만약 그 배가 항구에 들어온 지 19시간이 넘었다면 리트라이 루프는 그 배보다 앞에 있겠죠. 이진 탐색에 대해서는 알아요. 경찰 알고리즘 기말고사를 친 지 두 달 반밖에 안 지났다고요."

둘은 그러고는 바로 리트라이 루프를 찾기 시작했다. 가운데 정박해 있는 배는 독특하게도 바나나 냄새가 나는 노란 범선으로 17시간 전에 항구에 들어왔다고 했다.

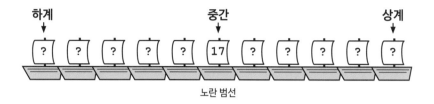

노란 범선

이는 중간에 서 있는 배와 그 앞쪽에 정박해 있는 절반의 배들은 살펴보지 않아도 된다는 뜻이었다. 프랭크는 탐색의 하계를 리트라이 루프일 가능성이 있는 배 중 정박 시간이 가장 짧은 배인 노란 범선 다음 배로 바꿨다.

그들은 줄어든 탐색 공간의 중간에 있는 배를 골랐다. 그 배에는 까만 페인트로 커다랗게 코럽트 패킷(Corrupt Packet)이라고 적혀 있었다.

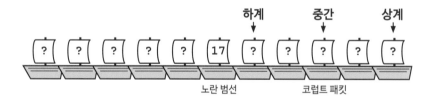

노란 범선　　　　　코럽트 패킷

배에 올라탄 둘은 자신들이 위장한 세관원이 아니라는 사실을 알리느라 오랫동안 선장과 실랑이해야 했다. 10분 뒤 노테이션 형사가 코앞에 경찰 배지를 들이대자 선장은 바로 태도를 바꿔 자기 배가 이 항구에 22시간이나 몹시 힘들게 있었다며 우는소리를 했다. 선장은 항만 관리소장에게 그를 대신해서 잘 말해 달라고 신신당부했다.

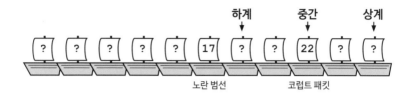

그들이 찾는 목푯값은 19시간이었으므로 리트라이 루프는 코럽트 패킷보다 앞에 서 있을 터였다. 그들은 다시 탐색 경계를 수정해 코럽트 패킷 바로 앞에 있는 배를 상계로 정했다.

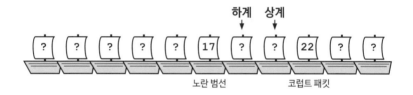

이제 탐색해야 할 배는 두 척밖에 남지 않았다. 탐색은 빠르게 끝나 가고 있었다. 탐색 공간에 다른 배가 남아 있지 않았으므로 남은 배 두 척 다 리트라이 루프가 아니라면 리트라이 루프가 항구를 떠난 게 틀림없는 것이었고, 따라서 항구에 리트라이 루프가 없다는 결론을 내릴 수 있을 터였다.

살펴볼 배가 두 척밖에 남지 않았으므로 둘 중 아무 배나 선택해 중간점으로 정하면 됐다. 프랭크는 직감에 따라 탐색 공간의 하계인 앞쪽에 있는 배를 선택했다. 부두에서 어슬렁거리던 선원과 잠깐 얘기해 보니 그 배가 리트라이 루프고 항구에 들어온 지 19시간이 되었다는 확신이 들었다.

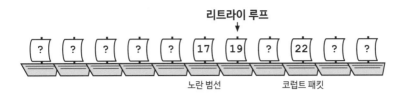

리트라이 루프

| ? | ? | ? | ? | ? | 17 | 19 | ? | 22 | ? | ? |

노란 범선   코럽트 패킷

둘은 우두커니 서서 배를 바라봤다. 노테이션이 착잡한 표정으로 프랭크를 돌아보며 물었다.

"이제 어쩌죠?"

"자네의 그 반짝이는 배지를 한 번 더 써야지."

드레커 교수의 경찰 알고리즘 입문 수업

이진 탐색 I

이진 탐색(binary search) 알고리즘은 정렬된 배열 A에서 목푯값 v를 효율적으로 찾는 데 사용합니다. 선형 탐색과 달리 이진 탐색에서는 데이터의 구조 정보를 활용해 탐색의 효율성을 높입니다. 앞서 말했듯 효율적 알고리즘의 핵심은 정보입니다. 이진 탐색은 배열이 '오름차순으로 정렬되어 있다'라는 정보를 활용합니다.

i<j인 모든 인덱스 쌍 i, j에 대해 A[i] ≤ A[j]가 성립합니다.

이렇게 별것 아닌 것처럼 보이는 정보만 있어도 훨씬 효율적으로 탐색할 수 있습니다. 이진 탐색 알고리즘은 탐색 공간을 반으로 나누고 두 부분 중 한 부분만 탐색하는 일을 반복합니다. 또한, 이진 탐색 알고리즘은 탐색 공간의 양쪽 경계를 추적하며 유효 탐색 공간을 줄여 나갑니다. 현재 탐색 중인 공간에 있는 요소 가운데 인덱스가 가장 큰 요소를 **상계(상계 인덱스)**라고 부릅니다.

인덱스가 가장 작은 요소는 **하계(하계 인덱스)**라고 부릅니다. 이진 탐색 알고리즘에서는 배열에 목푯값(v)이 있으면 항상 다음 식이 성립합니다.

$$A[하계인덱스] \leq v \leq A[상계인덱스]$$

그리고는 이진 탐색 각 단계에서 하계와 상계 사이에 있는 중간값을 확인하는 작업을 반복합니다.

$$중간인덱스 = \frac{상계인덱스 + 하계인덱스}{2}$$

중간에 있는 값을 찾으면 *A[중간인덱스]*의 값을 목푯값 v와 비교합니다. 중간에 있는 값이 목푯값보다 작으면, 즉 *A[중간인덱스]<v*이면, 목푯값이 중간보다 뒤에 있다는 사실을 알 수 있습니다. 이 정보를 활용하면 *하계인덱스=중간인덱스+1*로 바꿔서 탐색 공간을 반으로 줄일 수 있습니다.

반대로 중간에 있는 값이 목푯값보다 크면, 즉 *A[중간인덱스]>v*이면, 목푯값이 중간보다 앞에 있다는 사실을 알 수 있고 *상계인덱스=중간인덱스-1*로 바꿔서 탐색 공간을 반으로 줄일 수 있습니다.

물론 *A[중간인덱스]*가 v와 같다면 바로 탐색을 끝내면 됩니다. 목푯값을 찾았으니까요. 예를 들어 다음과 같은 (정렬된) 배열에서 목푯값 15를 이진 탐색으로 찾는 과정을 살펴봅시다. 점선으로 그려진 상자는 이미 확인한 값이고 초록색 상자들은 탐색에서 제외된 값입니다.

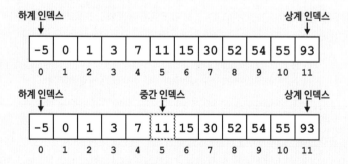

첫 번째로 확인한 중간에 있는 요소의 값은 11이므로 우리가 찾는 15보다 값의 크기가 작습니다. 배열이 오름차순으로 정렬되어 있다는 사실을 알고 있으므로 지금 확

인한 값을 포함해 아래쪽에 있는 요소들은 모두 탐색에서 제외할 수 있습니다. 이에 맞춰 하계의 인덱스를 하계인덱스=중간인덱스+1로 조정하면 다음과 같이 됩니다.

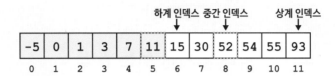

앞에서와 마찬가지로 다시 중간에 있는 값을 확인해 보겠습니다. 이번엔 52로, 목푯값보다 큽니다. 그러므로 이 값을 포함해 이 값보다 위에 있는 값들은 모두 탐색에서 제외할 수 있습니다. 이에 맞춰 상계의 인덱스를 상계인덱스=중간인덱스-1로 조정하면 다음과 같습니다.

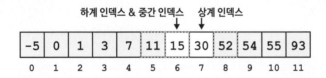

목푯값과 같은 값을 찾아 이 과정을 반복하다 보니 하계 인덱스가 목푯값(v=15)을 가리키게 됐습니다. 하지만 중간에 있는 값이 목푯값과 같아질 때까지 탐색을 반복해야 한다는 사실을 명심하세요. 이진 탐색 알고리즘에서는 중간 지점의 값밖에 확인하지 않기 때문입니다. 중간 인덱스에 해당하는 값이 아니면 상계와 하계 인덱스의 값을 확인하지 않습니다.

만일 배열에 목푯값이 없다면 어떻게 될까요? 탐색을 계속하다 보면 상계와 하계가 점점 가까워져서 상계와 하계 사이에 더는 확인할 값이 없어지는 순간이 옵니다. 단계마다 상계를 중간 인덱스 바로 다음으로 바꾸거나 하계를 중간 인덱스 바로 전으로 바꾸게 되므로 상계인덱스<하계인덱스가 되면 탐색을 멈춰야 합니다. 탐색 도중 상계 인덱스가 하계 인덱스보다 작아지면 목푯값이 배열 내에 없다는 뜻입니다.

항해 일지를 보는 방법

이진 탐색 Ⅱ

"식품 위생 감사입니다."

프랭크가 노테이션 형사와 함께 좁은 건널 판자를 지나 배에 올라서며 외쳤다. 노테이션은 프랭크가 시킨 대로 아무도 몰라볼 정도로 빠르게 경찰 배지를 흔들었다. 험상궂게 생긴 선원이 다가왔다.

"식품 위생 감사요? 식품은 안 나르는데요."

프랭크는 선원을 살펴봤다. 조직원이나 고용된 보안 요원은 아니었다. 아마도 조직원들이 나가 있는 동안 배를 지키는 임무를 맡은 선원인 듯했다. 별로 이상할 것 없는 일이었다. 밀수꾼들이 배를 지키기 위해 보안 요원을 고용하는 경우는 흔치 않았다. 너무 눈에 띄기 때문이었다. 프랭크는 선원 쪽을 바라보며 낮게 깔린 목소리로 말했다.

"그건 봐야 알 거요. 이 항구로 엄청난 양의 썩은 장어가 들어왔다는 소리 들어서 그걸 찾는 중이오."

"장어요?"

선원은 정말로 모르겠다는 표정이었다.

"썩은 장어!"

프랭크가 쏘아붙였다.

"내려가서 창고를 좀 봐야겠소."

프랭크는 선원의 대답을 듣지 않고 바로 갑판 아래로 내려가는 출입구 쪽으로 성큼 다가갔다. 노테이션이 재빨리 프랭크를 쫓아갔다.

"선장을 부르러 갔을 거야. 시간이 많지 않아. 빨리 항해 일지를 찾아야 해."

프랭크가 사다리를 타고 내려가며 말했다. 항해 일지에는 배에 실린 물품의 화물 목록과 배가 들렀던 항구들의 목록이 기록돼 있을 터였다. 물론 일지에 기록된 화물 목록이 모두 사실일 리는 없었다. 밀수선들은 절대 진짜 화물 목록을 기록하지 않는다. 그저 거짓 기록에서라도 추리해 낼 수 있는 단서를 발견하길 바랄 뿐이었다.

노테이션 형사가 배의 짐칸 뒤에서 항해 일지를 찾아 꺼냈다. 프랭크가 항해 일지 표지를 보더니 욕을 내뱉었다.

리트라이 루프호 화물 목록 및 항해 일지

선장: A. 제임스

모항: 유에스비

선주: 비네티 해운 그룹 유한회사

지난 몇 달 동안 잘 피해 다녔다고 생각했는데 비네티 일당의 배에 제 발로 걸어 들어온 셈이 됐다. 프랭크는 반사적으로 비네티 일당의 심복이나 무기로 개조한 농사 기구, 민달팽이 경주장의 증거 등이 숨겨져 있진 않을까 하며 짐칸 이곳저곳을 둘러보았다. 하지만 곧 민달팽이 경주장의 증거를 찾는 일은 그만두었다. 민달팽이가 배 위에서 달리지 않을 거란 사실은 모두가 아는 것이었다. 소금에는 꼼짝도 못하는 민달팽이가 온통 소금물로 뒤덮인 배 위에서 경주를 한다는 건 말도 안 되는 일이기 때문이었다.

그는 머리를 흔들어 잡념을 지우고 지금 수사 중인 사건에 집중하기로 했다. 자신이 배에 타고 있다는 사실을 비네티 일당이 알아채기 전에 단서를 찾지 않으면 이 배에서 영영 못 내릴지도 몰랐다. 그는 항해 일지를 맨 뒷장부터 앞으로 1장씩 넘기기 시작했다.

"지금 뭐 하시는 거죠?"

노테이션이 물었다.

"마지막으로 실었던 화물을 찾고 있어."

"그렇게 1장씩요? 1,000쪽은 될 것 같은데요. 이번에도 **이진 탐색**을 하는 건 어때요? 불과 2분 전에도 사용했던 방법이잖아요."

프랭크가 멈칫했다. 마지막으로 실었던 화물에 대한 정보가 정확히 몇 쪽에 있는지는 모르지만, 이진 탐색을 사용할 수 있었다. 현재 쪽에 글자가 적혀 있는지 아닌지 확인하면서 탐색 경계를 조정하기만 하면 되었다.

"그래. 이진 탐색으로 하지."

프랭크는 다시 맨 뒷장을 펴서 일지가 정확히 1,000쪽짜리임을 확인했다. 그러므로 하계는 1쪽, 상계는 1,000쪽이었다. 프랭크는 상계와 하계를 더한 다음 2로 나누어 중간이 500쪽임을 계산했다. 프랭크가 500쪽을 폈다.

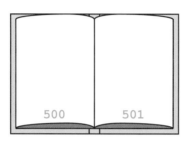

500쪽과 501쪽은 모두 비어 있었으므로 프랭크는 마지막 기록이 담긴 페이지가 499쪽보다 앞에 있다는 사실을 알 수 있었다. 프랭크는 상계를 499로 바꾸고 다시 중간 쪽을 계산해 250쪽을 폈다. 250쪽 또한 비어 있었다.

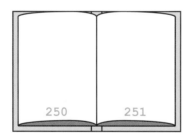

"일지를 바꾼 지 얼마 안 된 것 같네요. 뒤부터 1장씩 넘기지 않아서 다행이에요."

노테이션의 말에 프랭크는 굳이 대꾸하지 않았다. 하계를 1쪽으로, 상계를 249쪽으로 잡아 계산하면 새로운 중간은 125쪽이었다. 이번에는 글자가 쓰여 있었으므로 하계를 125로 바꿨다.

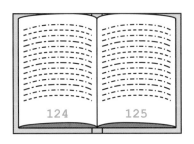

"187이요."

프랭크가 한창 중간 쪽을 계산하는 도중에 노테이션이 말했다. 프랭크는 187쪽을 폈다. 이번에도 글자가 적혀 있어서 하계를 188로 바꿨다.

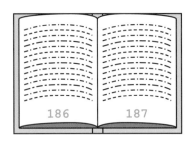

"218이에요."

노테이션이 말했다. 218쪽은 비어 있었으므로 프랭크는 상계를 217, 하계를 187로 바꿨다.

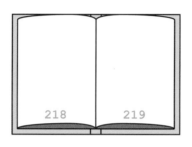

"202요."

프랭크가 상계와 하계를 더하기도 전에 노테이션이 말했다.

"어떻게 그렇게 빨리 계산하지?"

"연습 덕분이죠. 학교에서 쉬는 시간마다 이진 탐색을 누가 더 빨리하나 내기했거든요. 전 한 번도 안 졌어요."

프랭크가 고개를 가로저으며 중얼거렸다.

"퍽도 신났겠군."

202쪽과 203쪽에는 모두 글자가 적혀 있었다.

"210이요."

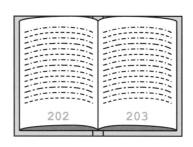

210쪽에는 리트라이 루프가 가장 최근에 항해했던 내용이 자세히 기록돼 있었다.

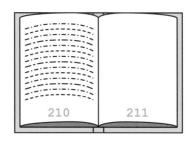

"이제 어떡하죠?"

"이상한 화물을 싣거나 수상한 항구에 들렀는지 살펴봐야지. 이 항해에 대해선 70개 항목을 기록했군. 이 항목들을 살펴봐야겠어."

"완전 탐색으로요? 더 효율적인 방법은 없을까요? 물건을 싣고 내린 시간순으로 기록되어 있진 않나요?"

"시간순으로 적혀 있다고 해도 아무 도움이 안 돼. 수상한 물건을 언제

실고 내렸는지 모르잖아. 데이터가 순서대로 정렬되어 있다고 해도 우리가 활용할 수 있는 기준에 따라 정렬되지 않았다면 아무 소용이 없어. 물건이 얼마나 수상한지에 따라 정리하진 않았을 거 아냐. 말도 안 돼."

"아, **날씨 기록 문제**로군요."

"무슨 문제라고?"

"잘못된 기준에 따라 데이터를 정렬하면 탐색에 아무 도움도 되지 않는다는 교훈을 보여주는 사례예요. 드레커 교수님은 지난 10년 동안 가장 추웠던 날을 찾는 문제를 예로 드셨어요. 기록이 기온순이 아니라 날짜순으로 정렬되어 있다면 특정 날짜를 찾는 데는 이진 탐색이 효과적이지만 가장 추운 날을 찾는 데는 이진 탐색이 도움이 되지 않죠. 그래서 모든 데이터를 다 살펴봐야 한다고 하셨어요. 교실 밖에서 이렇게 딱 들어맞는 사례를 만날 거라곤 생각 못 해 봤지만요."

"실전에 온 걸 환영하네."

프랭크가 양팔을 벌리며 말했다.

"실전에서는 데이터가 활용할 수 있는 기준에 따라 정렬되어 있는지 아닌지 자료구조를 항상 따져 봐야 해. 너무 걱정하진 마. 초보가 자주 저지르는 실수니까."

프랭크는 자신의 말에 발끈하는 노테이션을 보며 고소해 하는 티를 내지 않으려 애썼다. 학교를 갓 졸업한 신참 형사들은 자기가 뭐든 다 안다고 착각하곤 하지만, 사실은 배워야 할 게 많았다. 그래도 노테이션이 부딪힌 실전은 쉬운 경우였다. 프랭크가 실전에서 이진 탐색을 배울 때는 과연 경찰이 되길 잘한 걸까 의심하면서 몇 시간 내내 양동이로 돼지 오물을 퍼내야 했었다.

3분쯤 지나, 그들은 단서를 찾아냈다. 리트라이 루프가 최근에 정박한 곳 가운데 진흙 벽 항구와 헤진 밧줄 섬이라는 두 곳이 수상했다. 이 두 곳은 아무리 밀수선이라도 잘 가지 않는 행선지였다. 진흙 벽 항구는 외딴곳에 진흙 농장이 있는 것 외에는 교역량이 거의 없는 항구로 유명했다. 헤진 밧줄 섬은 진흙 벽 항구보다도 더 황량했다. 이 작은 바위섬에는 지금은 폐쇄된 쇠반지 교도소라는 건물 하나만 달랑 있을 뿐이었다.

"이곳이군."

프랭크가 일지에 적힌 글자를 가리키며 말했다.

"그들은 문서를 여기로 옮겼을 거야. 진흙 벽 항구 아니면 헤진 밧줄 섬으로 말이야. 어쩌면 둘 중 한 곳으로 문서를 나른 다음 다른 한 곳에서 돈을 받았을지도 몰라."

"그걸 어떻게 확신할 수 있죠? 모든 항구를 다 조사해 봐야…"

"다 조사할 시간이 없어."

프랭크는 자세히 설명하지 않고 입을 다물었다. 지금 자기만의 휴리스틱 탐색 알고리즘을 사용하는 중이었다. 도너번 경감을 화나게 한 바로 그 알고리즘이었다. 하지만 두 항구가 수상하다는 직감이 왔고 경험에 비춰 볼 때 자기의 직감은 맞을 확률이 높았다.

"확실한 건가…"

노테이션이 말하려는 순간 그들이 서 있는 머리 위 갑판이 소란스러워졌다. 둘은 가만히 숨죽이고 귀를 기울였다. 무슨 일이 벌어졌는지 알 수는 없었지만, 분위기가 심상치 않다는 것만은 확실히 알 수 있었다. 문제가 닥쳐오고 있었다.

이진 탐색 II

효율적 알고리즘의 핵심은 정보입니다. 이진 탐색은 정렬된 데이터에만 사용할 수 있습니다. 이때 우리는 데이터가 어떤 기준에 따라 정렬되어 있는지 관련 정보를 알고 있어야 합니다. 탐색 공간의 많은 부분을 탐색에서 제외하려면(즉, 곁가지를 정리하려면) 탐색에서 제외한 공간에는 목푯값이 없다고 확신할 수 있어야 합니다. 이렇게 확신하려면 배열에 있는 값이 위치에 따라 어떻게 달라지는지 정확히 알고 있어야 합니다.

컴퓨터 과학 문제에서는 모든 값이 오름차순(또는 내림차순)으로 정리된 배열을 '**정렬이 되어 있다**'라고 합니다.

하지만 데이터가 하나의 기준으로 정렬되어 있다고 해도 정렬 기준이 탐색 기준과 다르다면 이진 탐색을 할 수 없습니다. 단서를 찾기 위해 지출 기입장을 예로 들어봅시다. 이 지출 기입장은 언제 어디서 얼마를 썼는지 번호 순서대로 정리되어 있습니다. 즉, 각 항목의 번호는 바로 다음 항목의 번호보다 작습니다. 예를 들어 105번 항목이 기준이라면 105번보다 앞에 있는 모든 항목의 번호는 105보다 작고, 105번보다 뒤에 있는 모든 항목의 번호는 105보다 크다는 사실을 알 수 있습니다.

번호	지출일	지출한 곳	금액
101	8월 16일	제드 커피숍	4,500원
102	8월 15일	밥스 피자	20,000원
103	8월 15일	지팡이 그 이상	150,000원
104	8월 15일	주문 전문점	11,200원
105	8월 16일	제드 커피숍	4,800원
106	8월 16일	주문 전문점	22,000원
107	8월 17일	제드 커피숍	4,500원
108	8월 17일	병원	250,000원

하지만 이 지출 기입장은 지출일이나 지출한 곳, 금액 등 다른 기준에서 보면 정렬되어 있지 않습니다. 만약 일정 금액 이상을 지출한 기록만 찾아보고 싶다거나 주문 전문점에서 지출한 기록만 찾아보고 싶을 때는 어떻게 해야 할까요? 배열이 번호 순서대로 정렬되어 있단 사실이 이진 탐색에 도움이 될까요? 아닙니다. 이 경우에는 완전 탐색을 사용할 수밖에 없을 겁니다. 105번이 제드 커피숍이라는 사실은 이전과 이후 지출한 것이 무엇인지, 언제인지, 얼마인지를 알아낼 수 있는 그 어떤 단서도 되지 않기 때문입니다.

마찬가지로 이 지출 기입장이 금액을 기준으로 오름차순으로 정리되어 있다면 일정 금액이 넘는 지출 기록은 쉽게 찾아낼 수 있겠지만, 지출일이나 번호, 지출한 곳을 기준으로 탐색하는 데는 전혀 도움이 되지 않을 것입니다.

목숨을 건 탈출

알고리즘 변형

머리 위 나무 갑판에서 무거운 발걸음 소리가 쿵쾅거렸다. 프랭크는 주변을 둘러보며 몇 가지 안 되는 선택지를 가늠해 보았다. 문이라곤 화물을 나를 때 쓰는 갑판 쪽으로 난 출입구가 유일했다. 유에스비 항구에 도착하면서 짐을 내린 탓에 짐칸은 거의 비어 있었다. 이 짐칸에 숨어 봤자 구석에 숨어서 눈만 가린 채 "나 잡아 봐라!" 하고 소리치는 짓이나 다름없어 보였다. 그는 바닥에 누워 죽은 척할까, 하는 별반 효과도 없는 술책까지 포함해서 모든 가능한 선택을 떠올리고 지우고 했다. 그때 경찰 배지를 꺼내 들고 차려 자세로 서 있는 노테이션의 모습이 눈에 들어왔다.

"무슨 생각이야?"

프랭크가 목소리를 낮춰 속삭였다.

"전 법에 따라 정식 수사 중인 형사라고요."

프랭크는 믿을 수 없다는 듯 고개를 가로저었다.

"'법의 이름으로 그만해.'라는 말은 여기선 통하지 않아. 아니, 통하는 데가 거의 없어. 우린 경찰서에서 일어난 도난 사건을 수사하러 밀수꾼들의 배에 올라탄 거잖아. 게다가 경찰서에서는 자네가 여기 있는지도 몰라. 그렇지? 저 문으로 곧 들어올 녀석들도 그쯤은 알 거라는 데 내 모든 것을 걸 거야."

노테이션은 뭐라고 대꾸하려다가 이내 입을 다물었다. 그녀가 경찰 배지를 다시 재킷 주머니에 넣고 있을 때 예상 외로 말쑥하게 차려입은 건장한 폭력배들 한 무리가 문으로 쏟아져 들어왔다. 그들은 짐칸 여기저기로 흩어져 원을 이루며 프랭크와 노테이션을 느슨하게 에워쌌다. 프랭크는 최대한 온화한 웃음을 지으며 말했다.

"신사 숙녀 여러분. 조사한 결과 상한 장어는 실려 있지 않더군요. 저희가 왕국의 안전한 식재료 공급을 위해 노력하는 동안 기다려 주셔서 감사합니다. 그럼 저희는 이만."

대답 대신 덩치 큰 폭력배 둘이 프랭크의 양팔을 잡았다. 그들은 프랭크를 짐짝처럼 들어올려 갑판 위로 옮겼다. 몇 년간의 비슷한 경험으로 프랭크는 최대한 안 아픈 자세를 취하는 법을 터득했다. 하지만 워낙 세게 잡힌 탓에 팔에 멍이 드는 것까진 피할 수 없을 것 같았다.

"이봐요!"

노테이션이 날카로운 목소리로 소리쳤다. 그녀도 비슷하게 밖으로 끌려 나오고 있는 게 분명했다. 갑작스레 햇빛으로 나오게 된 프랭크는 눈살을 찌푸렸다. 폭력배 둘은 갑판 중앙에 다다르자 나무 바닥에 그를 내팽개쳤다. 이어서 노테이션도 프랭크 옆에 내동댕이쳐졌다. 폭력배들은 다시 원을 그러며 둘을 느슨하게 에워쌌다.

프랭크는 천천히 몸을 일으켜 앉아서 주위를 에워싼 납치범들을 바라봤다. 그들은 배가 출렁댈 때마다 같이 흔들리는 것 외에는 미동도 하지 않았다. 마치 누군가를 기다리는 듯했다. 아무래도 아직 결정을 내릴 만한 위치에 있는 사람이 안 온 모양이었다. 프랭크는 기회를 틈타 가까이에 있는 폭력배에게 말을 걸었다.

"이제 어떻게 할 거지? 어디 가두어 두거나 바다에 빠뜨릴 생각인가? 아니면 돈을 받고 팔기라도 할 거야?"

프랭크가 묻자 폭력배는 어깨를 으쓱했다.

"나한테 묻지 마. 난 들어온 지 15일밖에 안 됐어."

"신참이란 말이지?"

비네티 일당은 정보를 제한하는 데 집착했었다. 그들의 계획을 알고 있는 사람은 지위가 높은 조직원뿐이었다. 새로 들어온 조직원은 충성심을 입증해야만 지위가 올라갈 수 있었다. 유용한 정보를 얻으려면 배에 탄 조직원 중 지위가 가장 높은 조직원을 찾아내야 했다.

프랭크는 머릿속으로 탐색 계획을 세우기 시작했다. 비네티 일당은 늘 지위 순서대로 서 있었다. 이는 비네티라는 조직의 멘토링 규칙과 관련이 있었다. 비네티 일당은 자기 바로 다음에 들어온 조직원의 멘토를 맡게 돼 있었다. 예를 들어 새로 조직원이 들어오면 그때까지 가장 지위가 낮았던 조직원이 신참의 멘토를 맡는 식이었다. 여러 명이 함께 있을 때 그들은 모두 멘토 옆에 서곤 했다.

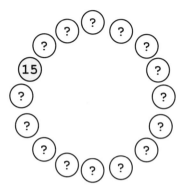

폭력배들이 그린 원은 정렬된 배열을 구부려 고리로 만든 것에 불과했
다. 이번에도 이진 탐색을 사용할 수 있었지만, 데이터가 한 줄로 배열되지
않고 원을 그리고 있으므로 이 자료구조에 맞게 알고리즘을 조정해야 했다.
유감이지만 이 경우 프랭크에게는 배열의 시작과 끝을 알 수 없다는 문제
가 있었다. 그는 가장 지위가 높은 조직원을 효율적으로 찾아내기 위해 재
빨리 새로운 알고리즘을 전개했다. 이 상황에서는 효율성의 기준이 두 가지
였다. 하나는 대화를 나누는 폭력배의 수를 최소로 해야 한다는 것이었고,
다른 하나는 들통나기 전에 왕고참 조직원을 찾아낼 확률을 최대로 높여야
한다는 것이었다.

프랭크는 아까 물어봤던 폭력배 옆에 있는 여자에게 말을 걸었다.

"그쪽은? 그쪽은 여기서 일한 지 오래되었나?"

"19일째야."

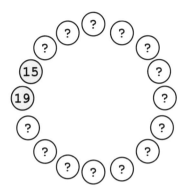

이쯤 해서 프랭크는 원에서 반시계 방향으로 갈수록 지위가 높아진다는 걸 알 수 있었다. 하지만 그는 아직 장담할 수 없었다. 15일 차가 제일 신참이고 19일 차가 왕고참일 수도 있는 일이었다. 탐색 전에 어디부터 탐색을 시작할지 선택하는 데 신중하지 못했다는 생각이 들었다. 이러면 항상 후회하게 됐다. 그는 다른 데이터 지점이 필요했다. 그래서 그는 남은 폭력배 중에서 중간을 골랐다.

"그쪽은 며칠 됐지?"

프랭크는 15일 차의 맞은편에 서 있는 여자를 향해 물었다.

"37일째. 근데 무슨 상관이야?"

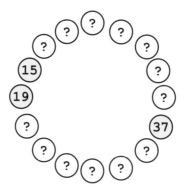

이 단편적인 정보로 프랭크는 반시계 방향으로 갈수록 고참이라는 생각을 굳힐 수 있었다. 이제 15일 차와 37일 차의 앞 사람 사이에 있는 모두를 제외하고 왕고참을 찾으면 되었다. 왕고참이 37일 차가 아니라면, 분명 37일 차에서 반시계 방향 쪽으로 15일 차보다 전에 있을 터였다.

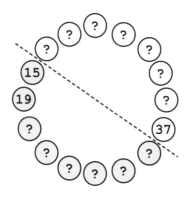

프랭크는 약이 점점 올랐지만 억눌렀다. 그는 지금껏 이런 애송이들을 상대한 적은 없었다. 정말 무시당한 기분이었다. 프랭크는 납치범들에게 말했다.

"이거 곤란한데. 애송이 무리에게 잡혀 있다니. 다들 뭔가? 백업 팀이라도 되나?"

노테이션이 속삭였다.

"무슨 짓이에요?"

프랭크도 목소리를 낮춰 답했다.

"변형 이진 탐색 중이야."

노테이션이 한숨을 내뱉었다.

"그럴 줄 알았어요. 이 중에서 왕고참을 찾으려는 것 같더니만. 너무 노골적이던데요. 근데 찾아서 어쩌게요? 그리고 순서대로 서 있다고 어떻게 확신하죠?"

프랭크는 그녀의 말을 무시한 채 숨을 크게 들이쉰 다음 수행 중인 탐색에 다시 집중했다. 언제 보스가 나타날지 알 수 없었다. 거기까지가 그에게 주어진 탐색 시간이었다. 그는 37일 차와 15일 차의 중간에 있는 폭력배에게 물었다.

"그쪽은 얼마나 됐나?"

"오늘이 3일째야."

그 남자가 머뭇거리며 답했다.

"뭐라고! 정말이야?"

"3일 차라니? 교육 기간 같은 건 없는 거야?"

노테이션이 정말 궁금해하며 물었다.

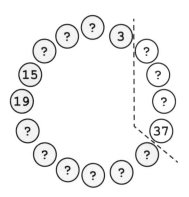

프랭크는 왕고참이 15일 차나 3일 차 또는 그 사이 폭력배는 아닐 거라고 생각하며 탐색 범위를 다시 설정했다. 프랭크는 남은 탐색 공간을 다시 반으로 나눈 다음 그 가운데 있는 폭력배에게 물었다.

"자네는 좀 베테랑이겠지? 아닌가?"

"어… 전 오늘이 첫날인데요."

폭력배가 더듬거리며 말했다. 그는 모두의 시선이 자신에게 쏠리자 식은 땀을 뻘뻘 흘렸다. 19일 차가 그를 향해 소리쳤다.

"존댓말 하지 마! 우리가 잡은 포로일 뿐이라고!"

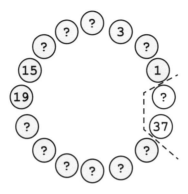

이제 프랭크에게는 선택지가 얼마 남아 있지 않았다. 프랭크는 탐색 공간에 남은 마지막 폭력배를 향해 깔보는 듯한 목소리로 물었다.

"자네도 오늘이 첫날인가?"

질문을 받은 여자가 깔깔 웃었다.

"난 비네티 일당이 된 지 한 달도 더 됐어. 42일 동안이나 성가신 경찰을 쫓아냈지."

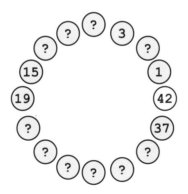

드디어 찾은 셈이었다.

"정말인가? 그럼 자넨 왜 여기 있는 거지?"

그 여자가 얼굴을 찌푸렸다.

"무슨 뜻이야?"

"비네티에서는 고참 심복이 되면 보통 더 중요한 임무를 맡잖아. 양배추 밀수선 수송을 감시하는 일은 시간 낭비 같은데."

항해 일지에서 양배추를 본 기억은 나지 않았지만, 밑져야 본전이었다. 사실 양배추가 있을 확률이 꽤 높긴 했다. 양배추는 밀수꾼이라면 다들 한 번쯤 밀수하는 물품이었다. 게다가 최근에는 양배추에 붙는 세금이 올라서 유에스비 항구의 양배추 지하 시장 규모가 2배로 늘기도 했다. 47일 차는 코웃음을 쳤다.

"양배추? 양배추 노선은 첫날 했다고. 지금은 더 중요한 일을 맡고 있지."

"정말? 그럼 이제 당근을 나르나?"

그 여자의 얼굴이 당근처럼 빨갛게 달아올랐다. 밀수꾼들은 수익 가운데 80% 이상을 채소를 밀수해서 얻었지만, 그래도 채소 밀수는 그리 멋지지 않은 비즈니스였다.

"아니. 당근보다 100배는 더 대단한 거야. 수의 계약이지."

"정말? 당근 밀수가 비즈니스로 돈이 꽤 된다던데."

그녀는 우쭐해하며 말했다.

"그건 걱정하지 마. 연맹에서 꽤 챙겨 주거든. 우리가 듣기론…"

"런타임 씨."

공기를 가르며 익숙한 목소리가 말을 잘랐다.

"저희 애들에게서 정보를 빼내려는 짓은 그만두시죠. 그런 하잘것없는 정보는 위험을 감수하면서 빼낼 만한 가치가 없어요. 저 애들이 중요한 정보를 알 리가 없잖아요."

프랭크는 고개를 들어 폭력배들 사이를 비집고 들어선 레베카 비네티를 봤다. 숨이 조여 왔다.

"이쪽은 또 누구신가?"

비네티가 노테이션을 쳐다보며 말했다.

"식품안전관리국 절인 장어 부서에서 나온 수잔 포인터 씨요. 유에스비 항구에서 상한 장어를 운송한다는 소리를 듣고 조사 중이오."

프랭크가 급하게 지어낸 말로 둘러대자 비네티가 혀를 찼다.

"아니죠. 런타임 씨. 그렇게 안 보이는데요."

비네티는 잠시 말을 멈추더니 노테이션을 빤히 살펴봤다.

"제 눈이 틀리지 않았다면, 엘리자베스 노테이션 형사군요. 1년 차 애송이 형사."

"저는 공식 수사…"

노테이션이 입을 떼자 비네티가 침착하게 말을 끊으며 말했다.

"아니. 공식 수사 중이 아니잖아요. 노테이션 형사님. 전 수산물 대량 절도 사건부터 민달팽이 경주 사건까지 공식 수사를 맡은 형사들은 모두 알고 있어요. 정보통이 잘 알려 주거든요. 근데 당신은 목록에 없던걸. 그런데도 내 배에 불법 침입하다니. 어떻게 처리해야 할지 고민이네요."

"먼저 왜 들어왔는지부터 물어야 하는 거 아니오?"

프랭크가 소리치자 비네티가 많이 참았다는 듯 말했다.

"런타임 씨. 절 과소평가하지 마세요. 왜 침입했는지는 알고 있어요. 이유야 제 배에 침입하기 전부터 알고 있었죠. 누가 언제 어떻게 뭘 했는지도 다 알고 있답니다. 하지만 성가신 형사 둘을 어떻게 처리해야 할진 아직 모르겠군요. 아, 죄송해요. 당신은 이제 형사가 아니죠? 그럼 제가 성가신 형사와 전직 형사를 어떻게 처리해야 할까요. 뭐 어떻게 죽을지 생각해 둔 방법이라도 있으세요?"

프랭크는 주먹을 꽉 쥐었다. 형사를 퇴직하던 달에 비네티가 감방에서 풀려나며 조롱 섞인 미소를 날리던 모습이 떠올랐다. 전통적 수사 방식만으로는 비네티의 유죄를 입증할 수 없었던 프랭크는 결국 경감의 명령에 어쩔 수 없이 비네티를 풀어 줄 수밖에 없었다. 프랭크는 기왕 이렇게 된 김에 뭐라도 얻어 보자는 심정으로 말을 던졌다.

"설교로 지루하게 만들어서 죽이는 건 어떤가? 연맹에 대해 말해 보지 그래."

비네티가 웃었다.

"걱정하지 마세요. 런타임 씨. 지루해 죽을 정도로 오래 살려 두진 않을 테니까. 물론 당신이 또 제 일을 방해하면 어떻게 처리할지는 이미 정해 놓았어요. 그냥 당신에게 죽을지 말지 결정할 권리가 있는 듯한 환상을 심어 주기 위해 친절히 물어본 것뿐이에요."

"죽인다고?"

노테이션이 놀라서 소리쳤다. 비네티가 원을 그리고 서 있는 심복들을 향해 고개를 끄덕이자 그들이 점점 원을 좁혀 오며 마치 마법사가 정교한 마법을 부리듯 값비싼 정장에서 갖가지 험상궂은 무기들을 꺼내 들었다. 키가 큰 한 남자의 넥타이 아래에서 1미터 가까이 되는 도깨비방망이가 나왔고 한 여자 폭력배의 소매에서는 날이 넓은 칼이 나왔다.

바로 그때 놀랍게도, 나무통 하나가 쿵 소리를 내며 갑판으로 떨어졌다.

떨어진 충격에 벌어진 나무통 판자 틈으로 식초에 절인 장어가 쏟아져 나왔다.

이진 탐색 알고리즘 변형하기

경찰 생활을 하면서 잘 정리된 풀이 방법이 없는 계산 문제를 만나기도 합니다. 학자들이 다양한 문제에 대해 연구하고 풀이 방법을 정리해 놓긴 했습니다만, 실전에서는 눈살을 찌푸리게 하는 복잡하고 낯선 문제도 나오기 마련입니다. 그저 알고리즘 몇 개만 외워서 졸업하면 그만이라고 생각하는 사람들은 졸업 후 실전에 투입되었을 때 심각한 곤경에 처할 것입니다.

처음 보는 문제를 풀려면 알고리즘의 수행 원리를 이해하고 그 문제에 맞게 **알고리즘을 조정**하는 방법을 알고 있어야 합니다. 특정한 문제를 푸는 세부 방법을 외우기보다는 데이터의 구조를 활용해 탐색 공간을 계속 절반으로 줄여 나가는 이진 탐색 이면에 있는 기본 발상을 이해해야 합니다. 이런 발상을 이해하고 나면 조금만 직관적으로 생각해도 이진 탐색을 조정하여 원형 배열 탐색 문제를 풀 수 있습니다. 물론 정렬되어 있어야겠죠? 심지어 여러분이 좋아하는 커피의 적정 온도를 찾는 데 이진 탐색을 사용할 수도 있습니다. 지금 마신 커피가 원하는 온도보다 더 뜨거운지 더 차가운지를 판단해 '딱 좋은 온도'를 찾아내면 되니까요.

삭스 등장

갑판 위는 식초와 미끌거리는 장어가 밀려와서 이를 피하려고 이리저리 뛰는 폭력배들로 혼란스러웠다. 잠시 후 두 번째 나무통이 떨어지며 다시 한번 배가 술렁댔다. 나무통의 벌어진 틈에서 족히 120센티미터는 되는 꼬리가 긴 물고기들이 쏟아져 나오며 서로 얽히고설켰다. 아마도 심해 장어인 듯했다. 구역질 나는 광경이었다. 폭력배 중 셋은 첨벙거리는 곳을 피하려다가 엉덩방아를 찧기도 했다. 프랭크가 바닥에 손을 짚고 벌떡 일어나 노테이션의 팔을 잡아당겨 일으켰다.

"무슨 일이죠?"

노테이션이 소리쳤다. 세 번째 나무통이 그들 머리 위를 넘어 난간을 강타하고 있었다.

"나도 몰라. 하지만 지금이 기회야! 이쪽으로!"

프랭크는 식초와 장어 더미가 만든 웅덩이를 미끄러지듯이 빠져나와 배의 가장자리 난간으로 노테이션을 끌고 갔다. 네 번째 나무통이 갑판을 때

리자 폭력배들이 다시 허둥지둥하기 시작했다. 갑판은 회색과 흰색의 긴 국수 무더기가 담긴 기이한 그릇처럼 변했다.

옆을 보니 작고 별 특징 없는 배 하나가 나무통을 싣고서 아래위로 출렁이고 있었다. 이상하리만치 익숙한 범선이었다. 돛 달린 배에는 마법사 옷을 입은 십대 소년이 타고 있었다. 소년은 널빤지로 어설프게 만든 투석기 위에 막 새 나무통을 올리는 참이었다.

"저 배로 뛰어야겠어요."

"그래. 뛰자!"

프랭크가 범선을 쳐다보며 말했다. 소년이 누군지는 모르겠지만, 비네티 일당의 반대편인 것 같았다. 그렇지 않고서야 제정신으로 비네티 일당의 배에 절인 장어를 던질 사람은 없었다. 물론 제정신인 사람이 장어를 무기로 삼아 공격할 리도 없겠지만.

노테이션은 고개를 끄덕이더니 난간으로 올라가 망설임 없이 점프했다. 그녀는 허공을 가르며 배와 배 사이를 가볍게 뛰어넘어 범선의 갑판에 내려앉았다. 프랭크는 난간에 몸을 펴고 서서 불리언 말로 욕을 몇 번 내뱉고 나서도 나무 갑판보에서 균형이 잡힐 때까지 조금 더 망설였다. 프랭크는 셋까지 두 번 센 다음 점프했다.

하지만 범선 난간에 발이 닿기엔 60센티미터 정도가 모자라 얼음같이 차가운 바닷물에 빠지고 말았다. 프랭크가 물 밖으로 고개를 내밀자 또 다른 나무통이 머리 위로 날아가는 모습이 보였다. 그는 소년이 이번에도 장어를 던졌을지, 아니면 곰팡이가 핀 연질 치즈 같은 다른 것으로 바꾸어 던졌을지를 생각하며 잠시 멍해졌다.

노테이션이 팔을 뻗어 프랭크를 배 위로 끌어올렸다. 프랭크는 갑판에 서서 망토에서 물을 짜내며 또다시 자신이 직면한 낯선 상황을 파악해 보았다. 소년은 여전히 리트라이 루프를 향해 나무통을 날리고 있었다. 비네티의 선원들은 갑판 주위에 모여 허둥대며 범선을 리트라이 루프에서 떼어 내기 위해 장대로 밀어 댔다.

"마비스?"

프랭크가 크게 불렀다.

"주변에 있을 줄은 알았지만…."

조금 뒤 배 짐칸에서 마비스가 나왔다. 마비스는 여전히 나무통과 씨름하고 있는 소년을 가리키며 말했다.

"저 애가 짐을 날라 달라고 했어. 짐을 어떻게 내릴지는 쟤 마음대로지."

"자네는 할 수 없다고 생각했는데…."

"나도 비네티한테 받을 빚이 있어서 말이야. 저번 달에 내 창고에서 당근을 17포대나 훔쳐 갔다고."

프랭크는 놀란 눈으로 그녀를 봤다. 비네티 일당에게 대항하는 것은 사업상 위험했다. 수백 포대를 훔쳐 갔다 해도 가만히 있는 편이 나았다.

"그런 눈으로 보지 마. 프랭크. 당신한테 좋은 일 하려고 이 짓을 하는 건 아니야. 지불 계약이야. 그건 간단해. 삭스(Socks)가 내 수고에 사례를 했지."

"삭스?"

"삭스라뇨?"

프랭크에 이어 노테이션이 물었다. 마비스가 소년 쪽을 가리키며 어깨를 으쓱했다.

"저 애가 자길 그렇게 불러 달랬어. 이쪽 세계에선 진짜 이름을 꼬치꼬치 캐묻는 사람 따윈 없으니까."

"그럼 신분도 확인 안 하고 배에 태운 건가요?"

노테이션의 질문에 마비스가 '뭔 소리를 하는 거야?'라는 표정으로 그녀를 쳐다봤다.

이제 마비스의 선원들이 TCP 플라이어의 뱃머리를 돌려 바다로 나아가기 시작했다. 지저분한 돛이 펼쳐지면서 배가 앞으로 나아가자 더는 나무통을 날릴 수 없게 되었다. 삭스는 그 후로도 오랫동안 미소를 띤 채 멀어지는 리트라이 루프 쪽을 바라보고 있다가 이윽고 프랭크 쪽으로 몸을 돌렸다.

"안녕하세요. 전 삭스예요."

삭스가 무척 쾌활한 목소리로 말하며 손을 내밀었다. 프랭크는 경계를 풀지 않은 채 그와 악수했다.

"구해 줘서 고마워요. 삭스."

노테이션이 삭스와 악수하며 말했다. 삭스를 의심스러운 눈길로 쳐다보던 노테이션은 이런 소심한 방법으론 안 되겠다는 듯 이렇게 물었다.

"삭스는 진짜 이름이 뭐죠?"

"죄송하지만, 삭스가 진짜 이름이에요. 성까지 붙이면 삭스 리펠런트죠."

삭스가 조금 슬픈 목소리로 말했다.

"이런…"

노테이션이 말끝을 흐렸다. 그녀가 이 불운한 십대에게 뭐라고 위로의 말을 건네야 할지 몰라 우물쭈물하는 사이 프랭크가 터져 나오려는 웃음을 참으며 말했다.

"무슨 이름이 그래? 꼭 양말 탈취제…"

프랭크가 미처 말을 끝내기 전에 노테이션이 서둘러 프랭크 옆구리를 찌르며 말을 끊었다.

"구해 줘서 고마워요."

"필요하다면 언제든 구해 드릴게요. 나무통을 던져 본 건 처음인데 효과가 있어서 좋네요."

"왜 우리를 구해 준 거지, 삭스? 아니, 그전에 우리에게 도움이 필요하단 건 어떻게 알았지?"

프랭크가 딱딱하게 물었다.

"사실, 그게… 아침 내내 두 분을 따라다녔거든요."

"혹시 3비트 골목길 거기?"

삭스가 얼굴을 붉히며 말했다.

"맞아요. 배열 수레 창고의 2번 구획 뒤에서도요."

"그건 미처 몰랐군."

"수레바퀴 사이로 다리가 빠히 보이던데요."

노테이션의 말을 무시하고 프랭크가 다시 한번 삭스에게 물었다.

"왜 날 따라다녔지?"

"우릴 따라다닌 거죠."

노테이션이 바로잡았다.

"같은 적을 쫓고 있으니까요."

삭스가 누가 봐도 빠한 답이라는 듯 답했다. 그러다 이내 자신 없는 목소리로 덧붙였다.

"그런 것 같아요. 아마. 경찰서 도난 사건들 중 하나를 조사하고 있으신 것 맞죠? 어젯밤에 도너번 경감님께서 프랭크 형사님을 찾아간 걸 보고 경찰 본부에서 있었던 사건이랑 관련이 있을 거라고 생각했어요."

"도난 사건들? 한 번이 아니었어?"

"아, 모르고 계셨군요. 죄송해요. 어쩌면 말하지 말아야 했는지도 모르겠네요. 하지만 그 사건이 비밀이라고 생각하진 않아서…"

"그런데 마법사들이 왜 경찰서 도난 사건에 관심을 가지는 거지?"

프랭크가 삭스의 말을 끊고 끼어들었다.

"국왕께서 마법사들을 불러 들이셨거든요. 몇 주 전에 프레더릭 국왕께서 존경받는 원로 마법사 몇을 불러 도난 사건을 조사하라고 하셨어요. 전 그냥 그레첸 님의 견습생일 뿐이지만요. 물론 2년 차밖에 안 되긴 했지만…"

"왜 국왕께서 원로 마법사들을 불러 들이셨지?"

그레첸이란 이름은 처음 들었다. 강한 마법사들은 더 중요한 임무를 맡고 있어서 국왕은 좀 낮은 급의 마법사들을 불러 들인 듯했다. 하지만 멘토의 지위에 의문을 품어서 삭스를 곤란하게 만들 이유는 없었다.

"도난 사건 수사는 수도 경찰만으로도 충분해. 수도 경찰들이 수사를 해야 한다고."

"국왕께서는 마법사들을 불러 가면에 관해 묻고는 찾을 수 있는지 물었어요."

"무슨 가면?"

노테이션이 물었다.

"가면에 대해서 모르시나요?"

삭스가 조금 당황한 목소리로 말했다.

"이런. 말하면 안 되는 거였나 봐요."

"무슨 가면이지?"

프랭크가 투덜거리며 물었다. 그는 관자놀이를 문지르며 몇 번 깊게 숨을 들이쉬었다. 노테이션이 정식으로 수사하듯 딱딱한 투로 말했다.

"리펠런트 씨. 저희는 주요 사건을 수사 중입니다. 사건을 해결하는 데 도움이 될 만한 정보를 알고 있다면 저희에게 말할 의무가 있어요. 다 털어 놓으세요."

"처음부터 시작해."

프랭크가 덧붙였다. 삭스는 보안 구역 몇 군데서 전혀 연관이 없어 보이는 여러 물건이 도둑맞는 범죄 행각이 저질러졌다며 10분에 걸쳐 상당히 자세하게 설명했다. 그중 가장 충격적인 사실은 군사 용품을 수송하다가 위험한 마법 무기인 마법 가면을 도둑맞았다는 것이었다. 프랭크와 노테이션은 마법 가면으로 뭘 할 수 있고 왜 군인들이 호위해야 했는지 캐물었지만, 삭스는 마법 가면이 "무시무시하게 센 마력을 갖고 있다."라는 말만 되풀이할 뿐이었다. 삭스의 목소리에서 묻어나는 경외심이 프랭크를 초조하게 했다. 가만히 삭스의 이야기를 듣던 노테이션이 물었다.

"가면 도난 사건이 경찰서 도난 사건이랑 관련이 있다고 생각하니?"

"그레첸 님은 그렇게 믿고 계세요. 도난 사건이 났을 때 보초들은 한결같이 다음 날까지 도난 사건이 난 줄 전혀 몰랐대요. 그레첸 님은 도둑이 기억을 지우는 마법이나 잠이 드는 주문을 썼을 거라고 생각하세요."

"난 잠들지 않았다고!"

노테이션이 발끈해서 말했다. 프랭크마저 놀라 뒤로 몸을 젖혔다.

"저… 저는 그런 뜻이 아니라."

프랭크는 할 말을 찾지 못해 허둥지둥하는 삭스를 보며 지금까지 삭스가 한 이야기에 대해 곰곰이 생각해 봤다. 삭스의 말은 어딘가 앞뒤가 맞지 않았다.

"왜 우릴 미행했지? 국왕의 명령을 받아 사건을 수사 중이었던 거지, 맞나? 그럼 그냥 당당하게 와서 솔직히 말했어도 됐잖아."

"네. 하지만…"

"하지만?"

"그래 봤자 도움이 될 거라고 생각하지 않았어요."

프랭크는 삭스가 다시 입을 열 때까지 삭스를 노려봤다.

"두 분이 도움 될 만한 걸 찾아낼 거라고 생각하지 않았어요. 제가 누군지 솔직하게 말해 버리면 두 분과 함께 다니면서 도와야 하는 거잖아요, 그렇죠? 전 다른 가능성을 열어 두고 싶었어요. 마법처럼 더 좋은 단서가 나타날지도 모르는 거 아닌가요? 죄송해요."

삭스가 중얼거렸다. 모두 아무 말 없이 생각에 잠겨 있는 동안 선원들은 배를 움직이느라 세 사람 주변을 분주히 돌아다녔다. 프랭크는 그 모습을 바라봤지만, 배가 앞으로 나아가려면 당길 밧줄이 무진장 많다는 것 외엔 알 수가 없었다.

"그럼… 이제 어쩌죠?"

삭스의 물음에 프랭크가 심드렁하게 대꾸했다.

"실마리를 쫓아야지."

"리트라이 루프의 항해 일지에서 수상한 항구 두 군데에 들렀던 사실을 알아냈어. 이제 그 두 곳을 조사해 볼 차례야. 먼저 진흙 벽 항구부터. 그리고 보니 선장에게 알려야겠네. 물론 이 배를 빌려 조사해야겠어."

노테이션이 또박또박 말하자 프랭크가 껄껄 웃었다.

"마비스를 설득할 수 있으면 설득해 봐."

"그럴 필요 없어요."

삭스가 급히 끼어들었다.

"이미 제가 돈을 주고 이 배와 계약을 했어요. 어디로 갈지만 마비스에게 알려 주면 돼요."

"좋았어."

노테이션이 말했다.

"그 말은 자네도 함께 간다는 뜻인가?"

프랭크가 성가시다는 투로 물었다.

"물론이죠. 이 배도 제가 빌렸고 두 분 목숨도 제가 구했는걸요. 게다가 이 사건에 대해 제일 많이 알고 있는 사람도 저인 것 같고요. 또, 견습이지만, 마법사라고요. 도움이 될 거예요."

이유가 하나씩 늘어날 때마다 삭스의 목소리는 더 필사적이었다.

"리펠런트 씨가 도와주신다니 우리야 감사하죠. 그렇지 않나요, 프랭크?"

"그래. 뭐, 좋지."

프랭크가 중얼거렸다. 그에게는 벌써 미심쩍은 사람이 둘이나 따라붙었다. 이런 속도라면 해 질 녘에는 이 사건을 돕겠다는 사람들로 배를 가득 채울 것 같았다.

진흙 벽 항구와 헤진 밧줄 섬

역추적 탐색

진흙 벽 항구는 이름보다 더 별 볼 일 없었다. 보통 크기의 배 두 척을 겨우 댈 만한 나무 부두가 있긴 했지만, 이마저 곧 무너질 것 같아서 항구라고 부르기도 민망했다. 원래 이곳에 들어서기로 했던 높이 7미터짜리 진흙 성곽은 실제로는 지어지지 않았고 마을의 1/3 정도를 둘러싼 70센티미터 높이의 진흙 턱만이 그런 계획이 있었단 사실을 알려 줄 뿐이었다. 프랭크는 진흙 턱을 넘어 이 마을에 단 하나뿐인 가게로 향했다. 노테이션과 삭스가 그의 뒤를 따랐다.

그들이 가게에 들어서자 가게 주인은 깜짝 놀라더니 곧 기쁨을 감추지 못하고 흥분하며 갑자기 가게가 떠나가라 재채기를 해 댔다. 주인은 들고 있던 당근 테마 여행 전단 더미를 계산대 위에 툭 하니 놓고 서둘러 그들을 맞으러 나왔다.

"안녕하세요!"

주인은 소리치듯 말했다.

"진흙 당근 농장의 고장, 진흙 벽에 오신 걸 환영합니다. 뭘 도와드릴까요? 식량? 보급품? 당근? 당근맛 제과류? 우리 집엔 정말 맛있는 당근 파이가 있답니다."

"정보요."

프랭크가 말했다.

"아, 당근 축제 때문에 오신 게 아닌가요?"

가게 주인은 축 처진 얼굴로 말했다.

"당근 축제요?"

노테이션이 되묻자 주인이 힘없이 고개를 끄덕였다.

"이번 주말에 제50회 당근 축제가 열리거든요."

"그럼 방문객이 많겠네요?"

"요즘엔 없어요. 이젠 벌 떼 같이 여행객이 모여들던 그 옛날 진흙 벽이 아니에요. 그래프 시가 진흙 무 축제를 시작하면서 발길이 뜸해졌죠. 사람들은 대도시 분위기를 더 좋아하니까요."

노테이션과 삭스는 무슨 소린지 모르겠다는 듯 서로를 바라봤다. 삭스가 소리를 낮춰 "진흙 무가 뭐예요?"라고 묻자 노테이션은 말없이 어깨를 으쓱했다. 프랭크가 가게 주인을 보며 물었다.

"며칠 전에 이곳에 들렀던 배에 대해 아는 게 있습니까?"

"무슨 배요? 몇 달 동안 한 척도 안 왔어요. 당나귀 수레 몇 대가 해안 도로를 지나다니는 건 봤지만, 배는 못 봤어요."

노테이선이 재차 물었다.

"확실한 건가요? 경찰 수사 중이거든요. 최근 이곳을 거쳐 간 배에 대해 모두 알고 있는 건 뭐든 말해 주시는 게 중요해요."

가게 주인이 어리둥절한 얼굴로 답했다.

"배가 왔다면 모를 리 없어요. 저희 가게에서 부두가 무척 잘 보이거든요. 게다가 배가 왔다면 적어도 소리는 들었을 거예요. 배를 보는 일도 드물어서 배가 오면 마을 사람들이 무척 들뜨죠. 배 한 척이 올 때마다 당근 사운드라는 3인조 밴드가 음악을 연주해요. 배가 왔다면 분명 음악을 들었겠죠."

노테이선이 계속해서 질문을 던지려는 찰나 프랭크가 먼저 말을 던졌다.

"감사합니다. 선생님. 저희에게 시간을 내주셔서 고맙습니다."

프랭크는 노테이선과 삭스를 가게에서 데리고 나와 다시 진흙 길로 다시 향했다.

"저 사람 말이 정말인 거 같아요?"

노테이선이 물었다. 프랭크가 길을 살펴보며 고개를 끄덕였다.

"배라는 소리에 정말 놀란 것 같았어. 하지만 다른 사람에게도 물어보는 편이 낫겠지."

그들은 전체 마을 주민의 절반 정도 되는 열두 명을 만나 똑같은 질문을 던지고 똑같은 대답을 들은 뒤에야 질문을 그만두었다. 배를 본 사람은 없었다. 배를 봤다는 말을 들은 사람도 없었다. 배가 올 거라고 생각하는 사람조차 없었다. 확실히 진흙 벽 항구를 드나드는 배는 많지 않았다.

"밤에 왔을지도 몰라요."

TCP 플라이어를 향해 부두를 걸으면서 노테이션이 혼잣말을 했다.

"나룻배에 몇 명만 실어서 문서만 전달하고 떠난 거죠. 누군가 수레를 끌고 나와 기다리고 있었을 거예요. 바로 여기서."

그녀는 부두에 있는 애꿎은 널빤지 하나를 가리키며 말했다. 아무렇게나 나뒹구는 널빤지는 황량한 이곳 풍경과 너무나도 잘 어울렸다.

"그럴지도 모르지. 하지만 그건 중요하지 않아. 증인이 없는 한 단서를 찾을 순 없어."

"그게 무슨 소리예요? 찾을 수 없단 건가요? 그럼 여기서 수사 끝?"

삭스의 말에 프랭크가 피식 웃었다.

"꼬맹아, 막다른 길은 수사의 한 과정일 뿐이야. 이럴 땐 **역추적 탐색**을 하면 돼."

삭스는 다시 프랭크를 물끄러미 바라봤다. 잠시 뜸을 들이는 동안에도 삭스가 말을 알아들은 기미가 없자 프랭크가 덧붙였다.

"가장 답에 가까운 방향으로 살펴보다가 더는 단서를 쫓을 수 없는 막다른 곳에 다다랐을 때 다른 방향이 나올 수 있는 단서로 다시 되돌아가는 거지. 거기부터 다시 탐색하는 거야."

"그럼 다른 실마리가 있나요?"

삭스가 물었다.

"몇 개 있어."

이어서 노테이션이 말을 덧붙였다.

"아직 살펴보지 않은 다음 단서로 되돌아가려면 항해 일지로 되돌아가야 해. 또 다른 행선지가 적혀 있었어. 헤진 밧줄 섬."

프랭크는 고개를 끄덕이고는 또 어떤 단서가 남아 있는지 생각해 봤다. 좀 전 비네티 일당의 배에서 고참 폭력배가 무슨 연맹이라는 말을 했었다. 이것까지 포함하면 프랭크가 지금 살펴보지 않은 몇 안 되는 실마리는 다음과 같은 목록으로 이루어져 있었다.

헤진 밧줄 섬

배열 수레에서 나온 실

비네티

연맹?

이제 항해 일지에서 발견한 실마리 가운데 아직 살펴보지 않은 헤진 밧줄 섬을 탐색할 차례였다. 헤진 밧줄 섬에서도 범죄 단서를 찾는 데 실패한다면, 조금 더 되돌아가서 덜 확실한 실마리에서 다시 시작해야만 했다. 수레에서 찾은 실은 색이 독특해서 그런대로 제법 기대가 되었다.

❁ ❁ ❁

"이걸로 끝은 아니죠?"

헤진 밧줄 섬으로 향하는 TCP 플라이어 위에서 삭스는 벌써 열 번째 같은 질문을 해 댔다.

"실마리가 더 있죠? 그렇죠?"

"수사하다 보면 언제나 되돌아가기 마련이야."

노테이션이 또 한 번 삭스를 달랬다.

"일하면서 한 번도 처음으로 되돌아가 본 적 없니? 마법 물약을 만들거나 할 때 말이야."

"물약을 만들면서 어떻게 되돌아갈 수가 있죠? 이미 집어넣은 거미 다리를 빼내거나 이미 섞인 물약을 다시 섞기 전으로 되돌릴 순 없는데요."

"내 말은 물약을 개발할 때 되돌아가 본 적 없냐는 소리야. 거미 다리를 넣고 나니 약의 효능이 제멋대로 되었다는 걸 알았어. 그러면 어떻게 해야 할까? 배합표를 메모한 노트에서 거미 다리에 줄을 긋고 다시 만들 때는 다른 재료를 넣을 거잖아. 시도하는 물약 제조법 하나하나가 탐색 공간의 상태 하나에 해당한다고 보면 돼. 역추적이라는 건 가장 최근에 성공한 제조법으로 되돌아간다는 소리야."

"아~ **수정**을 말하는 거군요. 새로운 마법 주문이나 물약을 개발하려면 계속 수정해야 해요. 어떻게 보면 계속 되돌아가면서 좀처럼 진행되지 않는 것처럼 보이지만 사실은 목표를 향해 조금씩 나아가는 거죠. 처음부터 성공하는 사람은 아무도 없으니까요."

"바로 그거야. 똑같은 뜻이야."

마비스가 한마디 거들려고 대화에 끼어들었다.

"동굴에서 '주인 잃은' 숨겨 둔 물건을 찾을 때도 마찬가지야. 갈림길이 나오면 우선 한 길을 따라 끝까지 가 본 다음 찾는 물건이 없으면 다시 갈림길로 되돌아오는 거지."

"맞아요."

노테이션은 주저하며 마비스의 말에 동의했다.

"역추적 탐색은 동굴 탐험과 무척 비슷해요. 하지만 동굴에 있는 물건이 진짜 주인이 없는지 있는지는 잘 모르는 거 아닌가요? 제 생각에는 주인을…"

"정신없이 얘기하다 보니 벌써 목적지에 다 온 것 같군."

마비스가 노테이션의 말을 잘랐다.

"헤진 밧줄 섬에는 부두가 없어. 배는 여기에 댈 테니, 당신들은 섬까지 노를 저어 가야겠어."

역추적 탐색

수사를 하다 보면 되돌아가야 할 때가 생기기 마련입니다. 훌륭한 형사들조차 처음부터 끝까지 한 가지 단서만을 파고들어서 사건을 해결할 수는 없습니다. 세상에는 쓸모없는 정보도 많고 확실치 않은 단서도 있고 수사에 오히려 방해되는 단서도 있습니다. 때로는 실수로 잘못된 방향으로 가기도 하죠. 그래서 탐색을 하다 막다른 곳에 다다르면 탐색을 되돌아가는 방법을 아는 게 중요합니다. 간단히 말해서 전 단계로 탐색을 후진해서 다른 단서를 가지고 탐색을 시작하는 것입니다.

지금까지는 한 상태에서 다른 임의의 상태로 효과적으로 이동할 수 있는 탐색 공간에서 탐색하는 경우에 대한 알고리즘을 다루었습니다. 예를 들어 탐색 공간이 배열로 되어 있다면, 인덱스만 알면 손쉽게 어느 위치든 값을 살펴볼 수 있었습니다. 탐색 공간이 호텔 복도인 경우에도 방과 방 사이를 뛰어다니기만 하면 되었습니다. 이렇게 상태를 쉽게 이동할 수 있는 탐색 공간에서는 알고리즘의 효율성이 높아집니다.

하지만 대부분의 탐색 공간에서는 한 상태에서 다른 상태로 이동하는 데 제약이 있습니다. 예를 들어 거대하고 복잡한 성을 탐색한다면 방과 방 사이를 마음대로 넘나들기 힘들 것입니다. 중간에 복도와 다른 방을 거쳐 가야 할 테니까요.

이는 컴퓨터 세상에서도 마찬가지입니다. 데이터의 구조가 그래프(graph)나 연결 목록(linked list) 등으로 되어 있으면 상태와 상태 사이를 이동하는 데 제약이 있습니다.

사실 마음대로 이동할 수 있다고 하더라도 새로운 상태를 탐색하기 전에 바로 전 단계로 되돌아가는 것이 도움이 되는 경우가 많습니다. 알고리즘 세계에서는 실제로 몸을 움직여야 할 때보다 이전 단계로 되돌아가기가 훨씬 수월합니다. 하지만 탐색을 전 단계로 되돌아가 다른 길을 선택한다는 면에서 현실 세계에서 몸을 움직여 되돌아가는 일과 알고리즘 세계에서의 **역추적 탐색**은 개념상 서로 닮았습니다.

앞으로 이 수업에서는 쫓던 단서를 더는 쫓을 수 없는 막다른 곳에 다다르면 역추적 탐색을 하는 예를 많이 다룰 것입니다. 경찰이 되면 이런 상황을 생각보다 훨씬 자주 겪게 될 테니까요.

쇠반지 교도소로

너비 우선 탐색

프랭크와 삭스, 노테이션 형사는 감옥 외벽의 뒷문 앞에 모여 섰다. 문은 무척 심하게 녹슬어 있었지만, 프랭크가 두어 번 발길질을 해도 붉은색 녹만 구름처럼 피어오를 뿐 잠긴 채로 꿈쩍도 하지 않았다. 프랭크는 욕을 뱉으며 다시 한번 녹슨 문을 발길질했다. 노테이션과 삭스가 그날 처음 들어본 불리언 욕만 6개가 넘었다.

"어째… 그 방법으론 안 될 것 같네요."

삭스가 거들었다. 프랭크는 삭스의 말을 무시한 채 문이 어떻게 잠겨 있는지 자물쇠를 살펴보았다. 자물쇠는 숫자가 새겨진 평범한 번호키로 1, 2, 3, A, B, C라고 쓰인 버튼이 한 줄로 나열돼 있고 그 아래에 입력 버튼이 있었다.

"옛날 방식으로 열어야겠군."

"문을 발로 차는 건 옛날 방식이 아닌가 보죠?"

프랭크는 노테이션의 말을 무시하고 삭스에게 물었다.

"삭스, 비밀번호 풀기 주문 중에 아는 거 없어?"

"없어요. 그런 주문은 불법이라고요!"

삭스는 화들짝 놀라며 큰 소리로 말했다.

"자물쇠를 약하게 만드는 건 어때? 아니면 경첩이라도?"

"지금 저더러 기물 파손을 도우라는 건가요? 그건 비밀번호 풀기 주문보다 더 나빠요. 문을 부수면 얼마나 문제가 커질지…"

"그럼 탐색 주문은? 모든 조합 주문이나 **너비 우선 탐색** 주문 알아?"

노테이션이 삭스의 말을 잘랐다. 좀 전 프랭크가 금화 복제 주문을 쓸 수 있냐고 농담처럼 물었을 때부터 어떤 주문이 합법이고 어떤 주문이 불법인지에 대한 삭스의 장황한 연설을 질리도록 들은 터였다.

"너비 우선 탐색 주문은 몇 번 써봤어요. 이진 탐색 트리가 제 전문이긴 하지만, 여러 가지 계산 마법도 능숙하게 쓸 수 있어요. 한번은…"

"너비 우선 탐색으로 비밀번호를 찾을 수 있다고?"

프랭크는 오랫동안 다양한 지위에 있는 존경할 만한 마법사 몇 분과 사건들을 함께 수사했었다. 그는 비밀번호를 푸는 주문을 여남은 개도 넘게 알고 있었지만, 명시적인 너비 우선 탐색으로 문을 열었다는 소리는 들어본 적이 없었다. 노테이션이 웃으며 삭스 대신 대답했다.

"물론이죠! 다소 추상적이지만, 경찰 알고리즘 수업에서 최근에 비슷한 문제를 배웠어요. 생각해 보면 비밀번호를 찾는 것도 탐색 문제예요. 문자열을 입력해서 여는 거잖아요. 탐색 공간은 번호키에 있는 문자로 만들 수 있는 모든 문자열이죠. 1이나 A 같은 한 글자짜리 문자열부터 ABC123CBA321 같은 복잡한 문자열까지 모든 문자열을 유효한 탐색 상태로 고려해야 해요. 탐색 목표는 자물쇠를 여는 문자열인 비밀번호고요."

"하지만 비밀번호가 몇 자리인지조차 모르잖아요. 30자리일 수도 있다고요."

"그래서 노테이션이 너비 우선 탐색을 하라고 한 거야."

가만히 생각에 잠겨 삭스의 말을 듣던 프랭크가 혼잣말을 하듯이 말했다.

"잘 이해가 안 가요."

노테이션이 재빨리 끼어들어 설명했다.

"너도 알다시피 너비 우선 탐색은 시작 지점에서부터 점점 범위를 넓혀가며 경계에 있는 해답을 살펴보잖아. 그러니까 자연스럽게 짧은 해답을 먼저 살펴보게 될 거야."

"네? 전 너비 우선 탐색을 할 때 마법 목록을 사용하는 줄 알았는데요. 전 항상 마법 목록을 사용했거든요. 그냥 마법 목록으로 하는 거 아니에요?"

삭스가 물었다. 어찌나 놀랐는지 공포에 질린 듯한 얼굴이었다. 노테이션이 차분하게 대답했다.

"네 말이 맞아. 너무 어렵게 생각하지 않아도 돼. 그냥 검사할 항목을 목록으로 만든 다음 하나씩 검사를 하는 거야. 그리고 검사한 항목이 찾는 항목이 아니면 다음 항목을 검사하는 식이지.

너비 우선 탐색 알고리즘은 기본적으로 목록 맨 앞에 있는 항목을 목록에서 빼내서 검사한 다음 이 항목보다 한 단계 범위가 넓은 새로운 항목을 목록 뒤에 추가하는 과정을 반복하는 **루프**라고 볼 수 있어. 반복할 때마다 목록 맨 **앞**에 있는 항목을 확인하는 거지. 만일 검사한 항목이 찾는 항목이 아니라면 현재 항목에서 한 단계 넓은 범위에서 새 항목이 있는지 살펴보고, 살펴보지 않은 항목을 목록 맨 **뒤**에 넣는 거야.

탐색은 탐색 공간의 한 지점에서부터 시작하면 되는데 이번 경우에는 길이가 0인 비밀번호부터 시작하면 되겠지. 항목 하나를 검사할 때마다 새로 발견한, 앞으로 검사해야 할 항목들을 목록 뒤에 추가해. 즉, 이번 경우에는 비밀번호 하나를 눌러 볼 때마다 이 비밀번호에 글자 하나씩을 더해 목록을 확장해 나가면 돼. 이 번호키를 보면 비밀번호가 1, 2, 3과 A, B, C로만 이뤄져야 한다는 사실을 알 수 있어. 그러니까 예를 들어서 비밀번호로 3A를 조합했을 때 문이 열리지 않는다면 3A1, 3A2, 3A3, 3AA. 3AB, 3AC를 검사할 목록 뒤에 추가하면 되는 거야."

삭스는 심각한 표정으로 골똘히 생각에 잠겼다. 그리고는 물었다.

"목록 뒤에 추가해야 할 항목은 어떻게 알죠?"

"가능한 항목을 **트리** 구조로 그려서 생각해 봐. 나뭇가지가 갈라지는 곳, 즉 트리의 각 **노드**마다 3A 같은 비밀번호가 있다고 생각하는 거야. 그럼 바로 아래 노드에는 3A 뒤에 글자나 숫자를 하나 덧붙여 만든 비밀번호들이 오겠지. 너비 우선 탐색은 트리에서 윗단에 있는 노드들을 모두 확인한 다음 아랫단에 있는 노드들을 확인해 나가는 탐색 방식이야."

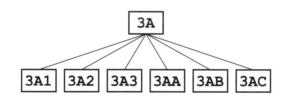

"새로 발견한 더 긴 비밀번호들은 목록의 맨 뒤에 붙이니까 짧은 비밀번호부터 전부 확인하게 되는 셈이야. 이제 한번 해 볼까?"

프랭크가 재촉했다.

"이건 마법을 올바르게 사용하는 경우가 아닌…"

"정말 이러기야?"

프랭크가 벌컥 성을 내며 말했다.

"결국 비밀번호 풀기 주문인 거잖아요."

"그래! 지금 바로 그걸 하려는 거라고!"

"그만 됐어요."

노테이션이 두 사람 사이에 끼어들며 중재하려 나섰다.

"하기 싫다는데 소리친다고 일이 해결되겠어요?"

그녀는 고개를 들어 3미터는 되어 보이는 돌벽을 유심히 살펴봤다. 잠시 뒤 그녀가 입을 뗐다.

"프랭크, 아래에서 절 들어 올려 주면 타고 넘을 수 있을지도 모르겠어요."

프랭크는 회의적인 표정으로 벽을 바라보았다. 오랫동안 버려진 감옥인데도 오래된 성벽에서 흔히 볼 수 있는 큰 균열이나 넝쿨이 없어서 올라가기가 쉽지 않아 보였다. 성벽을 쌓은 기술이 대단했다. 프랭크는 이 벽을 쌓은 사람은 자신의 결과물을 보고는 뿌듯했을 거라 생각했다. 벽 위에 튀어나온 아름답게 꼬인 담장 못들만 봐도 알 수 있었다. 저런 모양으로 만들려면 품이 꽤 들었을 것이다.

"그럴 수 있을지도 모르지. 벽이 꽤 높고 담장 못이 무척 날카로워 보이긴 하지만."

"학교에서 해 본 장애물 코스랑 비슷해요. 아래가 맨땅이고 벽에 잡을 곳이 없고 커다란 담장 못이 박혀 있다는 것만 빼면요."

"그래. 덕분에 학교보다 더 재밌겠군."

프랭크가 궁시렁거리자 노테이션이 단호하게 말했다.

"입 다물고 들어 올리기나 해요."

"아니. 아니에요. 제가 할게요."

삭스가 황급히 나섰다.

"너비 우선 탐색 주문을 써 볼게요. 목록을 만들려면 양피지 같은 게 필요할 것 같은데요."

프랭크와 노테이션이 눈빛을 주고받았다.

"양피지는 갖고 있는 게 없는걸. 어차피 진흙인데 바닥에 쓰는 건 어때?"

"아, 네. 그러죠."

몇 분 뒤 번호키가 빛나기 시작했다. 삭스가 들뜬 목소리로 말했다.

"이제 시작이에요."

입력 버튼이 짧게 빛나더니 딸각 소리가 났다. 하지만 문은 여전히 닫혀 있었다. 첫 번째로 아무것도 없는 비밀번호를 시도한 결과였다. 다음에 시도할 비밀번호가 진흙 위에 차례로 나타났다.

1, 2, 3, A, B, C

프랭크는 머릿속에서 진흙 위에 나타난 목록이 나타내는 가능한 비밀번호를 트리 구조로 떠올렸다.

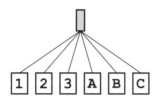

잠시 뒤 번호 1과 입력 버튼이 빛났다. 이번에도 문은 딸각하는 소리만 낼 뿐 열리지는 않았다. 땅 위에 트리의 세 번째 단에 해당하는 비밀번호들이 새로 나타났다.

2, 3, A, B, C

11, 12, 13, 1A, 1B, 1C

새로운 비밀번호가 목록 뒤에 더해졌다. 탐색은 계속 두 번째 단에서 진행되었다. 이번에는 번호 2를 검사했다.

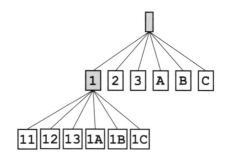

비밀번호 2로도 문이 열리지 않자, 목록에 다시 새로운 비밀번호들이 더해졌다.

3, A, B, C

11, 12, 13, 1A, 1B, 1C

21, 22, 23, 2A, 2B, 2C

프랭크의 머릿속에서도 트리의 가지가 늘어나면서 가능한 항목이 새로 추가되었다. 하지만 아직도 탐색은 두 번째 단에 머물렀다. 아랫단으로 내려가려면 먼저 두 번째 단에 있는 문자 하나짜리 비밀번호를 모두 확인해야 했다.

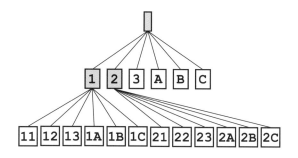

너비 우선 탐색에서는 현재 단을 처음부터 끝까지 다 살펴본 후에 아랫 단으로 진행해야 했다.

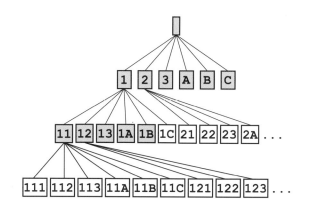

비밀번호 3과 A, B, C를 차례로 검사해 첫 번째 단을 다 살펴보고 나자, 삭스가 정적을 깨고 말했다.

"시간이 좀 걸릴 것 같아요."

프랭크가 늘어나는 비밀번호 목록에 시선을 고정한 채 고개를 끄덕였다.

"노테이션, 삭스가 비밀번호를 푸는 동안 자네는 정문 쪽을 정찰해 주지 않겠나?"

"그러죠."

노테이션은 내심 다행이라고 생각했지만, 기뻐하는 모습을 감추며 대답했다. 신참 경찰들은 잠복근무처럼 가만히 기다리는 일을 잘 참지 못하는 경향이 있었다. 몇 시간 동안 아무 일도 하지 않고 가만히 앉아 있는 법은 학교에서 배울 수 있는 기술이 아니었다. 클라우드 교수의 법 집행 철학 수업 시간에 비슷한 경험을 할 수 있기는 했지만 말이다.

노테이션이 자리를 뜬 지 5분 정도 후에 커다란 철컥 소리와 함께 문이 열렸다. 녹이 잔뜩 슨 경첩이 삐걱댔다. 탐색 알고리즘이 문제를 해결하자 진흙 위에 있던 비밀번호 목록은 사라졌다.

"1111이었군."

프랭크가 그리 놀랍지 않다는 듯 중얼거렸다. 범죄 조직은 조직원이 잊어버리지 않도록 일부러 간단한 비밀번호를 쓰는 경우가 많았다. 프랭크는 진흙에 막대로 비밀번호를 쓰고는 잘 보이도록 동그라미를 두 번 쳤다. 아무리 신참이라도 비밀번호가 1111이라는 걸 놓칠 수 없을 터였다. 그는 삭스를 향해 말했다.

"들어가자."

너비 우선 탐색

너비 우선 탐색(breadth-first search)은 마주친 순서대로 탐색 상태들을 살펴 보는 알고리즘입니다. 다른 말로 하면 목록에 추가한 지 오래된 상태부터 먼저 살펴 보는 알고리즘이죠.

이미 알고 있지만 아직 살펴보지 않은 상태를 목록으로 만들면 너비 우선 탐색을 시각적으로 표현할 수 있습니다. 이 목록을 더 정확히 말하면 **큐**(queue)라고 합니 다. 너비 우선 탐색 알고리즘은 탐색 단계마다 큐의 앞에 있는 다음 상태를 골라 살 펴봅니다. 알고리즘이 아직 목록에 없는 새로운 상태를 발견했을 경우 이 상태를 큐 의 맨 뒤에 추가해서 새로 발견한 상태를 살펴보기 전에 기존 상태들을 먼저 살펴볼 수 있도록 합니다.

그래프를 탐색하는 방법을 예로 들어 살펴보면 너비 우선 탐색을 더 잘 이해할 수 있습니다. 그래프는 서로 독립된 여러 개의 **노드**(node)와 각 노드 사이를 잇는 **간선** (edge)으로 이루어진 자료구조입니다. 두 노드가 간선 하나를 사이에 두고 연결되 어 있을 때 두 노드를 서로의 **이웃**(neighbor)이라고 부릅니다. 이 말은 두 노드 사이 를 이동할 수 있다는 뜻입니다.

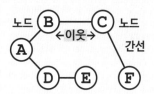

여러분이 오리엔테이션 기간에 배운 왕국 고속 도로 지도가 바로 그래프입니다. 이 지도에는 왕국의 도시들이 노드, 도시를 잇는 고속 도로가 간선으로 표시되어 있 죠. 앞으로 이 지도를 꼭 하나씩 지니고 다니기 바랍니다. 범인들은 다른 도시로 도 망치는 경우가 많으므로 범인들이 숨어 있을 가능성이 큰 이웃 도시를 항상 파악해 두어야 합니다.

왕국 고속 도로 지도를 탐색하는 일은 전형적인 **그래프 탐색 문제**입니다. 이때 탐색해야 할 상태는 그래프의 노드, 즉 지도 상의 도시입니다. A 도시에서 범죄를 저지르고 달아난 범인을 잡는 문제를 예로 들어 봅시다.

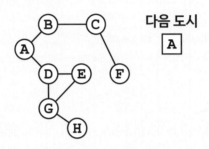

너비 우선 탐색에서는 시작 노드에서 X만큼 떨어진 노드를 모두 확인한 후에야 X+1만큼 떨어진 노드를 확인하면서 경계를 확장해 나가며 살펴봅니다. 범인은 A 도시에서 달아났으니 시작 노드가 A 도시인 셈입니다. 먼저 A 도시를 살펴보고 나면 A 도시와 이웃인 B와 D 도시가 큐의 뒤에 추가됩니다. B 도시가 추가되기 전에 큐에 들어 있던 도시가 없으므로 다음에 방문할 도시는 B 도시가 됩니다.

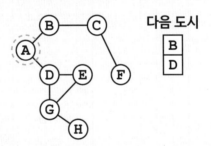

각 노드에 연결된 이웃이 많을 때는 살펴봐야 하는 노드가 있는 큐를 유지하는 데 메모리 용량이 많이 필요합니다. 특히 대규모 탐색 문제에서는 메모리 용량을 필요한 만큼 늘리는 데 비용이 많이 듭니다. 형사가 좋은 공책을 여러 권 사는 데 돈을 아끼지 말아야 하는 이유입니다.

너비 우선 탐색에서는 탐색 단계마다 현재 노드가 우리가 찾고 있는 목표 노드인지 아닌지를 검사합니다. 지금 같은 경우에는 현재 탐색 중인 도시에 범인이 있는지 유심히 살펴보는 일이 이 검사에 해당하겠죠. 현재 탐색 중인 도시에서 범인을 찾지 못하면 이 도시의 이웃 도시 가운데 처음 보는 도시들, 즉 목록에 추가한 적 없는 도시를 목록에 추가합니다. 이렇게 하면 이미 살펴본 노드나, 이미 목록에 들어 있지만 아직 살펴보지 않은 노드를 목록에 추가하는 일을 방지할 수 있습니다. 예를 들어 B 도시를 확인하고 난 뒤에는 이미 살펴본 A 도시는 목록에 다시 추가하지 않습니다.

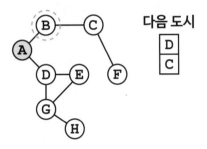

이웃이 처음 보는 노드인지 확인하려면 큐를 유지하는 데 필요한 메모리 용량보다 더 큰 용량이 필요합니다. 메모리를 사용해서 이전에 살펴본 노드를 계속해서 기록해야 하기 때문이죠. 하지만 이미 살펴본 노드를 다시 살펴보는 반복을 피할 수 있으니 그만큼 장점도 큽니다. 또, 전에 탐색한 노드를 자세히 기록하면 탐색에 크게 도움이 되기도 합니다.

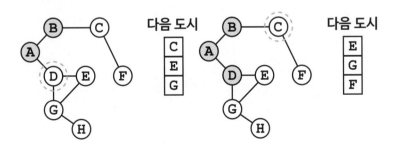

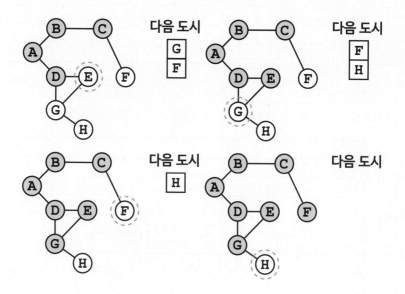

다음 도시

너비 우선 탐색으로 모든 도시를 샅샅이 뒤진 결과 용의자는 H 도시에 있었습니다. 용의자를 찾으면 바로 탐색을 마치고 용의자를 체포하면 됩니다.

한 도시에서 이웃 도시로 이동하는 데 드는 비용(시간, 에너지 등)이 모두 같은 경우에는 너비 우선 탐색을 이용해 탐색 비용을 최소화하는 경로를 찾을 수 있습니다. 이렇게 할 수 있는 까닭은 시작 노드에서 X만큼 떨어진 곳에 있는 노드를 모두 탐색한 뒤 X+1만큼 떨어진 노드들을 살펴보는 방식으로 점점 바깥으로 확장하는 너비 우선 탐색의 특성 덕분입니다.

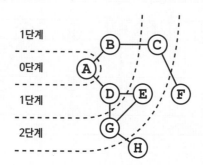

너비 우선 탐색을 조정하면 노드 바로 전에 검사한 노드를 기록하는 **후방 포인터 (back pointer)**를 사용해 가장 짧은 거리, 즉 최단 거리를 구할 수도 있습니다. 너비 우선 탐색으로 최단 거리를 구하는 방법은 이렇습니다. 먼저 목표 노드를 탐색할 때 검사하는 노드마다 바로 전에 검사한 노드를 알려주는 후방 포인터를 기록해 둡니다. 목표 노드를 찾은 뒤에 후방 포인터를 따라 시작 지점까지 돌아가면 시작 지점과 목표 지점 사이를 잇는 최단 거리를 찾아낼 수 있습니다.

하지만 이 방법은 한 노드에서 이웃 노드로 이동하는 데 드는 비용이 모두 같을 때만 사용할 수 있습니다. 일반적으로 탐색 공간에서 탐색 단계를 최소화하는 것과 목표 노드까지의 경로에 대한 비용을 최소화하는 것은 매우 다른 문제입니다. 최소한의 비용으로 목표 지점까지 가려는 도보 여행자를 예로 들어 봅시다. 목표 지점까지 산길을 통해 가는 편이 거리는 더 가까울지 몰라도, 평지로 난 길을 가면 에너지(비용)가 적게 듭니다. 거리는 산길 쪽이 더 짧고 훨씬 경치가 좋겠지만, 산길이 훨씬 더 에너지가 많이 들기 때문입니다.

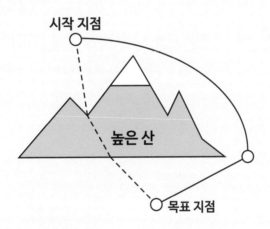

이처럼 최소한의 에너지를 사용해서 목표 지점에 도착할 수 있는 최단 거리를 구하는 것이 효율적인 탐색입니다.

버려진 감옥의 비밀

깊이 우선 탐색

프랭크는 감옥 안에서 두 발자국을 내딛자마자 자신이 미로 속으로 들어왔다는 사실을 깨달았다. 옛날에는 죄수가 탈옥하기 힘들도록 특이한 구조로 감옥을 짓는 경우가 많았다. 자기 감방문이 교도관 휴게실을 향해 나 있는지 바깥세상으로 나 있는지 알 길이 없는 탈옥자는 문으로 빠져나가기 전에 한 번 더 고심해야 했다.

"네 지팡이로 불을 켜는 게 어떨까?"

"아, 그러네요."

삭스가 주문을 외우자 지팡이 끝에서 파란색 불꽃이 피어올랐다. 불꽃에 비친 감방은 생각보다 평범했다. 울퉁불퉁한 돌벽에 나무문이 달린 정사각형 감방을 보니 감옥은 예상대로 바둑판 구조인 듯했다. 이런 형태의 감옥은 감방에 난 문이 복도가 아닌 이웃해 있는 감방으로 이어져 있기 때문에 감방에서 감방으로 이동하는 수밖에 없었다. 각 감방에 문이 어느 쪽으로 나 있는지는 미리 알 수 없었으므로 길은 직접 이동하면서 찾아야 했다.

"또 탐색할 시간이군."

"탐색이요? 뭘 찾으려고요?"

"물론 문서를 찾아야지."

프랭크는 문서가 이곳에 숨겨져 있다고 확신했다. 훔친 물건을 숨기기에는 평범한 창고보다는 버려진 감옥이 훨씬 더 좋은 장소였다. 버려진 감옥만큼 훔친 물건을 숨기기 좋은 장소는 물 한가운데 고립되어 버려진 성 정도밖에 없어 보였다. 이제는 문서가 이곳에 있느냐가 문제가 아니라 문서를 찾을 수 있을지, 찾는다면 문서로부터 쓸 만한 단서를 얻을 수 있을지가 문제였다. 프랭크는 너비 우선 탐색을 하면 어떨까 생각해 봤다.

"너비 우선 탐색을 또 하긴 싫어요."

삭스가 프랭크의 생각을 읽은 것처럼 재빠르게 말했다. 이론적으로만 생각하면 너비 우선 탐색은 바둑판 구조에 잘 맞았다. 바둑판에 있는 각 칸을 탐색 상태로 생각하면 칸 하나를 탐색할 때마다 그 칸의 이웃 칸 가운데 아직 살펴보지 않은 새로운 칸을 탐색 목록 뒤에 붙여 나가면 될 것이다. 프랭크의 머릿속에 빈 바둑판 위에 물결이 번지듯 탐색이 진행되는 과정이 그려졌다.

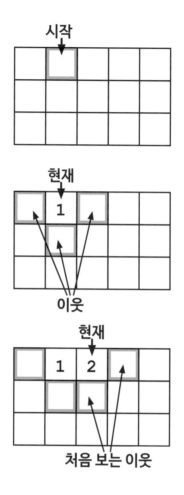

하지만 실제로 너비 우선 탐색을 사용하면 무척 많이 되돌아가야 한다는 큰 단점이 있었다. 항목이 언제나 목록의 끝에 추가되기 때문에 현재 살펴보고 있는 감방과 다음에 살펴볼 감방 사이가 무척 멀리 떨어져 있을 가능성이 컸다. 탐색 공간의 반대쪽 끝으로 다시 돌아가기를 여러 번 반복하는 것은 길이 벽으로 막혀 있지 않은 바둑판 위에서조차 쉽지 않은 일이었다.

지금 상황에서 너비 우선 탐색은 프랭크가 가장 꺼리는 불필요한 이동이 있을 수밖에 없었다. 고민 끝에 프랭크가 입을 열었다.

"아니. 너무 많이 되돌아가야 해. 이번엔 **깊이 우선 탐색**을 사용하는 게 좋겠어."

"깊이 우선 탐색. 깊이 우선 탐색이라."

삭스가 주문을 기억해 내려고 노력하며 혼잣말을 중얼거렸다.

"주문을 기억하고 있는지 잘 모르겠는…"

프랭크가 손을 들어 삭스의 말을 끊고 자신 있게 복도로 발을 내디뎠다.

"주문은 필요 없어. 난 네가 기저귀 차고 기어 다닐 때부터 깊이 우선 탐색으로 건물을 뒤지고 다녔거든."

"그럼 깊이 우선 탐색을 할 때는 되돌아가지 않아도 되는 건가요?"

"탐색 알고리즘에는 대부분 되돌아가는 과정이 필요하기 마련이지. 하지만 깊이 우선 탐색의 되돌아가기는 걸으면서 할 만해."

"아… 알겠어요."

"아니. 모르고 있잖아."

프랭크가 퉁명스럽게 말했다.

"알고리즘을 모르거든 그냥 물어봐. 모르는 알고리즘을 아는 척하면 무척 곤란해. 잘못된 알고리즘으로 탐색하다가 실수를 하는 신참들을 너무 많이 봤거든. 다들 자네처럼 똑똑한 애들이었는데도 말이야."

"알았어요. 깊이 우선 탐색은 어떻게 하는 거죠?"

"단순한 알고리즘이야. 기본은 매번 길을 따라서 끝까지 깊이 내려가 살펴보는 거지. 막다른 곳에 다다를 때까지 한 길을 따라 내려가는 거야. 그 다음에 가장 최근에 지나친 갈림길로 되돌아가서 살펴보지 않은 길을 마찬가지 방식으로 탐색해. 목표를 찾으면 탐색을 멈추고.

순서는 시계방향으로 정할 거야. 북쪽, 동쪽, 남쪽, 서쪽 순이지. 물론 이미 지나간 길은 빼고. 문이 여러 개일 때도 이 순서를 따를 거니까 가능하다면 언제나 북쪽으로 진행할 거야. 그런데 이 감방에는 문이 하나밖에 없으니 일단 남쪽으로 가 보지."

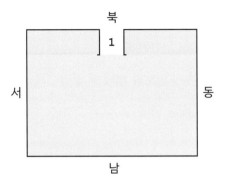

말을 채 마치기도 전에 결정을 내려야 하는 갈림길 지점에 이르렀다. 프랭크가 문을 확인했다. 그들은 북쪽에서 이 감방으로 들어왔으므로 프랭크는 북쪽 바로 다음 순서인 동쪽을 선택했다. 프랭크는 감방을 떠나기 전에 주머니에서 분필을 꺼내 벽에 작은 표시를 해 두었다.

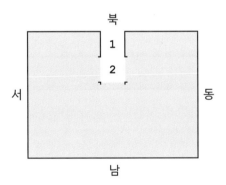

그 뒤로 더 나온 갈림길 두 개에서 북쪽, 동쪽으로 차례로 이동한 후 그들은 첫 번째 막다른 곳에 다다랐다. 지금까지 살펴본 감방은 아예 비어 있

거나 특이하게도 감방 안에 빈 감방이 하나 더 들어 있는 감방뿐이었다. 각 방을 구분할 만한 특징이 없었기 때문에 프랭크는 감방 벽에 분필로 번호를 썼다. 그런 다음 머릿속에 번호와 벽에 핀 곰팡이의 모양을 연결해 기억해 두었다.

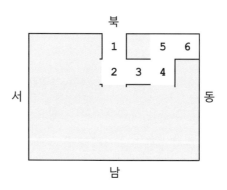

"이제 바로 전에 살펴본 말 모양 곰팡이가 핀 5번 감방으로 되돌아가자."

프랭크가 왔던 길로 발길을 되돌리면서 말했다. 5번 감방과 이웃한 감방 가운데 살펴보지 않은 감방은 서쪽뿐이었다. 아쉽지만 이번에도 막다른 곳 이었다. 감방에는 복잡한 꽃 모양으로 핀 녹색과 푸른색 곰팡이 외에는 아무것도 없었다.

프랭크와 삭스는 이미 살펴본 감방들을 순서대로 지나 살펴볼 이웃 감방이 남아 있는 4번 감방을 향해 되돌아갔다. 4번 감방의 동쪽에 있는 감방은 막다른 곳이었고 북쪽 감방은 이미 살펴봤으므로 이번에는 남쪽으로 향했다.

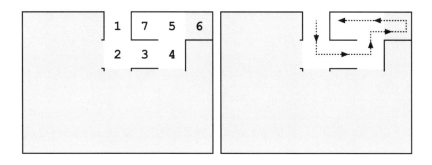

그들은 비어 있는 8번 감방과 9번 감방을 지났다. 커다란 주황색 곰팡이 더미를 빼면 똑같이 생긴 방이었다. 그들은 주황색 곰팡이 더미 때문에 혹시나 감방이 무너질까 봐 최대한 멀리 돌아서 감방을 통과했다. 또 한 번 막다른 곳에 다다른 다음 처음 갈림길을 만났던 2번 감방까지 되돌아갔다.

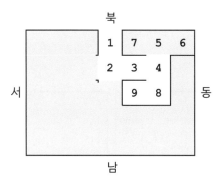

"문서가 있는데 못 본 거면 어쩌죠? 같은 곳을 빙빙 돌게 되면요? 어쩌면 영원히 갇힐지도 몰라요!"

삭스가 또다시 우는소리를 하기 시작했다. 프랭크가 짜증이 나 낮게 탄성을 질렀다.

"잘 들어, 꼬맹아. 내가 깊이 우선 탐색을 한두 번 해 본 게 아니야. 어떻게 해야 할지 잘 알고 있다고."

"하지만 같은 곳을 빙빙 돌게 될 수도 있잖아요."

"벽에 뭐하러 숫자를 써 놨겠어? 이미 살펴본 감방을 다시 살펴보지 않는다면 같은 곳에서 빙빙 돌 수가 없어."

프랭크는 이 사실을 경찰 알고리즘 연습 시간에 몸으로 배웠다. 누군가 "야, 쟤 또 돈다!"라며 큰 소리로 비웃기 전까지 프랭크는 전교생이 보는 앞에서 울타리로 만든 미로를 여섯 번이나 돌았었다.

그들은 구불구불한 길을 그리면서 미로 깊숙이 살펴보다가 막다른 곳에 다다르면 되돌아가기를 반복했다.

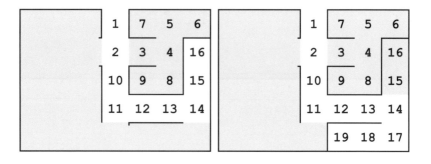

그러다 마침내 23번 감방에서 양피지 두루마리와 원장 더미를 발견했다. 문서 더미는 좁은 감방에 높이 쌓여 있었다.

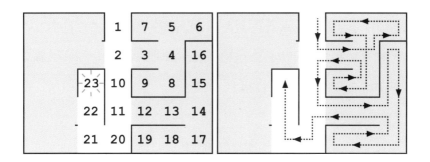

"찾았어요!"

삭스가 흥분해서 소리쳤다. 삭스의 지팡이에서 나온 파란 불꽃이 일렁이며 감방 안을 비추었다. 프랭크는 문서 더미의 양을 보자 온몸에 소름이 돋았다. 그는 눈앞에 보이는 문서의 높이를 경찰 일을 할 때 봤던 문서 더미들의 높이와 눈대중으로 비교해 봤다. 도너번 경감은 언제나 일을 던져 주는 데 거침이 없었다. 그래도 이렇게 많은 문서는 한 번도 본 적이 없었다. 아래쪽에 쌓여 있는 문서에는 곰팡이 자국마저 있었다. 무언가 잘못되었다는 느낌이 들었다.

프랭크는 문서 더미 가까이 다가가 양피지 1장을 뽑아냈다. 오리 울타리의 올바른 사용법을 공지하는 문서였다. 경찰서 번호와 날짜를 보니 경찰서에서 도둑맞은 문서가 틀림없었다. 그다음으로 뽑아든 문서는 시리얼 항구서쪽의 소음 공해 신고 목록으로, 역시 경찰서에서 없어진 문서였다. 의미가 있거나 가치가 있는 문서처럼 보이지는 않았다.

프랭크는 무릎을 꿇고 앉아 문서 더미 아래쪽에 손을 비집고 넣어 원장을 빼냈다. 나비 모양 곰팡이가 세 군데나 피어 있었지만, 성을 지키는 근위병들에게 지급할 물품 목록을 적은 원장임을 알아보기에는 충분했다. 분명 성에서 나온 원장이었다. 또 다른 원장을 빼내자 이번에는 지난 11월 근위병 교대 근무표라고 쓰어 있었다.

"뭔가 잘못됐어."

프랭크가 심상찮은 표정으로 중얼거렸다.

"문서가 너무 많아. 성에서 나온 원장도 있어."

프랭크는 다른 문서 더미로 옮겨가서 다시 위에 있는 문서를 하나 빼냈다. 그제야 심각성을 눈치챈 삭스가 조심스레 물었다.

"문서 사이에 규칙이 있나요?"

"내가 보기엔…."

프랭크는 발령 명령(Transfer Requests)이라는 이름이 붙은 원장을 보고는 입을 다물었다. 원장 중간에 4쪽 정도가 뜯겨 있었다. 프랭크가 남아 있는 원장을 넘기며 말했다.

"수상하군. 이건 마치…."

프랭크가 말하려는 순간 삭스가 갑자기 균형을 잃고 프랭크 쪽으로 쓰러졌다. 등 뒤에 있던 삭스의 움직임은 어두워 잘 보이지 않았다. 녹슨 철창에 달린 문 경첩에서 끼익 소리가 나자 프랭크는 그제야 무슨 일이 벌어졌는지 깨달았다.

"문!"

쓰러지는 삭스를 향해 프랭크가 외쳤다. 서로 등을 부딪친 두 사람은 같이 뒤엉켜서 바닥으로 넘어졌다. 문이 쾅 닫히더니 이내 철컥 하고 잠기는 소리가 크게 울려 퍼졌다. 그 소동이 벌어지는 동안 삭스가 놓친 지팡이가 마른 양피지 더미 위로 회전하며 날아가는 모습이 마치 슬로 모션처럼 느리게 보였다. 지팡이의 파란 불꽃은 아까보다 훨씬 크게 일렁이는 듯했다.

프랭크는 문서 더미에 불이 붙는 모습을 보고는 실신해 돌바닥에 드러누웠다.

깊이 우선 탐색

깊이 우선 탐색(depth-first search)은 너비 우선 탐색과 달리 가장 나중에 마주친 탐색 상태부터 먼저 살펴보는 알고리즘입니다. 깊이 우선 탐색 알고리즘은 목표를 찾거나 더 내려갈 수 없는 막다른 곳에 다다를 때까지 한 길을 따라 내려가며 탐색을 진행합니다.

깊이 우선 탐색에서도 너비 우선 탐색에서 했듯이 이미 알고 있지만 아직 살펴보지 않은 상태를 목록으로 만들어서 시각적으로 표현할 수 있습니다. 이 목록을 더 정확히 말하면 **스택(stack)**이라고 합니다.

깊이 우선 탐색 알고리즘은 탐색 단계마다 스택의 맨 위에 있는 다음 상태를 골라 살펴봅니다. 깊이 우선 탐색에서는 너비 우선 탐색과 달리 새로 발견한 상태를 스택의 맨 위에 추가합니다.

이번에도 너비 우선 탐색 수업에서 사용한 그래프를 예로 들어 생각해 봅시다. 그래프가 서로 독립된 여러 노드와 각 노드 사이를 잇는 간선으로 이루어진 자료구조라는 사실을 기억하세요. 왕국 지도부터 범죄 조직망, 성 배치도까지 다양한 개념을 그래프로 나타낼 수 있습니다. 이제 저번 수업에서와 마찬가지로 왕국 고속 도로 지도를 사용해 범죄가 발생한 A 도시부터 범인을 탐색한다고 가정해 봅시다.

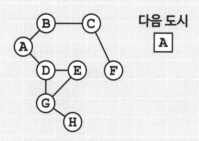

깊이 우선 탐색은 막다른 곳(또는 이미 탐색한 노드)에 다다를 때까지 한 길을 따라 내려가며 살펴봅니다. 너비 우선 탐색 알고리즘이 여러 상태를 **폭넓게** 살펴보는 것을 우선시한다면, 깊이 우선 탐색 알고리즘은 한 길을 따라 **깊이** 내려가며 살펴보는 것을 우선시합니다.

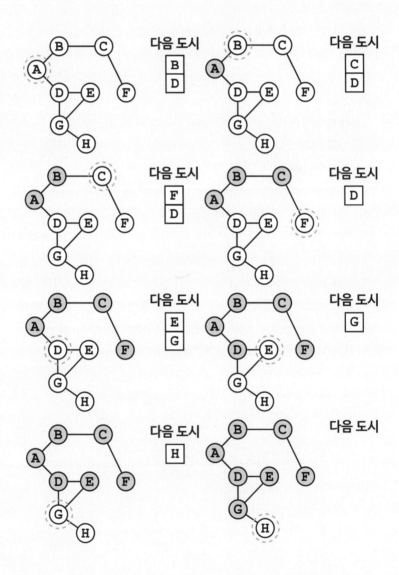

너비 우선 탐색을 사용할 때와 마찬가지로 깊이 우선 탐색으로도 H 도시에 숨어 있는 용의자를 찾을 수 있었지만, 범인을 찾을 때까지 거친 경로는 너비 우선 탐색을 사용할 때와 다릅니다.

너비 우선 탐색을 할 때와 마찬가지로 깊이 우선 탐색을 할 때도 이미 살펴본 노드를 계속해서 기록해 두어서 같은 노드를 한 번 이상 살펴보지 않도록 해야 합니다. 이런 확인을 하지 않으면 같은 노드를 반복해서 확인하는 **무한 루프**에 빠질 수 있습니다. 위 예에서도 보다시피 이미 살펴본 노드나 살펴보지 않은 노드 어느 쪽이든 처음 보는 노드가 아니면 탐색 목록에 추가하지 않습니다.

카페테리아의 추억

스택과 큐 Ⅰ

간신히 정신을 차린 프랭크는 몸을 낮춘 채 재빨리 문쪽으로 다가갔다. 잠긴 문을 흔들고 주먹으로 내리쳐도 보고 온몸으로 밀어도 봤지만, 그럴 때마다 철컹대는 소리만 커질 뿐 문은 꼼짝도 않았다.

프랭크는 삭스 쪽을 바라보며 소년이 철창 구부리기 주문이라도 알고 있길 바랐다. 이런 상황이라면 철창 구부리기 주문이 아니라 비밀번호 풀기 주문을 부탁해도 들어줄 게 분명했다. 검게 그을린 양피지 더미와 천장을 향해 날리는 재를 보자 프랭크는 몸이 얼음처럼 굳었다. 그의 머릿속엔 어느새 연기가 가득 찬 학교 식당의 모습이 떠올랐다. 경찰 대학 1학년 때 일이었다. 그날 들었던 요리사의 비명이 귓가에 생생하게 울렸다. 프랭크는 눈을 감고 자꾸만 머릿속에서 떠오르는 기억을 밀어내려 애썼다.

경찰 대학에 입학하자마자 프랭크는 학교 카페테리아에서 근로 장학생으로 두 달 동안 일했다. 별로 모양새 나는 일은 아니었다. 새로 들어온 직원은 요리는커녕 설거지조차 할 수 없었기 때문에 프랭크는 일주일에 15시간 동안 깨끗한 새 접시와 쟁반, 식기구를 카페테리아 곳곳에 가져다 놓는 일을 해야만 했다.

별것 아니었지만 일은 즐거웠다. 프랭크는 테이블을 청소하거나 더러운 접시를 치우는 일을 하는 접시 치우기 당번 셋에게 소리치곤 했다.

"내가 하는 일을 좀 봐! 너희가 하는 일과 정 반대야. 난 접시 놓기 당번이라고!"

비록 실패했지만, 2분 안에 나를 수 있는 접시 숫자 교내 기록 깨기에 도전하기도 했다. 그는 카페테리아에서 즐길 수 있는 숟가락 던지기 게임도 새로 만들었다. 무엇보다 그 일을 하면서 가장 유익했던 건 우연히 히펜스 교수와 언쟁을 벌인 후 얻은 교훈이었다.

"아. 이런 자료구조는 카페테리아와 전혀 맞지 않아."

히펜스 교수는 메뉴판을 살피며 큰 소리로 중얼거렸다. 오후 2시 반이었다. 점심 시간이 끝나 갈 무렵이라서 카페테리아는 한산했다. 프랭크는 수프 배식대 쪽으로 바쁘게 그릇을 나르다가 이 말을 듣고는 히펜스 교수에게 물었다.

"어떤 자료구조를 말씀하시는 거죠?"

"**스택** 말이네. 스택은 카페테리아에 전혀 맞지 않는 자료구조야."

"아무래도 잘 맞는 자료구조 같은데요."

프랭크가 신입생다운 패기와 무지에서 나온 용기를 발휘해서 대답했다. 그는 마침 나르고 있던 그릇 더미를 향해 고갯짓했다.

"그릇도 접시도 팬케이크도 다 수직으로 쌓은 스택인 걸요?"

히펜스 교수는 더 들을 가치도 없다는 듯 자리에서 일어나며 말했다.

"자료구조에 대해 알기는 하나?"

"그럼 접시를 어떻게 정리해야 한다는 거죠? 하나씩 한 줄로 늘어놓으면 공간을 너무 많이 차지할 텐데요."

교수는 발걸음을 멈추더니 말없이 걱정스러운 눈으로 프랭크를 바라봤다. 잠시 후 교수가 물었다.

"스택과 큐의 차이점은 알고 있나?"

프랭크는 고개를 저었다. 아직 경찰 자료구조 수업을 듣기 전이었다.

"스택이란 **후입선출식**을 말하네. 가장 마지막에 들어온 게 가장 먼저 나가는 거지."

히펜스 교수가 친절하게 설명했다.

"스택으로 할 수 있는 연산은 두 가지야. 스택 맨 위에 항목을 놓는 **푸시** 연산과 맨 위에 있는 항목을 빼내는 **팝** 연산이 있지."

교수는 앞에 쌓인 접시를 가리키며 말했다.

"이 접시들이 바로 스택이야. 이렇게 위에만 새로운 접시를 놓을 수 있으니까."

교수는 들고 있던 빈 접시를 쌓여 있는 접시 위에 놓았다.

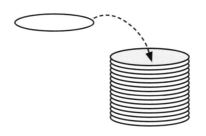

"접시를 빼낼 때도 맨 위에 있는 접시만 빼낼 수 있지."

교수가 다시 접시를 집어 갔다.

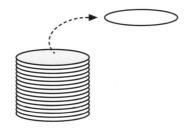

"스택에서는 항목을 빼낼(팝) 때 항상 가장 최근에 놓은(푸시) 항목부터 빼내야 돼. 스택 맨 밑에 있는 가장 오래된 항목은 그 위에 놓인 항목들을 다 빼내고 나서야 빼낼 수 있지."

"그래서요? 뭐가 문제죠?"

"물론 후입선출식 자료구조 자체가 문제는 아니야. 특히 깊이 우선 탐색을 할 때 스택을 사용하면 무척 편하지. 새로운 탐색 항목을 놓은 다음 되돌아갈 때 하나씩 빼내면 되니까. 하지만 카페테리아에서는 수십 년째 잘못된 곳에 스택을 사용하고 있어! 여기 쌓여 있는 접시들만 해도 그래. 자네, 맨 아래 깔린 접시가 얼마나 오래됐는지 알고 있나?"

프랭크는 그릇 통이 비어 있는 것을 언제 마지막으로 봤는지 곰곰이 생각해 보고는 한 번도 본 적이 없다는 사실을 깨달았다.

"5년이야!"

히펜스 교수가 소리쳤다.

"옛날부터 유심히 보고 있었거든. 자네 같은 학생들이 새 접시를 위에 쌓는 동안 맨 밑에 깔린 접시에는 5년째 먼지만 쌓이고 있었어. 하지만 접시 정도야 문제도 아니지. 저기 으깬 감자를 어떻게 담는지 좀 보게!"

프랭크는 으깬 감자가 든 커다란 나무 그릇을 바라봤다. 마침 요리사가 새로 만든 으깬 감자를 그릇에 채우고 있었다. 요리사는 한 손에 커다란 냄비를 들고 새로 만든 으깬 감자를 국자로 퍼서 그릇에 담았다. 잠시 뒤 프랭크는 요리사가 오래된 감자 위에 새로운 감자를 붓고 있다는 사실을 깨달았다. 속이 거북해졌다.

"저건 얼마나 됐죠?"

프랭크가 목이 쉰 듯 물었지만, 별로 진실을 알고 싶진 않았다.

"걱정하지 말게. 음식을 담는 그릇은 적어도 일주일에 한 번은 씻거든. 그러니까 제일 오래된 으깬 감자도 일주일이 안 되는 셈이지."

그 말을 들어도 프랭크의 찝찝함은 가시지 않았다. 속이 울렁거리기 시작했다. 카페테리아 주변을 둘러보니 이곳저곳에서 후입선출 방식을 사용하고 있다는 사실을 깨달을 수 있었다. 그는 샐러드 드레싱 통 앞에서 눈을 멈추었다. 속이 메슥거리고 식은땀이 났다.

"그럼 어떻게 하면 될까요?"

"**큐**를 쓰면 된다네. 큐야말로 카페테리아에 잘 맞게 설계되었지."

"큐요?"

"큐는 스택과 달리 **선입선출식** 자료구조야. 가장 먼저 들어온 게 가장 먼저 나가는 거지. 데이터를 저장할 수 있고 두 가지 연산을 할 수 있다는 점에선 스택과 같아. 하지만 큐에서는 새 항목을 큐에 더하는 **인큐** 연산에서 맨 뒤에다가 항목을 더한다네. 큐에서 해제하는 **디큐** 연산에서는 맨 앞에 있는 항목을 빼내지. 그러니까 큐를 사용하면 언제나 가장 오래된 항목부터 빼내게 되네."

프랭크는 스택 맨 아래에 깔린 접시를 빼내는 모습을 떠올려 보았다.

"하지만 어떻게요?"

"그냥 큐라는 자료구조 자체가 그렇게 되어 있어. 저기 샌드위치 줄을 봐. 저게 큐야. 지금은 네 명이 줄을 서 있군. 맨 앞사람이 제일 오래 기다린 사람이겠지."

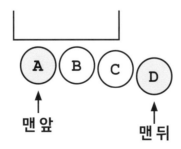

히펜스 교수가 이 말을 하는 동안 또 한 명이 줄을 섰다.

"봐. 지금 큐에 한 사람이 더해졌군!"

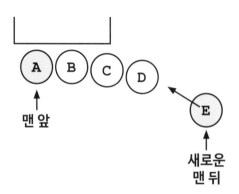

프랭크와 교수는 맨 앞에 있는 사람이 샌드위치를 받아서 떠날 때까지 줄을 지켜봤다.

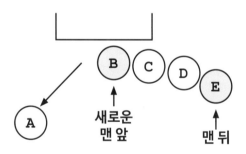

"이제 큐에서 맨 앞이 해제되었군."

히펜스 교수가 재밌다는 듯 말했다.

"이 카페테리아엔 큐가 더 필요해. 다른 카페테리아도 마찬가지고."

프랭크는 으깬 감자 스택을 떠올리며 히펜스 교수의 말에 일리가 있다고 생각했다. 언제 어떤 데이터를 이용할지는 데이터가 어떤 구조로 저장되어 있는지에 따라 달라지는 것이었다. 으깬 감자 같은 경우에는 담는 순서가 중요했다.

히펜스 교수의 설명은 쉽게 이해할 수 있었지만, 카페테리아에 실제로 큐를 적용하기까지는 며칠이 걸렸다. 접시 같은 그릇에는 비교적 쉽게 큐를 적용할 수 있었다. 그는 새 접시를 아래쪽에 놓고 아래에 있던 오래된 접시를 위로 올려서 간단히 문제를 해결했다. 하지만 음식을 담는 방식을 바꾸기 위해 요리사들을 설득하는 일은 조금 어려웠다. 요리사들은 새로 만든 으깬 감자를 커다란 국자 가득 퍼 넣으면 오래된 으깬 감자 덩어리가 덮이는 것을 진심으로 즐거워했다. 프랭크는 결국 그릇을 2개 써서 새 감자를 다른 그릇에 부은 다음 오래된 감자를 새 감자 위에 붓는 방식을 제안했다. 엄밀하게 큐는 아니었지만, 이렇게 하면 으깬 감자를 붓는 즐거움을 그대로 누리면서 오래된 감자가 그릇 바닥에 묻히는 일을 막을 수 있었다.

불운하게도 사고는 프랭크가 아파서 빠진 직원 대신 빵을 굽는 일을 맡은 날 터졌다. 프랭크는 빵을 여러 개씩 판에 올려 한꺼번에 굽는 이유를 이해할 수 없었다. 이렇게 하면 뒤쪽에 놓인 빵은 오븐에 가장 먼저 들어가서 늦게 나오고 문 가까이에 놓인 빵은 오븐에 가장 늦게 들어가서 먼저 나오게 되었다. 프랭크는 후입선출식으로 빵을 굽는 것이 뒤에 있는 빵한테는 불리하다고 주장했다. 결국, 프랭크는 25초마다 오븐에 새 빵 반죽을 넣고 빵들의 위치를 뒤섞은 다음 가장 오래된 빵부터 꺼내는 방법을 생각해 냈다.

만약 이 오븐이 앞뒤로 문이 둘 달린 오븐이었다면 프랭크가 생각한 방식이 효과가 있었을지도 몰랐다. 하지만 불행히도 학교 카페테리아에 있는 오븐은 문이 하나만 달린 오래된 제품이어서 빵의 위치를 바꾸기가 무척 힘들었다. 빵을 계속 뒤섞으니 굽는 시간이 일정해지긴 했지만, 시간에 맞춰 빵을 구워 낼 수가 없었다. 곧 빵이 타면서 짙은 연기가 바닥에서 새 나왔다.

다른 요리사들이 양동이에 물을 담아 와서 불을 끄는 동안 프랭크는 무감각하게 다 타버린 빵만 바라보고 서 있었다. 큐가 카페테리아가 갖고 있는 '모든' 문제의 해결책이 될 수 없다는 사실을 깨닫는 순간 프랭크는 절망하고 당혹스러웠다. 자료구조를 제대로 이해하려면 아직도 한참 더 배워야 한다는 사실을 스스로 깨달은 순간이었다.

스택과 큐 I

스택(stack)과 큐(queue)는 데이터를 저장하는 간단한 구조입니다. 얼핏 보면 둘 다 그저 값을 저장하는 평범한 목록처럼 보이지만, 데이터를 추가하고 제거하는 방식이 다릅니다.

스택은 **후입선출식** 자료구조로 형사들이 책상에 쌓아 둔 문서 더미를 생각하면 쉽습니다. 새로운 항목은 스택의 맨 위에 놓고(푸시) 스택에 든 항목을 빼낼 때도 맨 위부터 빼내면(팝) 됩니다. 즉, 빈 스택에 1, 2, 3, 4, 5라는 항목을 순서대로 놓았다면, 항목을 빼낼 때는 반대로 5, 4, 3, 2, 1의 순서를 따라 빼내게 됩니다. 물론 문서를 다 처리하자마자 선임 경찰관이 또 새 문서를 가져다 위에 놓겠지만요.

스택은 스택 맨 위에 놓인 데이터의 인덱스를 기록하는 변수(맨 위) 하나와 배열 하나를 사용해 구현할 수 있습니다. 이렇게 만든 스택에 새로운 항목을 추가할 때는 인덱스가 *맨위인덱스+1*인 위치에 새 항목을 추가하고 맨 위 인덱스의 값을 *맨위인덱스+1*로 바꾸면 됩니다.

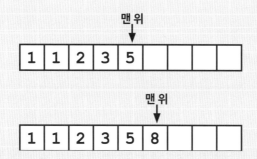

항목을 제거할 때도 맨 위 인덱스를 사용해 제거할 항목을 찾을 수 있습니다. 제거할 값을 찾았으면 이 값을 배열에서 제거하고 맨 위 인덱스의 값을 하나 줄이면 됩니다.

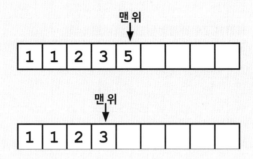

이때 만일 배열의 길이가 정해져 있다면, 정해진 길이를 초과할 때까지 항목을 추가하지 않도록 조심해야 합니다.

큐는 **선입선출식** 자료구조로 조사를 받기 위해 기다리는 용의자의 줄을 떠올리면 쉽게 이해할 수 있습니다. 큐에서는 새로운 항목이 맨 뒤에 추가되고 항목을 제거할 때는 맨 앞부터 제거합니다. 즉, 빈 큐에 1, 2, 3, 4, 5를 차례로 추가했다면 제거할 때도 1, 2, 3, 4, 5 순으로 제거합니다.

큐도 스택과 마찬가지로 배열을 사용해 구현할 수 있습니다. 단, 큐는 첫 번째와 마지막 항목의 인덱스를 모두 기록해야 하므로 변수 2개가 필요합니다. 이렇게 만든 큐에 새로운 항목을 추가할 때는 큐에서 현재 가장 마지막에 있는 항목 뒤에 새 항목을 추가한 다음 맨 뒤 인덱스의 값을 하나 더합니다.

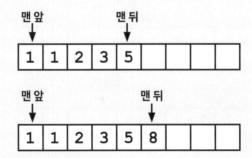

항목을 제거할 때는 맨 앞 항목을 제거하고 맨 앞 인덱스의 값을 하나 더하면 됩니다.

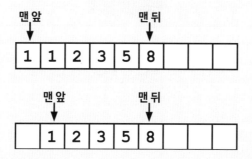

길이가 정해진 배열을 사용해 큐를 만들 경우 항목을 제거하면 큐 앞에 빈칸이 남게 됩니다. 배열 맨 끝까지 항목이 차면 앞에 있는 빈칸을 새 항목을 저장하는 데 사용해도 됩니다. 이렇게 할 때는 맨 앞 인덱스와 맨 뒤 인덱스가 정해진 배열의 길이를 넘지 않도록 항목을 추가하고 제거할 때 주의를 기울여야 합니다.

되돌아가는 가장 빠른 길

스택과 큐 II

프랭크는 탄 빵에 대한 기억을 떨쳐 버리고 곧 화염으로 변해 버릴 양피지 더미와 함께 비좁은 감옥에 갇혀 있는 현실로 돌아왔다. 아직 불꽃이 활활 타오르는 정도는 아니어서 문서 더미의 끝부분을 태우고 있을 뿐이었다. 하지만 문서 더미 전체로 불이 번진다면 분명 뜨거워서 견딜 수 없을 터였다. 삭스가 문 쪽으로 기어와 몸을 기대며 물었다.

"잠긴 건가요?"

프랭크는 욕을 퍼부어 주고 싶은 기분을 참으며 가볍게 고개만 끄덕였다.

"열 수 있어? 2자리짜리 구식 잠금 장치야. 조합이 많지는 않을 거야."

"할 수는 있지만, 지금은 그럴 시간이 없어요. 금속을 약하게 만드는 주문을 알아요. 문이 망가지겠지만…. 상황을 보니 써도 괜찮을 것 같네요."

삭스는 바닥에 나뒹구는 지팡이를 다시 집어 들더니 곧 철창 쪽을 향해 손을 뻗으며 주문을 외우기 시작했다. 그의 손 밑에서 녹이 피어나더니 곧 철창을 타고 올라 전체로 퍼졌다. 1분이 채 안 되어서 삭스는 뒤로 물러섰다. 문에는 녹이 심하게 슬어 있었지만, 아직 멀쩡한 부분도 많아 보였다.

"이제 철창이 무척 약해졌을 거예요."

삭스는 이렇게 말하며 프랭크에게 기대의 눈빛을 보냈다. 마치 "이제 문을 뚫고 나가 보세요."라고 말하는 듯했다. 프랭크는 몇 발자국 뒤로 물러나서 문을 바라보며 물었다.

"얼마나 약하단 거지? 이쑤시개만큼이야? 아님 두꺼운 나무 널빤지만큼이야?"

"음…. 확실히 그냥 쇠보단 약할 거예요. 녹을 많이 슬게 했거든요. 철창이 두껍긴 하지만, 지금쯤이면 많이 약해졌을 거예요."

프랭크가 끙 하는 소리를 냈다. 프랭크는 숨을 깊게 들이마시고 주먹을 불끈 쥐었다. 몸에 힘을 잔뜩 준 채 어깨를 낮춰 문으로 돌진했다. 온몸이 아팠지만, 어쨌든 문을 통과할 수는 있었다. 프랭크는 부서진 녹슨 문과 녹이 뒤섞인 먼지 구름에 뒤덮인 채 바닥에 나뒹굴었다. 삭스가 재빨리 나와 프랭크 옆으로 왔다.

"괜찮아요?"

그는 문을 돌아보더니 함박웃음을 지으며 자랑스럽게 말했다.

"성공이에요! 정말 약해졌던가요? 어떤 느낌이었어요?"

"4센티미터 두께의 송판 같았어. 엄청 아팠지."

삭스의 미소가 조금 가셨다.

"아…"

프랭크는 몸을 일으켜 두 발로 섰다. 어깨가 욱신대는 것을 보니 내일쯤이면 크게 멍이 들 것 같았지만, 지금은 불에 타서 죽지 않았다는 안도감이 더 커서 이 정도 고통쯤은 견딜 만했다.

"돌아가자."

프랭크가 다음 감방으로 향하면서 말했다.

"어떻게 돌아가는지 기억하세요?"

"물론 알지. 여기까지 오는 데 깊이 우선 탐색을 사용했잖아. 스택을 사용해서 되돌아가기만 하면 돼."

"스택이요?"

"그래."

프랭크는 아직 탈출의 흥분이 가시지 않은 목소리로 말했다.

"탐색에 사용하는 자료구조를 떠올려 보면 탐색을 이해하기 쉬워. 예를 들어서 너비 우선 탐색은 큐를 사용하고 깊이 우선 탐색은 스택을 사용하지."

프랭크의 입에서 노테이션이나 할 법한 교과서 같은 대답이 술술 흘러나왔다.

"사실 깊이 우선 탐색을 할 때 항목을 기록하는 방식은 여러 가지야. 어떤 사람은 너비 우선 탐색에서 큐를 사용할 때처럼 스택에 '앞으로' 살펴볼 감방 목록을 기록하길 좋아하지. 하지만 나는 스택에 '현재' 경로를 따라 감방을 기록하는 방식을 더 좋아해. 새로운 감방을 살펴볼 때마다 그 감방을 스택에 추가해서 현재 어떤 경로로 탐색이 진행되고 있는지를 기록하는 거야."

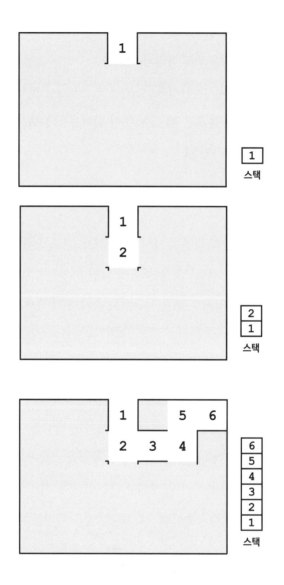

"되돌아갈 때는 스택에서 감방을 하나씩 제거하면서 왔던 길을 되짚으며 돌아가면 돼. 이런 방식으로 하면 언제나 되돌아가는 경로를

알 수 있어. 게다가 감방에 번호까지 써 놓았으니 되돌아가기 더 쉬울 거야."

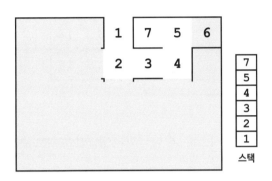

"저는 항상 가장 최근에 만난 갈림길로만 되돌아가야 하는 줄 알았어요."

"결국에는 그렇게 돼. 하지만 스택에 거쳐온 감방을 기록하면 그렇게 하기가 훨씬 쉬워. 새로운 경로가 있는 감방에 도착할 때까지 이미 살펴본 감방들을 하나씩 제거하면서 되돌아가기만 하면 되거든."

삭스는 이제 알겠다는 표정이었다.

"그럼 여기까지 오는 동안 우리가 살펴본 감방들을 기록해 두신 건가요?"

"분필로 감방에 번호를 매기고 머릿속 스택에 기록해 뒀어. 말했다시피 나는 깊이 우선 탐색을 처음 해 보는 게 아니거든. 이제 감방 7칸을 거쳐서 되돌아가면 돼."

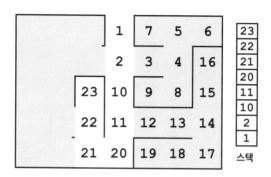

두 사람은 불도 켜지 않은 채 다급히 감방 2칸을 가로질렀다. 삭스가 손에 지팡이가 있다는 사실을 깨닫고 불을 피우는 주문을 다시 외우자 지팡이 끝에서 파란 불꽃이 솟았다. 프랭크가 걱정스러운 눈길로 지팡이를 바라보며 충고했다.

"이번에는 꼭 쥐고 있어야 해."

방 3칸을 더 지난 다음 삭스가 갑자기 물었다.

"그럼 큐는 뭐죠?"

"큐가 뭐냐니?"

"너비 우선 탐색에서 큐를 쓴다고 하셨잖아요."

"그렇지. 네가 만든 마법 목록이 바로 큐야. 너비 우선 탐색에서는 큐를 사용해서 아직 살펴보지 않은 상태들을 기록해. 스택을 사용해서 현재 상태를 맨 위에 추가하는 대신에, 큐를 사용해서 새로 발견한 이웃들을 맨 뒤에 더할 수 있어."

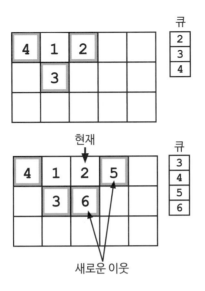

"그럼 깊이 우선 탐색을 할 때는 스택이라는 목록을 사용해서 아직 살펴보지 않은 이웃이나 현재 어떤 경로로 탐색이 진행 중인지를 기록하면 된다는 거죠?"

삭스가 물었다. 버려진 감옥에서 누군지도 모르는 사람에게 공격을 당한 채 도망치고 있는 사람치고는 무척 명랑한 말투였다.

"응. 기록만 잘한다면 말이야, 어느 방식이든 효과가 있을 거야."

"전에 탐색 문제를 풀 때는 한 번도 스택과 큐로 생각해 본 적이 없어요. 제가 모르는 다른 자료구조도 궁금해요. 분명 엉킨 밧줄 풀기 주문에도 제가 모르는 자료구조가 숨어 있을 거예요."

프랭크는 삭스가 혼자 쫑알대도록 내버려 둔 채 계속 출구를 찾아 되돌아갔다. 더 살펴보기보다는 일단 탈출해야겠다는 생각에 서둘렀다. 프랭크와 삭스를 감방에 가둔 적은 이미 사라진 듯했다. 앞을 막아선 사람도 없었거니와 증거가 불타 버렸으니 범인이 감옥 안을 어슬렁거릴 이유도 더더욱 없어 보였다.

몇 분 후, 프랭크는 밖으로 나가는 문을 열었다. 뒤에서 희미한 연기가 새 나왔다. 지금쯤이면 불꽃은 문서 더미를 모두 집어삼켰을 터였다. 그토록 찾아 헤매던 실마리는 모두 타 버린 셈이었다.

스택과 큐 II

효율적 알고리즘의 핵심은 정보입니다. 이 정보를 어떻게 조직하느냐와 어떤 자료구조를 사용하느냐가 알고리즘의 효율성뿐만 아니라 실제 기능에도 크게 영향을 미칩니다. 자료구조의 중요성을 보여주는 간단한 예로 앞에서 다루었던 너비 우선 탐색과 깊이 우선 탐색을 다시 한번 떠올려 봅시다. 두 알고리즘은 개념상 비슷하지만, 실마리의 목록을 스택으로 기록하는지 아니면 큐로 기록하는지에 따라 탐색을 진행하는 방식이 크게 달라집니다. 따라서 어떤 자료구조를 사용할지는 신중하게 정해야 합니다. 알고리즘이 제대로 작동할 수 있게 도와주는 자료구조를 골라야 하죠.

정렬된 숫자의 목록을 배열이 아닌 그래프에 저장하면 어떨지 생각해 봅시다. 아무리 숫자를 순서대로 저장해서 정렬된 속성을 유지한다고 해도 그래프라는 제한된 구조 때문에 데이터에 자유롭게 접근할 수 없어서 이진 탐색을 할 수 없을 것입니다. 배열과 달리 그래프에는 값에 접근할 수 있게 해 주는 인덱스가 없습니다. 그래프를 탐색할 때는 그래프의 간선을 따라가며 각 노드를 차례로 검사하는 완전 탐색을 할 수밖에 없습니다.

삼총사 총출동!

병렬 알고리즘

"무슨 일이에요?"

문 앞에 서 있던 노테이션이 물었다. 프랭크는 숨을 돌리려 애쓰면서 그녀의 얼굴을 가만히 살폈다. 걱정하고 있는 걸까? 아니면 당황하고 있는 걸까? 그때 삭스가 불쑥 소리쳤다.

"공격을 당했어요! 감방에 갇혔는데 모두 불탔어요! 그러다 제가 금속을 약하게 하는 주문을 써서 빠져나올 수 있었죠."

삭스는 스스로 꽤 만족스러워하는 듯했다.

"공격? 누가 공격한 거죠? 공격한 사람은 봤어요? 어떻게 생겼나요?"

"못 봤어요. 제 뒤에서 몰래 다가왔거든요."

"프랭크 당신은요?"

노테이션이 프랭크 쪽으로 고개를 돌리며 물었다. 프랭크가 고개를 저었다.

"삭스가 쓰러지는 걸 본 게 전부야."

"분명 체격이 좋은 사람일 거예요."

삭스가 말했다.

"몸집이 큰 폭력배겠죠. 게다가 소리도 없이 다가왔어요. 전문 암살자일 지도 몰라요."

프랭크가 눈알을 굴리며 말했다.

"꼬맹아. 미안하지만, 분명 아마추어였어. 전문 암살자는 감옥에 사람을 가두고 도망치지 않아."

"하지만 불이 났잖아요."

"불을 붙인 건 네 지팡이지."

프랭크는 사실을 콕 집으며 말했다.

"네가 문서 더미에 불붙은 지팡이를 떨어뜨렸잖아."

"문서요? 일지를 찾았나요? 그들이 뭘 노렸는지 알아냈어요?"

노테이션의 질문 세례에 프랭크와 삭스는 서로 눈짓만 주고받을 뿐 입을 꾹 다물고 있었다. 노테이션은 둘을 번갈아 쳐다봤다. 결국, 프랭크가 입을 열었다.

"일지는 이제 없어. 우리 견습 마법사께서 지팡이를 떨어뜨려서 '휙'하고 불을 질렀거든. 이제 단서가 다 사라진 셈이지."

삭스는 얼굴이 빨개진 채 땅만 쳐다봤다.

"사라졌다고요? 다요? 정말요?"

"그래."

프랭크가 문틈으로 새 나오는 연기를 향해 고갯짓하며 말했다.

"공격한 사람은요?"

"못 봤어. 자네는 뭐 본 것 없나?"

의도와 달리 날 선 말투가 튀어나왔다. 하지만 공격을 받아 불난 감방에 갇혔다가 도망쳐 나온 뒤여서 절제가 되지 않았다.

"못 봤어요. 정문에도 아무 흔적이 없었고요."

노테이션이 침착하게 말했다.

"문 주변에 사람이 들어온 흔적은 없었나? 공격한 사람이 누군지 알 수 있는 단서라도?"

"아무것도요."

노테이션이 고개를 저으며 말했다.

"정문으로는 몇 달 동안 아무도 드나들지 않은 것 같았어요."

프랭크는 고개를 끄덕였지만, 말은 하지 않았다. 무언가 잘못되었다. 공격한 사람이 노테이션의 눈을 속이고 이 문으로 빠져나갔거나 그녀가 무언가를 숨기고 있는 게 분명했다. 그녀는 언제부터 이 문을 지키고 있었을까? 그리고 왜 안으로 들어오지 않은 걸까? 프랭크는 우선은 이 문제를 추궁하지 않기로 했다.

"그래. 이제 배로 돌아가자."

"이제 어쩌죠?"

배로 돌아가는 길에 삭스가 물었다.

"되돌아갈 시간이야. 여기에는 단서가 없어."

"어디로 되돌아가죠?"

"아직 조사 못 한 단서가 남아 있어. 아직 남아 있는 실마리들을 조사해야지."

프랭크는 잠시 말을 멈추고 남은 항목들을 저울질해 보았다.

"이제 **병렬 탐색**을 할 시간인 것 같군."

"병렬 탐색요?"

"탐색 공간을 여러 부분으로 나누어서 각자 한 부분씩 맡아 살펴보자는 말이야."

노테이션이 대신 대답했다.

"일을 차례대로 하나씩 처리하는 대신 여러 부분으로 나누어서 동시에 처리하는 걸 병렬 알고리즘이라고 해. 예를 들어 여러 사람이 일을 나누어서 하는 것도 병렬 알고리즘이지. 지금 같은 경우엔 아직 남아 있는 실마리를 3개로 나눈 다음 너, 나, 프랭크가 하나씩 맡아서 살펴보게 되겠지. 그럼 서로 다른 실마리를 동시에 조사할 수 있으니 약 3배는 더 빨리 탐색을 마칠 수 있어."

"하지만, 전 경찰도 아니고 사설탐정도 아닌걸요. 어떻게 해야 하는지 몰라요. 프랭크나 노테이션 형사님과 함께 가면 안 될까요?"

삭스가 걱정스러운 투로 말했다.

"안 돼."

프랭크가 단호하게 말했다.

"아직 무슨 일이 벌어지고 있는지는 모르겠지만, 시간이 별로 없다는 기분이 들어. 우리가 쫓고 있는 범인이 누구든 수사 중이란 걸 알 테고 이미 우리가 여기까지 쫓아왔다는 걸 알고 있을 거야. 머리 좋은 범인이라면 벌써 남은 증거를 없애기 시작했을 거야."

"유에스비 항구에 도착하면 꽤 늦은 시간일 거예요."

삭스가 말했다.

"오늘 밤에 흩어졌다가 내일 아침에 내 사무실에서 만나는 걸로 하지. 그 정도 시간이면 실마리를 쫓고 눈을 좀 붙이기에 충분할 거야."

"그러죠."

노테이션이 고개를 끄덕이며 물었다.

"일을 어떻게 나눌까요?"

프랭크는 일을 나누는 데 드는 비용보다 여러 명이 일함으로써 얻는 이익이 더 커야만 병렬 알고리즘이 효율적이라는 사실을 알고 있었다. 병렬로 일을 처리하면 관리 비용이 많이 들었다. 실제로 일하는 시간 외에 문제를 나누고 할 일을 정하고 각자 준비를 하는 시간도 필요하기 때문이었다. 게다가 각자 맡은 일을 끝낸 후에는 개별 결과를 하나로 취합해야 했다. 이 때문에 간단한 일을 병렬로 처리하면 그냥 일할 때보다 오히려 비용이 더 많이 들 수도 있었다. 하지만 문제의 규모가 클 때는 처리 속도에 가속이 붙는 유용한 탐색 방식이었다.

"간단해. 삭스, 네 마법사 친구들이 필요해. 네 친구들에게 가서 혹시 무슨 연맹이라는 집단을 아는지 물어봐. 우리를 잡아 두었던 배에 탄 폭력배들이 레베카 비네티가 오기 전에 무슨 연맹을 위해 일하고 있다고 했거든.

경험상 그 연맹이란 게 권력에 굶주린 '미치광이 연맹'이나 '어둠의 연맹' 같은 악의 집단일 가능성이 높아. 이름만 알아내도 나쁜 연맹인지 아닌지 알 수 있을 거야. 연맹에 대해 알아낼 수 있는 건 모두 알아 오도록 해."

"단서가 그리 많지 않네요."

프랭크는 삭스의 투덜거림을 무시하고 노테이션을 향해 말했다.

"자네는 지난 6개월 동안의 경찰 발령 기록을 모두 구해 줘."

그는 이 일을 노테이션에게 맡기기는 싫었지만, 셋 중에 경찰 기록을 쉽게 구할 수 있는 사람은 노테이션뿐이었다. 프랭크가 직접 이 기록을 모으려고 했다가는 의심의 눈길과 서류 작성이라는 산을 넘어야 할 터였다. 수도 경찰은 마치 바리케이드를 치듯 복잡한 행정 서류를 들이밀며 깐깐하게 굴곤 했다.

"경찰 발령 기록이요? 그건 왜요?"

"그냥 직감이라고 해 두지. 그럼 내일 아침에 내 사무실에 모여서 정보를 취합하자."

"프랭크 당신은?"

노테이션이 짜증이 묻어나는 목소리로 물었다. 프랭크가 이야기 전부를 털어놓지 않았다는 사실을 알아챈 것이다. 프랭크는 왜 묻는지 모르겠다는 듯 능청스러운 미소를 지었다.

"난 쇼핑을 좀 해야겠어."

❀ ❀ ❀

　TCP 플라이어가 유에스비 항구를 향해 천천히 나아가는 동안 프랭크는 눈에 안 띄는 갑판 구석에 앉아 생각을 정리했다. 사건을 조사하면서 가장 만나기 싫은 상황이 바로 지금과 같은 상황이었다. 괜찮아 보이던 실마리들은 씨가 마르기 시작했거나 심지어 불타 버리기까지 했다. 결정적인 단서가 사라질 때마다 한 발짝씩 뒷걸음치고 있는 것 같아서 두려웠다. 프랭크는 두려움을 밀어내고 아직 남아 있는 단서에 집중하기 시작했다. 유에스비 항구로 가는 동안 지금까지 본 것을 면밀하게 탐색하며 미처 보지 못하고 지나친 연결 고리를 찾는 시간을 가질 수 있을 터였다. 프랭크는 눈을 감고 숨을 깊게 들이쉬었다.

　"죄송하지만, 혹시 주무세요?"

　삭스가 조심스레 다가오며 말을 걸었다.

　"아니. 생각 중이야."

　프랭크는 발끈하지 않은 자신을 내심 대견하게 생각하며 말했다. 따지고 보면 소년은 생명의 은인이었으니까. 삭스는 더는 말이 없었다. 프랭크가 먼저 운을 떼웠다.

　"왜 그러지, 삭스?"

　"음…. 탐색에 대해 궁금한 게 있어서요."

　"어떤 게?"

　삭스는 곁으로 다가와 아예 프랭크 옆에 자리를 잡고 앉았다.

"범인을 찾을 수 있을 거라고 생각하세요?"

프랭크가 어깨를 으쓱하며 말했다.

"아직 괜찮은 실마리가 있어."

"하지만 제시간에 찾을 수 있을까요?"

프랭크의 머릿속에 비상벨이 울렸다. 그는 고개를 돌려 삭스의 얼굴을 뚫어지게 쳐다봤다.

"제시간이라니?"

삭스는 거의 뒤로 넘어질 뻔했다. 그리고는 불안한 눈으로 주위를 둘러보며 어떻게 대답해야 좋을지 몰라 망설였다.

"뭐, 뭐든 범인이 계획하고 있는 거요."

프랭크가 이 말을 곧이곧대로 믿을 리 없었다.

"뭐 더 알고 있는 게 있나?"

"없어요. 그… 확실한 사실은 아니에요. 그냥 추측이죠. 제 생각은 아니고 스승인 그레첸 님께서 그렇게 의심하고 계세요. 스승님께선 이런 일에 감이 좋으시거든요."

"어떤 추측이지?"

"말을 꺼내지 말았어야 했나 봐요. 그냥 추측일 뿐이에요."

"그러니까 어떤 추측이냐고?"

"스승님께서는 이 사건을 저지른 범인이 며칠 내로 왕궁을 공격할 거라고 생각하세요."

프랭크가 벌떡 일어서며 소리쳤다.

"왜 진작 말하지 않은 거야?"

"그, 그냥 추측일 뿐이니까요."

삭스는 프랭크에게서 물러나며 똑같은 말을 중얼거렸다.

"근거 없는 추측이 아니라면 뭔가 이유가 있어서 그런 추측을 했을 거 아냐. 그냥 추측이야?"

"아뇨. 완전히 근거가 없지는 않아요. 가면을 훔쳐 갔기 때문에 그렇게 생각하신 거예요. 마법 무기의 힘은 보름에 제일 강해지거든요. 이틀 뒤가 보름이에요."

"그 가면으로 정확히 무슨 일을 할 수 있는데?"

프랭크가 초조하게 서성이며 물었다. 삭스는 잠시 말하기를 망설이다 우물쭈물 입을 열었다.

"그 가면은 믿기 어려울 정도로 강력한 무기예요."

프랭크의 성난 눈빛을 본 삭스는 말이 빨라졌다.

"정식 이름은 '여러 얼굴 가면'이에요. 수백 년 전 있었던 민달팽이 대전투 때 사라졌어요. 앤 공주님께서 탐사 중에 발견해 내기 전까지는 모두 가면이 파손되어서 세상에 없다고 생각했죠. 공주님은 가면을 발견하시곤…."

"그래서 뭘 하는 물건이지?"

"가면을 쓰면 어떤 모습으로든 변할 수 있어요. 학자들은 가면에 대규모 병렬 탐색 알고리즘이 쓰였을 거라고 믿고 있어요. 신체 부위별로 꼭 맞는 모습을 찾아 병렬 탐색을 하는 거래요. 코는 코대로 원하는 얼굴의 코랑 딱 맞게 변하고, 눈은 눈대로…."

"완벽한 변장인 셈이군."

프랭크는 욕을 내뱉었다.

"그럼 왕궁은? 그레첸 마법사는 왜 범인이 왕궁을 공격할 거라고 생각하지?"

"이유는 말해 주지 않으셨어요. 그 부분이 '추측'이었던 게 아닐까요."

삭스가 미덥지 않은 투로 말을 덧붙였다. 프랭크는 이 말도 믿지 않았다.

"더 일찍 말씀드리지 못해서 죄송해요. 확실한 증거가 없어서요…."

삭스는 불쌍한 표정을 지으며 뒤로 물러섰다. 프랭크는 삭스를 위협적으로 내려다보며 말했다.

"우리에게 말하지 않은 게 더 있나?"

삭스는 오랫동안 질문을 곱씹어 보더니 대답했다.

"그게 전부인 것 같아요."

"전부라고?"

"제가 아는 한은 전부예요."

프랭크는 숨을 깊게 들이쉰 다음 돛을 올려다보며 바람이 더 불었으면 좋겠다고 생각했다. 1시간 새 바람이 많이 잦아들어 지금은 단 몇 센티미터도 앞으로 나아가는 기미가 없었다. 프랭크는 머릿속으로 앞으로 며칠 동안 해야 할 일을 시간순으로 그려 보며 시간이 충분할지 생각해 봤다. 세 사람이 병렬 탐색을 한다고 해도 일을 마칠 수 있다는 보장이 없었다. 게다가 배가 정박하기 전까지는 병렬 탐색을 시작할 수조차 없었다. 그때까지는 꼼짝없이 배에 갇힌 신세였다.

드레커 교수의 경찰 알고리즘 입문 수업

병렬 알고리즘

병렬 알고리즘(parallel algorithm)은 문제를 여러 개로 나누어 각 부분을 (대략) 같은 시간 내에 처리한 다음 각 부분의 결과를 취합하는 방식입니다. 병렬 알고리즘을 사용하면 여러 사람이 일을 나누어 함으로써 혼자 할 때보다 일을 더 일찍 끝낼 수 있습니다.

저번 시간에 다뤘던 호텔에서 도둑을 찾는 문제에 병렬 알고리즘을 적용해 봅시다. 혼자서 수많은 호텔 방을 뒤져 보는 것보다 여러 명의 동료와 함께 찾는다면 훨씬 더 빨리 도둑을 찾을 수 있겠죠? 살펴봐야 할 방이 30개고 경찰관도 삼십 명이라면 모든 문을 한 번에 박차고 들어가면 되니까요.

병렬 알고리즘 전체의 효율을 높이려면 무엇보다도 일을 독립적인 단위로 나누고 취합하는 과정의 효율을 높이는 것이 중요합니다. 물론 손쉽게 일을 나눌 수 있는 경우도 있습니다. 예를 들어 문서 더미를 탐색해서 단서를 찾는 일이라면 단순히 문서 더미를 사람 수대로 나누기만 하면 될 것입니다.

하지만 병렬로 처리하기 어렵거나 불가능한 알고리즘도 있습니다. 예를 들어 용의자 한 사람을 심문하는 일에 경찰관 백 명을 투입해 봤자 심문 속도가 빨라지지는 않습니다. 용의자 한 사람을 심문하는 일은 근본적으로 순서대로 하나씩 가야 하는 순차 처리를 해야 하는 문제입니다. 이전 심문에 대한 용의자의 답변에 따라 다음 심문이 달라지기 때문이기도 합니다만, 더 중요한 이유는 용의자가 한 번에 한 심문밖에 대답할 수 없기 때문입니다. 저는 언젠가 용의자 한 사람을 앞에 두고 경찰관 여덟 명이 동시에 고함치며 심문하는 모습을 본 적이 있습니다. 그렇게 심문한다고 더 빨리 끝나진 않죠.

알고리즘을 병렬로 처리하기 전에 따져 봐야 할 한 가지는 **알고리즘을 관리하는 비용과 병렬 탐색을 사용해서 얻는 이득**입니다. 병렬 알고리즘을 사용하면 일을 나누고 취합하는 데 시간이 듭니다. 게다가 각자 할 일을 정하기 위해 의사소통하는 시간도 필요하죠. 예를 들어 3개의 값이 저장된 정렬되지 않은 배열을 탐색한다고 생각해 봅시다. 병렬 탐색 준비를 할 시간이면 혼자서 배열을 몇 번은 훑을 수 있을 테니 병렬 탐색을 했을 때 드는 비용이 혼자 했을 때 하는 비용보다 훨씬 클 것입니다. 무엇이 더 효율적인 방식인지 잘 생각해야 합니다.

커피가 없어서

반복 심화 탐색

"그 표정 익숙한걸."

마비스가 말했다. 프랭크는 짜증 섞인 눈으로 TCP 플라이어의 선장인 마비스를 올려다보았다. 혼자 조용히 되짚어 보고 싶었는데 10분 만에 두 사람이나 말을 걸다니 여간 성가신 게 아니었다. 프랭크가 투덜거렸다.

"무슨 표정."

"지금 그 표정 말이야."

그녀가 프랭크 쪽을 향해 손사래를 치며 말했다.

"탐색을 의심해 보고, 막다른 곳에 너무 시간을 많이 쓴 건 아닌지 생각해 보고 있잖아."

"내가 그런 걱정을 왜 해?"

"꼬맹이한테 들었어. 시간이 없다며. 근데 유에스비 항구로 돌아가려면 적어도 1시간은 걸리잖아."

프랭크가 고개를 끄덕이며 이를 악물고 말했다.

"이 쓰레기 같은 배가 조금만 더…."

"이봐, 탐색이 잘 안 풀린다고 내 배를 욕하면 안 되지."

"그건 그래."

프랭크는 사과조로 중얼거렸다. 프랭크는 남은 단서 중에 이른 시일 안에 범인을 찾게 해 줄 단서가 하나라도 있을지 생각해 봤다. 항해 일지는 무척 좋은 단서였다. 이런 종류의 사건을 해결할 때면 언제나 항해 일지부터 찾길 바랄 정도였다. 하지만 항해 일지에서 찾은 단서를 조사하려면 시간이 오래 걸렸다. 이번에도 항구를 오가느라 배 위에서 하루를 꼬박 보내야 했지 않은가.

마비스가 끙 소리를 내며 몸을 낮추어 프랭크 옆에 앉았다.

"반복 심화 탐색은 어때?"

프랭크가 어깨를 으쓱해 보였다. 그걸 고려해 보지 않은 건 아니었다. 반복 심화 탐색은 깊이 우선 탐색과 너비 우선 탐색을 한데 섞은 잡종 탐색 방식이었다. 이 알고리즘은 여러 회를 반복해서 탐색하는데 회마다 깊이를 정해서 깊이 우선 탐색을 제한되게 했다.

"별로 좋아하지 않는 방법이야."

프랭크는 솔직히 털어놨다. 반복 심화 탐색을 하려면 같은 항목을 몇 번이나 반복해서 조사해야 하는데 프랭크는 이런 반복을 견딜 수가 없었다. 반복하는 데 낭비하는 시간과 노력이 너무 아까웠다. 마비스가 웃었다.

"아직 막다른 곳을 덜 만났군."

프랭크가 눈살을 찌푸렸다.

"내가 사설탐정이란 거 잊은 거야? 곧장 제대로 된 길을 찾았을 때보다 막다른 곳을 만났던 적이 당연히 더 많아."

"막다른 곳으로 이어지는 단서를 쫓다가 범인을 놓친 적은 없어?"

"몇 번 있었지."

"그럼 반복 심화 탐색을 좀 좋아해 보지 그래. 나도 처음 이 탐색으로 일하는 걸 봤을 때 자꾸 다시 시작하니까 짜증이 났어. 하지만 이걸로 목숨을 구한 게 한두 번이 아니었지."

"탐색을 반복해서 다시 시작하는 게 네 목숨을 구했다고?"

"잘못된 길을 따라 멀리 살펴보는 걸 막은 게 내 목숨을 구했단 뜻이야."

마비스가 프랭크의 말을 바로잡았다.

"그게 언제였는데?"

마비스가 먼바다를 바라보며 말했다.

"글쎄, 처음은 어릴 때야. 보이드 스타라는 화물선에서 견습생으로 일할 때였지. 멋진 배였어. 무슨 물건이든 나를 수 있었지. 근데 한번은 레이저 릿지라고 화산섬 여러 개가 솟아 있는 커다란 미로 같은 바다 한복판에서 길을 잃은 거야. 게다가 항해에 가장 중요한 물자가 다 떨어져 가고 있었어."

"물인가?"

"아니. 음식과 물은 적어도 이 주일치는 남아 있었어. 커피가 부족했지. 배 선원들에게는 무척 나쁜 소식이었어. 일등 항해사가 하루만 커피를 안 마셔도 불안에 휩싸여 우울한 뱃노래를 불러 대는 사람이었거든."

"그렇게 나쁜 문제는 아닌 것 같은데."

"일등 항해사가 커피를 안 마셔서 노래를 부르면 반경 12킬로미터 내에 있는 온갖 포악한 새들이 몰려든단 말이야."

그 광경을 생각하자 프랭크의 얼굴이 움찔했다.

"어쨌든 그 배에서 커피는 필수 물자였어. 선장님의 계산에 따르면 이틀 안에 보급소가 있는 섬에 도착해야 했어. 선장님은 가까이에 물자를 보급하는 섬이 있다는 건 알았지만, 정확히 어디에 있는지는 모르셨지. 종이비행기 날리기 시합을 하다가 지도를 잃어버렸거든. 게다가 섬 전체에 짙은 안개가 끼어 있어서 산꼭대기에 올라가지 않으면 보급소를 찾기란 쉬운 일이 아니었지."

"우리는 커피가 있을 만한 섬을 탐색하기 시작했어. 난 그때만 해도 반복 심화 탐색은 들어 보지도 못한 풋내기였기 때문에 용감하게도 깊이 우선 탐색을 하자고 제안했지. 선장님은 그저 웃더니 레이저 릿지엔 막다른 곳이 너무 많아서 깊이 우선 탐색을 사용할 생각은 해 보지도 않았다고 하더라고.

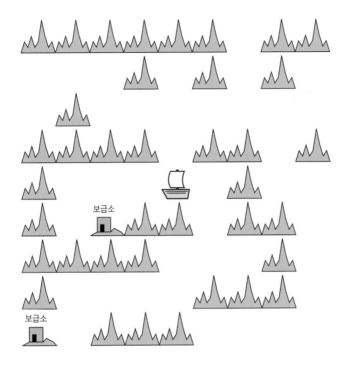

　선장님은 1킬로미터 단위로 정사각형 격자를 그려 바다를 나누었어. 안
개 때문에 가장 멀리 볼 수 있는 거리가 1킬로미터 정도였거든. 그러니까 배
가 섬과 같은 칸까지 가야만 그 섬에 보급소가 있는지 알아볼 수 있었어. 그
래서 반복 심화 탐색으로 탐색을 시작했어. 우리는 깊이 우선 탐색을 사용
했어. 단, 1칸을 넘겨서 더 멀리 가지는 않았지. 기본적으로 북, 동, 남, 서 순
으로 탐색하되, 매번 시작 지점으로 되돌아왔어. 첫 회 1칸 이내에서 섬을
찾지는 못했지만, 반복 심화 탐색은 효율적이었어. 몇 시간 만에 배와 바로
이웃한 칸들은 다 돌아볼 수 있었거든.”

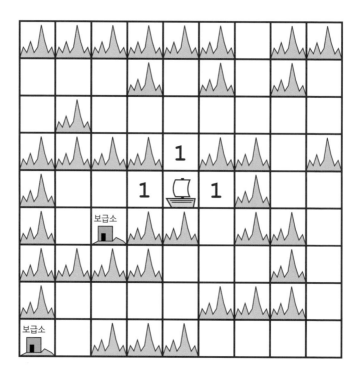

"그렇지만 보급소가 있는 섬은 코빼기도 안 보였어. 그래서 다시 탐색을 시작하고 또 시작했지. 시작 지점에서부터 또 한 번 깊이 우선 탐색을 했어. 이번 회에는 2칸씩 멀리 갔다가 되돌아오는 걸 반복했어. 첫 회보다 훨씬 넓은 지역을 돌아볼 수 있었지. 시작 지점과 이웃한 칸들을 두 번 살펴본 셈이 되긴 했지만 말이야. 이번에도 보급소가 있는 섬은 찾을 수 없었지만, 꽤 빨리 시작 지점을 중심으로 2칸 이내에 우리가 찾는 섬이 없다는 사실은 알아낼 수 있었어."

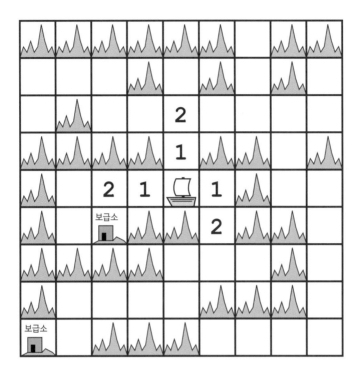

"너비 우선 탐색은 왜 사용 안 했던 거야? 결국, 너비 우선 탐색을 하고 있었던 거잖아. 시작 지점에서부터 바깥쪽으로 점점 경계를 넓히며 살펴봤던 거니까."

마비스가 고개를 끄덕였다.

"너비 우선 탐색과 반복 심화 탐색은 서로 많이 닮았어. 하지만 네가 핵심 하나를 놓친 것 같아. 그때 우리에겐 '지도가 없었어.' 지도가 없으면 너비 우선 탐색에서 아직 살펴보지 않은 섬을 기록하기가 정말 어려워. 지도가 없는데 이번 회에 살펴봐야 할 경계를 어떻게 다 알 수 있어? 반복 심화 탐색을 하면 아직 살펴보지 않은 섬을 정확하게 기억하지 않아도 계속 더 먼 섬을 살펴볼 수 있었어. 그냥 정해진 칸 내에서 진행하기만 하면 되었지."

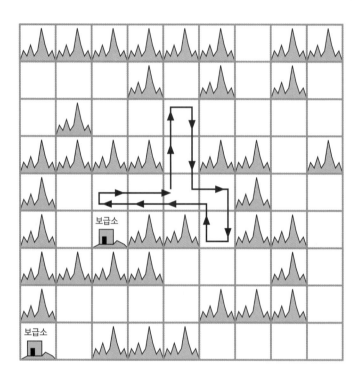

"그건 그렇겠군."

"어쨌든, 그때 우리 배엔 커피가 다 떨어져 가고 있었어."

마비스가 말을 이었다.

"선장님을 비롯한 선원 몇 명이 자진해서 디카페인 커피를 마시기 시작했지. 하지만 그렇게 해도 오래 버티지 못할 거라는 사실을 모두 알고 있었어. 우리는 탐색을 계속해 나갔지. 다시 깊이 우선 탐색을 하기 시작했어. 이번엔 더 멀리까지 가 봤지."

"시작 지점에서 3칸 이내에 찾는 섬이 있었어?"

"다행히 그랬어. 세 번째 반복에서는 주변 3칸 내에 있는 모든 섬을 살펴보았지. 이미 디카페인 커피를 절대 안 마시는 갑판수는 다 먹은 커피 찌꺼기를 열 번째 우려내고 있었고 일등 항해사는 '갑판 위의 바다 민달팽이'라는 노래를 불러대고 있었어. 다행히 일등 항해사가 부르는 노래 중에는 꽤 활기찬 곡이었지."

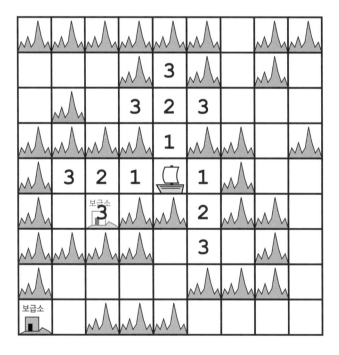

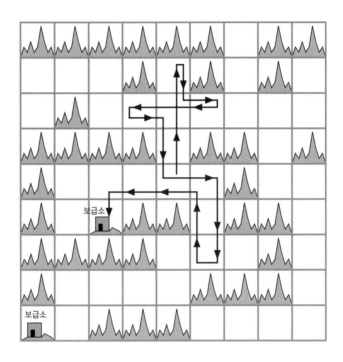

프랭크는 잠시 그 광경을 떠올렸다.

"되돌아가는 일은 건너뛰었어도 되었을 것 같은데? 그냥 깊이 우선 탐색을 사용했어도 되지 않았을까?"

"그랬다면 멀리까지 갔다가 막다른 곳을 만나 되돌아오는 길에 커피가 다 떨어졌을 거야. 처음부터 반복 심화 탐색이 내 목숨을 구했다고 말했잖아?"

"좋아. 하지만 결국 운에 달린 거잖아. 제일 가까운 보급소가 5칸 넘게 떨어져 있었으면 어쩔 뻔했어."

"이런! 생각보다 뭘 좀 모르는군, 프랭크. 문제를 풀 때는 늘 운이 좋을 때도 있고 나쁠 때도 있지. 하지만 반복 심화 탐색을 하면 적어도 진짜 운 나

뿐 경우는 피할 수 있어. 깊이 우선 탐색을 할 때마다 최대로 갈 수 있는 경계가 정해져 있으니까 말이지."

"다른 알고리즘으로도 그렇게 할 수 있어."

마비스가 프랭크를 쏘아봤다.

"꼭 반복 심화 탐색을 사용해야만 그 상황을 벗어날 수 있었을 거라고 말한 적은 없어. 우리가 그 알고리즘을 사용했다고 말했을 뿐이야. 그리고 그때부터 난 그걸 사용해 왔고. 심지어 반복 심화 탐색을 사용해서 성난 오징어 떼를 찾아 왕국의 모든 항구가 먹물로 더럽혀지는 걸 막은 적도 있었어. 그날 우리가 오징어 떼를 막지 못했다면 분명 나라가 아수라장이 되었을 거야. 가끔 그때 오징어 떼를 그냥 두었으면 좋았겠다는 생각도 해. 왕이 당황하는 모습을 봤으면 정말 재밌었을 테니까."

프랭크는 반복 심화 탐색이 이번 문제를 해결하는 데 도움이 될지 곰곰이 생각해 봤다. 반복 심화 탐색을 사용한다면 지금 쫓고 있는 단서를 끝까지 쫓는 대신 처음으로 되돌아가서 수레에서 발견한 실이나 실체가 모호한 연맹을 쫓아가 볼 수 있다. 하지만 그렇게 하면 가장 가능성이 높은 실마리를 쫓지 못하게 된다. 프랭크는 고개를 저었다. 그리고 마침내 입을 열었다.

"평소에 하던 방식대로 해야겠어."

마비스는 진지하게 고개를 끄덕이고는 먼바다를 내다봤다.

"좋아. 하지만 조심해, 프랭크. 시간이 별로 안 남았다면, 막다른 단서를 가지고 끝까지 범인을 쫓았다가는 손해가 클 거야. 어떤 알고리즘을 사용하든 적어도 최악의 상황을 어떻게 피할지는 고민해 봐야 해."

반복 심화 탐색

반복 심화 탐색(iterative deepening search)은 깊이가 제한된 깊이 우선 탐색을 반복해서 수행하기 때문에 깊이 우선 탐색의 변형이라고도 볼 수 있습니다. 이 알고리즘은 **k회(k번째 반복) 때 탐색할 수 있는 최대 깊이를 k로 제한**해서 깊이 제한 탐색을 수행합니다. 마찬가지로 지난 시간에 배웠던 도시를 벗어난 범인을 탐색하는 예에 반복 심화 탐색을 적용해 봅시다.

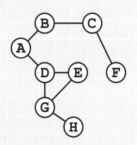

먼저 깊이 우선 탐색을 하되 첫 번째 노드인 A 도시만 탐색합니다. 즉, 1회에서는 범죄가 일어난 도시만을 탐색하게 됩니다.

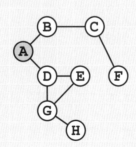

2회에는 또 한 번 깊이 우선 탐색을 하되 간선 하나만큼 떨어진 이웃 도시인 A, B, D 도시까지만 탐색합니다.

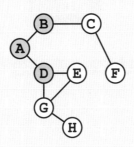

탐색을 진행할수록 범죄가 일어난 도시에서 더 멀리까지 탐색하게 됩니다. 하지만 범죄가 일어난 도시와 가까운 도시들은 회를 반복할 때마다 여러 번 거듭해서 탐색하게 됩니다. 따라서 3회까지 진행했을 때 A 도시는 네 번, B 도시는 세 번 탐색하게 됩니다.

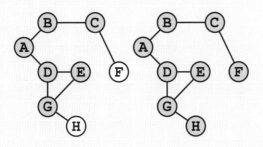

이런 반복 때문에 탐색에 많은 시간과 노력이 들기는 하지만, 반복 심화 탐색에도 장점이 있습니다. 메모리 용량이 적게 드는 깊이 우선 탐색의 장점과, 최악의 경우를 피하고 최단 거리를 찾을 수 있게 해주는 너비 우선 탐색의 장점을 함께 가지고 있다는 것이죠.

망토학같이 훌륭한 학문

역 인덱스

다음 날 아침, 프랭크는 수도 중심가에 있는 망토 가게인 '망토 그 이상'을 찾았다. 문을 열고 들어서자 가게에 은은한 종소리가 울렸다. 좁은 가게는 망토를 진열해 둔 선반들로 발 디딜 틈이 없었다. 프랭크는 선반과 선반 사이에 난 좁은 틈을 헤치며 안쪽에 있는 계산대까지 갔다. 키 작은 대머리 아저씨가 두꺼운 안경 너머로 프랭크를 뚫어지게 보며 말했다.

"망토 그 이상에 오신 걸 환영합니다. 전 길버트 클로크워스(Gilbert Cloaksworth)입니다. 무엇을 도와드릴까요?"

그는 프랭크를 아래위로 훑었다. 프랭크의 다 헤진 트렌치 망토에 몇 번 눈길을 주더니 어깨 근처 덧댄 부분을 보고는 몸서리쳤다.

"새 망토를 사러 오셨군요."

그는 콧대 높은 가게 주인들이 으레 그렇듯 과장되게 반가운 체하면서 말했다.

"제대로 오셨습니다. 방금 짙은 녹색 여행용 망토가 들어왔거든요."

"정보를 얻으러 왔습니다."

프랭크는 배열 수레에서 발견한 실을 꺼내 가게 주인 앞에 내밀었다.

"이 실이 어느 망토에서 나왔는지 알고 싶은데요."

클로크워스는 그대로 선 채 물었다.

"망토를 사러 오신 게 아니고요?"

"정보를 얻으러 왔을 뿐이에요."

"아쉽군요."

클로크워스의 말투가 차가워졌다.

"하지만 제대로 찾아오신 것 같아요. 전 이 도시에서 제일가는 망토 전문 가거든요."

가게 주인은 실을 건네받아 잠시 뚫어지게 보았다. 그러더니 계산대 아래에서 돋보기를 꺼내 자세히 살펴보면서 중얼거리기 시작했다.

"십자로 엮인 검은색과 주황색이라. 괜찮은 실이네요. 제 기준엔 못 미치지만. 뭐, 나쁘지 않아요."

"다른 정보는 없습니까? 뭐 쓸 만한 거라도?"

가게 주인은 재촉하는 프랭크를 잠시 쏘아봤지만, 이내 다시 실을 살펴보았다.

"그을림이 있군요."

"불에 탔던 겁니까?"

"아뇨. 그렇다기엔 너무 특이해요. 이렇게 그을린 실은 몇 번 못 봤어요.

마법사의 망토에서만 봤죠. 이 망토에는 주문이 걸려 있었을 거예요."

"어떤 주문인지 알 수 있습니까?"

클로크워스가 고개를 저었다.

"그건 마법사에게 물어봐야죠. 전 망토 전문가지 마법 주문 전문가는 아니에요."

"색깔은 어떻습니까? 이런 색 망토는 별로 본 적이 없어요. 어디 망토인지 알려 줄 수 없겠습니까?"

클로크워스가 웃으며 말했다.

"물론 알려 드릴 수 있죠. 전 왕국 제일가는 망토 전문가니까요."

그는 돌아서서 선반에서 커다란 책을 꺼내 계산대 위에 털썩 올려놓았다. 그리고는 맨 뒷장을 휙 젖혔다.

"지금 뭐 하는 겁니까?"

"《망토와 문양 열람 제5권》에서 이 색들을 찾아보고 있지요. 어디서 만든 망토인지 알고 싶으신 거죠?"

"하지만 왜 맨 뒷장부터 보는 거죠? 목차를 먼저 봐야 하는 거 아닙니까?"

클로크워스가 마침내 진심 어린 미소를 지으며 감탄스러운 목소리로 말했다.

"문양학 추적에서 지난 몇 년 동안 크게 발전했거든요! 옛날에는 말씀하신 것처럼 목차를 보고 관심 있는 주제를 찾은 다음 그 쪽을 펼쳤답니다. 물론 이진 탐색을 사용해서요. 사실 목차도 책에 담긴 내용이 어디 있는지 알려 주는 인덱스긴 하죠. 하지만 목차는 이런 종류의 탐색에는 전혀 맞지 않아요. 그건 책에 등장하는 순서대로 주제를 나열하잖아요. 다음번에 뭐가 나올지 예상할 수 있을 때는 괜찮지만, 특정한 주제를 찾아야 할 때는 적합하지 않아요. 요즘 왕국 내에서 볼 수 있는 망토의 패턴은 10,000종류가 넘어요! 목차를 살펴보는 데만도 한나절은 걸릴 거예요.

이 책의 저자인 아만다 클로킹튼은 저한텐 은인과도 같은 분이죠. **역 인덱스**를 개발했거든요. 저자는 망토의 색깔 같은 중요한 특징을 추적하고는 책의 뒤에 인덱스로 실었어요. 두 번째 목차라고나 할까요."

"그게 어떤 도움이 된다는 거죠? 그저 목차에 있는 정보를 반복한 거 아닌가요?"

"맞아요. 정보를 반복했죠. 순서만 바꾸었어요. 책 뒤에 있는 인덱스는 목차와 달리 용어순으로 정렬되어 있어요. 그러고는 용어별로 각 용어가 나오는 쪽 번호가 나열되어 있죠."

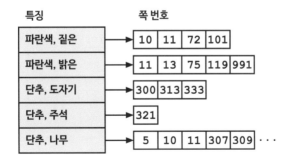

프랭크는 설명이 더 이어지길 바라며 가게 주인을 쳐다봤다. 하지만 클로크워스는 말을 마치고 입을 다물었다. 프랭크가 채근하며 말했다.

"그래서요?"

"찾고 싶은 용어를 인덱스에서 찾기만 하면 그 용어가 나오는 페이지를 알 수 있다는 거죠. 목차를 다 살펴보지 않아도 돼요. 어떤 용어를 찾고 싶은지만 알면 되니까요."

"하지만 용어를 찾으려면 어차피 인덱스를 뒤져야 하는 거 아닙니까?"

"그렇죠. 하지만 인덱스는 용어가 알파벳순으로 정렬되어 있어서 바로 이진 탐색을 할 수 있어요."

"용어가 나오는 곳이 여러 쪽일 때는 어떻게 하죠?"

"그럼 다 살펴봐야죠."

"여러 단어로 된 용어는 어떻게 찾나요? 이를테면 세 가지 색이 섞인 실을 찾는 경우에는요?"

"아! 좋은 질문이군요. 그냥 단어 3개를 모두 찾은 다음 모든 단어에 공통으로 나오는 쪽을 살펴보면 돼요. 각 단어 옆에 쓰여 있는 쪽 번호의 '교집합'을 찾는 거죠. 여러 단어로 이루어진 용어라면 대개 한두 쪽밖에 겹치지 않아요.

한번은 짙은 파란색과 밝은 파란색이 섞인 천에 나무 단추가 달린 망토를 찾아야 했죠. 세상에 그런 망토는 많지 않아요. 사실 그런 조합의 망토를 입는 단체는 아마추어 일기 예보관 협회밖에 없죠. 작년까지는 짙은 파란색과 어두운 청록색이 섞인 망토를 입었는데 바꿀 수밖에 없었대요. 준전문가 일기 예보관 협회에서 자기들이 입는 짙은 파란색과 밝은 청록색이 섞인 망토와 너무 비슷하다고 항의했다고 하더라고요."

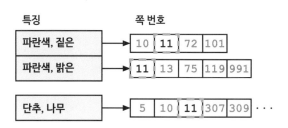

프랭크는 잠깐 역 인덱스를 생각해 보고는 고개를 끄덕였다.

"재미있는 아이디어로군요."

바로 다른 정보에도 역 인덱스를 활용하면 좋겠다는 생각이 들었다. 현재 경찰 문서는 언제나 시간순으로 정리하게 되어 있었다. 하지만 역 인덱스를 사용하면 범죄 형태나 범행 장소에 따라서 인덱스를 실을 수 있었다. 이렇게 하면 더 효율적으로 탐색할 수 있게 될 터였다.

"곧 다른 책에서도 역 인덱스를 보게 될지 모르겠네요."

프랭크가 중얼거리자 클로크워스가 자부심으로 가득찬 표정으로 코웃음을 치며 말했다.

"그럴 가능성은 거의 없어요. 세상에 인덱스를 달아야 할 만큼 복잡한 주제는 별로 없죠. 망토학만큼 방대한 학문은 거의 없으니까요."

그는 말하는 동안에도 인덱스를 살펴보며 책을 빠르게 이리저리 넘겼다. 그러더니 마침내 입을 열어 이렇게 말했다.

"경찰 망토. 불리언과 펑셔니아 부서에서 이 색들을 사용하네요. 수도 경찰 중에 일부 부서도 사용하고요. 회계, 임금 지급, 기록 관리, 교통 신호 자문단에서 사용한다는군요. 물론 디자인은 다 다르겠지만요. 실 상태로 볼 때 그 망토는 최근에 만들어진 것 같아요. 경찰 망토는 빨리 닳는 경향이 있죠. 특히 교통 신호 자문단의 망토가 빨리 낡아요."

"새 경찰 망토란 말이죠?"

프랭크가 확인차 물었다.

"그럴 가능성이 커요. 시장에서 팔리는 망토는 아닌 것 같아요. 20년 전에는 이런 색들이 유행했는데 파스텔색이 인기를 얻으면서 밀려났죠. 정말 안타까운 일이에요. 옛날엔 이런 색으로 멋진 망토를 많이 만들었는데⋯. 전 패스트닝이 2개 달린 승마용 망토를 만든 적도⋯."

"이 실에 대해 더 말해 줄 건 없습니까? 경찰 부서 네 곳에서 입는 새 망토고 마법 주문이 걸렸었다는 사실 말고 또요?"

프랭크는 잠자코 가게 주인을 바라보며 다음 말을 기다렸다.

"음⋯. 없어요. 그게 다예요."

클로크워스가 잠시 뜸을 들이고는 입을 열었다.

프랭크는 감사의 뜻으로 고개를 끄덕이고는 실을 다시 집어 든 다음 뒤돌아서 나갔다. 그는 문을 열고 나가며 작은 한숨 소리를 들었다. 가게 주인이 프랭크의 다 헤진 트렌치 망토 밑자락을 본 게 분명했다.

역 인덱스

역 인덱스(inverted index)는 두꺼운 책 뒷면에 용어와 위치를 실은 인덱스와 비슷한 역할을 하는 자료구조입니다. 역 인덱스는 목푯값들이 데이터 내 어떤 위치에 있는지를 알려 줍니다. 특히 탐색 목표가 데이터의 여러 곳에서 반복해서 등장할 때 유용합니다.

이진 탐색 수업에서 다루었던 지출 기입장 예를 다시 살펴볼까요? 지출 기입장에서 지출한 특정 장소만 확인하고 싶을 때 어떻게 하면 좋을까요? 지출 기입장은 기록된 순서인 번호에 맞추어 오름차순으로 정렬되어 있습니다.

번호	지출일	지출한 곳	금액
101	8월 16일	제드 커피숍	4,500원
102	8월 15일	밥스 피자	20,000원
103	8월 15일	지팡이 그 이상	150,000원
104	8월 15일	주문 전문점	11,200원
105	8월 16일	제드 커피숍	4,800원
106	8월 16일	주문 전문점	22,000원
107	8월 17일	제드 커피숍	4,500원
108	8월 17일	병원	250,000원

번호순으로 정리된 정보는 번호를 알고 있는 기록을 찾는 데는 유용하지만, 지출한 특정 장소와 금액을 찾는 데는 도움이 되지 않습니다. 이럴 때 사용할 수 있는 한 가지 방법은 지출한 곳을 기준으로 항목들을 다시 정렬하는 것입니다. 하지만 그렇게 하려면 지출 기입장 전체를 복사해야 하므로 시간적 비용이 많이 듭니다.

지출한 곳으로 순서를 재정렬하는 대신 새로운 자료구조를 추가해서 이 문제를 해결할 수도 있습니다. 즉, 지출한 곳을 기준으로 역 인덱스를 만드는 겁니다. 가게 이름 옆에 거래 번호를 적어서 목록으로 만드는 거죠. 번호를 아는 지출 기록은 쉽게 찾을 수 있으므로 기존 목록을 확인해서 정보를 찾아낼 수 있고, 번호는 모르지만 지출한 곳을 알 때는 역 인덱스를 사용하여 정보를 찾아낼 수 있습니다.

역 인덱스는 실행 시간과 메모리 사용 사이에 존재하는 하나를 얻으면 다른 하나를 잃는 상충 관계를 잘 보여 줍니다. 역 인덱스를 사용하려면 인덱스를 추가로 만들어야 하므로 메모리 사용이 늘지만, 인덱스가 하나 추가되어서 새로운 기준으로 훨씬 더 효과적으로 탐색할 수 있습니다. 결과적으로 탐색 실행 시간이 줄어듭니다.

특명, 미행꾼을 쫓아라

이진 탐색 트리 I

망토 그 이상 가게에서 나와 한 블록쯤 걸었을 때 프랭크는 어떤 여자가 자신을 미행하고 있다는 사실을 알아챘다. 심기에 거슬렸지만 꽤 미행 실력이 좋다는 사실을 인정할 수밖에 없었다. 여자는 길 건너편에서 9미터 정도 떨어진 채 프랭크를 따라왔다. 주로 가게 유리창에 비친 모습을 통해 프랭크를 관찰하는 듯했다. 여자는 다른 행인들과 마찬가지로 무척 평범한 짙은 검은색 여행용 망토를 입고 있었다.

프랭크는 갑자기 멈춰서 무릎을 굽히고 신발 끈을 매는 척했다. 이건 미행꾼이 붙었는지 확인할 때 두 번째로 자주 쓰는 방법이었다. 첫 번째로 자주 쓰는 방법은 마구 이리저리 뛰어다니면서 따라오는지 살피는 것이었다. 신발 끈 묶기는 미친 듯이 뛰는 것보다 효과는 적었지만, 교묘해서 미행꾼이 알아채기 어려운 방법이었다. 게다가 뛰어다니면서 쓸데없이 체력을 낭비할 필요도 없었다.

미행꾼은 프랭크를 지나쳐서 걷다가 3미터 앞에서 멈춰 서더니 잘 닦인 가게 유리창 너머에 놓인 양배추 더미를 살펴보았다. 프랭크는 일어서서 반대쪽으로 걷기 시작했다. 반 블록쯤 걷고 난 뒤, 그는 미행꾼이 있는 반대편으로 길을 건넜다. 갑자기 건넌 탓에 당나귀 수레를 끌던 사람이 성을 내며 소리를 질러 댔지만, 못 들은 척했다. 그러고는 작은 골목으로 들어갔다. 일단 대로변을 벗어나자 그는 주변을 살펴본 다음 미행꾼을 기다렸다.

얼마 지나지 않아 미행꾼이 서둘러 모퉁이를 돌면서 프랭크와 거의 부딪힐 뻔했다.

"안녕하세요. 왜 날 따라오는 거죠?"

프랭크는 태연한 말투로 말하려고 애썼다. 그에게는 보통 때도 힘든 일이었다. 조금 투덜거리긴 했지만, 소리를 지르지 않은 것만 해도 다행이었다.

전문 스파이들은 정체가 발각되었을 때 어떻게 대처할지 계획을 세우는 데 꽤 오랜 시간을 들였다. 누군가를 미행하다 걸렸을 때부터 왕궁에서 도청 장치와 가짜 거북이를 가지고 있다가 걸렸을 때까지 온갖 상황을 벗어날 수 있는 복잡한 시나리오들을 만드는 것이다. 그들은 언제나 천연덕스러운 거짓말로 자연스레 상황을 모면할 수 있길 바라지만 실제로 그렇게 되는 경우는 드물고, 놀라서 말을 제대로 잇지 못하는 경우가 더 많았다. 이런 경우 프랭크는 미행꾼이 당황한 틈을 노릴 계획이었다.

하지만 미행꾼은 예상대로 전문가였다. 허둥지둥하지도 않았고 놀라서 말을 잃지도 않았다. 불끈 치미는 화가 섞인 눈빛만이 일이 뜻대로 되지 않았다는 것을 보여 줄 뿐이었다. 미행꾼은 갑자기 연막탄을 터뜨리더니 곧 사라졌다. 연막탄을 터뜨리지 않았어도 잡기 힘들 만큼 빨랐다. 프랭크가 붙잡으려 손을 뻗었을 때는 이미 길 아래로 쿵쿵거리며 걸어가는 발소리가 울리고 있었다. 그는 잠시 투덜댄 뒤 연기를 뚫고 미행꾼을 쫓아갔다.

프랭크는 반 블록쯤 달리다가 그만두고 깊이 우선 탐색을 하기로 했다. 그는 경찰 시절 좀도둑을 쫓아 온 도시를 돌아다녔기 때문에 범인들이 어떻게 움직이는지는 잘 알고 있었다. 미행꾼은 몸을 숨기기 위해 대로변에서 벗어났다. 나쁜 전략은 아니었지만, 이 지역에서는 통하지 않는 방법이었다. 이 부근에는 좁은 골목이 몇 개 없는 데다 있다고 해도 대부분 막다른 골목이었다.

프랭크는 달리면서 주변 길을 그래프 형태로 머릿속에 그려 보았다. 교차로와 막다른 골목은 그래프에서 결정을 내려야 하는 지점인 노드로 그렸고, 그 사이를 잇는 길은 결정 지점에서 다른 결정 지점으로 데려다주는 경로인 간선으로 그렸다.

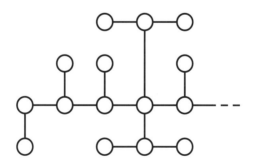

프랭크는 머릿속으로 미행꾼을 놓치거나 미행꾼의 흔적이 완전히 사라지기 전까지 골목 5, 6개는 살펴볼 수 있을 거라는 계산을 금세 마쳤다. 골목을 탐색하다 보면 미행꾼을 놓칠 수 있었지만 그건 추적에 깊이 우선 탐색을 사용하려면 감내해야 하는 어쩔 수 없는 일이었다.

처음 살펴본 두 골목은 시간 낭비였다. 그곳에서 그나마 찾은 불법 활동이라고는 벽에 낙서 중인 꼬마 무리뿐이었다. 꼬마들은 불에 그을린 막대로 "재귀팀", "재귀팀 포에버" 따위의 낙서를 해대고 있었다. 그는 탐색을 계속했다.

막다른 골목 몇 개를 더 살펴본 다음 프랭크는 열려 있는 하수구 쪽으로 나 있는 진흙 묻은 발자국을 발견했다. 이쯤에서 포기하고 싶다는 생각이 진지하게 들었다. 그는 벽에 기대어 잠시 숨을 골랐다. 미행꾼은 분명 여기로 빠져나갔을 터였다. 마음을 단단히 먹고 어두운 구덩이를 들여다보았지만, 아무것도 보이지 않았다.

하수구로 내려가자 나무 단에 발이 닿았다. 눈에 띄지 않기 위해 몸을 최대한 낮추고 어두운 공간을 살펴봤다. 프랭크가 서 있는 단은 깊이가 15미터쯤 돼 보이는 동굴 같은 방의 울퉁불퉁한 돌벽에 고정되어 있었다. 열린 하수구 뚜껑을 통해 들어오는 한 줄기 빛이 마치 조명처럼 멀리 있는 바닥을 비추었다. 그때 그는 타원형 빛을 가로질러 반대편 벽으로 뛰어가는 미행꾼을 보았다. 미행꾼은 이미 훨씬 멀리 달아나 있었다.

프랭크는 이제 어떻게 할지 생각해 봤다. 지금 서 있는 단에서 6미터쯤 아래에 강철 사다리로 연결된 다른 단 하나가 있었다. 그는 바닥에 박혀 있는 작은 황동 태그를 발견하고는 커다랗게 욕을 내뱉었다. 그는 자신이 **이진 탐색 사다리** 맨 윗단에 서 있다는 사실을 깨달았다.

이진 탐색 사다리는 탐색 효율을 높여 주는 자료구조인 이진 탐색 트리를 커다랗게 만든 것 같이 생긴 구조물로, 원래 괴상한 미술품을 전시하는 갤러리를 운영하는 알레나 브랜치가 작품을 정리하기 위해 고안한 발명품이었다. 마치 거대한 나무를 뒤집은 것 같은 모양을 하고 있었고, 맨 위에는 **루트 노드**라고 불리는 단이 유일하게 놓여 있었다. 그리고 단마다 한 단 아래인 **자식 노드**로 내려갈 수 있는 사다리가 최대 2개까지 달려 있었다. 밑으로 내려갈수록 계속 여러 갈래로 단이 나뉘므로 맨 아래로 내려가는 경로가 여러 개였다.

자잘한 것에 집착하는 경향이 있는 알레나가 처음 이진 탐색 사다리를 만든 이유는 작품에 풀잎이 몇 개 그려져 있는지에 따라 작품을 분류하기 위해서였다. 알레나가 고집한 분류 체계는 단순했다. 어느 단에서 보든 왼쪽 사다리 아래쪽(왼쪽 서브 트리)에 있는 작품은 현재 단에 있는 작품보다 풀잎 수가 더 적어야 했다. 그리고 오른쪽 사다리 아래쪽(오른쪽 서브 트리)에 있는 작품은 현재 단에 있는 작품보다 풀잎 수가 더 많아야 했다. 맨 윗단부터 탐색을 시작해서 찾으려는 풀잎 수에 맞는 사다리를 선택해 내려가면 정확히 원하는 개수의 풀잎이 그려진 작품을 찾아낼 수 있었다.

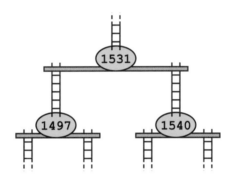

불행히도 이진 탐색 사다리는 규모가 크고 계속 사다리를 오르락내리락해야 한다는 단점 때문에 미술계에서는 그리 인기를 끌지 못했다. 하지만 범죄 세계에서는 이진 탐색 사다리를 빠르게 받아들여 개조했다. 비네티 일당과 일했던 견습 마법사 카티아 래더펠은 알레나가 고안한 이진 탐색 사다리를 변형해 위험한 함정으로 만들었다. 카티아는 단마다 작품 대신 숫자 태그를 하나씩 놓은 다음, 안전하게 트리를 빠져나갈 수 있는 숫자로 된 비밀번호를 지정했다. 카티아가 만든 이진 탐색 사다리 함정은 이진 탐색 트리의 성질을 그대로 가지고 있었다. 현재 단을 기준으로 왼쪽 서브 트리에 속한 단에는 모두 현재 단의 숫자보다 작은 숫자가, 오른쪽 서브 트리에 속한 단에는 모두 현재 단의 숫자보다 큰 숫자가 적혀 있었다.

이렇게 무기로 변형된 이진 탐색 트리를 안전하게 통과하려면 비밀번호가 적힌 맨 아랫단으로 내려가는 유일한 경로를 찾아야만 했다. 비밀번호를 알고 있다면 비밀번호가 있는 쪽에 놓인 사다리를 택해 내려가기만 하면 되니 쉬웠다. 단마다 비밀번호와 현재 단에 적힌 숫자를 비교해 왼쪽으로 갈지 오른쪽으로 갈지 결정만 하면 되는 일이었다. 덕분에 사다리를 내려가는 순서를 모두 기억하는 대신 비밀번호 하나만 기억하면 함정을 무사히 통과할 수 있었다. 이런 단순함 때문에 머리가 나쁜 비네티 일당이 사용하기에 안성맞춤이었다.

비밀번호를 몰라서 잘못된 사다리로 내려가면 함정이 나왔다. 운이 좋으면 그냥 겁만 주고 끝났지만, 운이 나쁘면 죽을 수도 있었다. 대표적인 함정으로는 저주 사다리, 독거미, 낙석, 화살총, 회전날 등이 있었다. 자존심을 갉아먹는 마법 모독이라는 함정이 나올 때도 있었는데 이 함정에 빠지면 다섯 단계에 걸쳐 점점 강도가 심해지는 외모, 몸냄새, 지능에 대한 욕설을 견뎌야 했다.

지난번에 프랭크가 비네티 일당의 이진 탐색 사다리를 타야 했을 때는 고자질쟁이 하나가 비밀번호가 10이라는 사실을 알려 주었었다. 프랭크는 이 숫자 하나로 경찰에게 알려지지 않았던 비네티 일당의 아지트를 급습해 세 명을 체포할 수 있었다. 그 자리에 있었던 비네티 일당 가운데 도망치는 데 성공한 사람은 레베카 비네티뿐이었다.

이번에도 이 사다리의 비밀번호만 알면 미행꾼을 잡을 수 있었다.

프랭크의 머릿속에 여러 생각이 빠르게 스쳤다. 첫째, 비네티 일당이 비밀번호를 안 바꿨을 수도 있지 않을까? 비네티 일당은 대부분 멍청했다. 숫자 여러 개를 외울 수 있을 것 같지는 않았다. 둘째, 요즘에는 흑마법사들이 활동하지 않으므로 이 이진 탐색 사다리는 여러 해 전에 만들어졌을 가능성이 컸다. 왕국을 무너뜨리려던 사악한 마법사 익스포넨셔스의 계획이 실패한 뒤, 익스포넨셔스를 추종하던 흑마법사들은 직업을 바꾸거나 숨어 버렸다. 이진 탐색 사다리 함정을 처음 만든 카티아 래더펠도 도시를 떠나 코코넛 농장을 시작했다고 들었다. 마지막으로, 프랭크는 다리가 후들거려서 더는 이렇게 높은 곳에 서 있기가 힘들었다.

프랭크는 지금 서 있는 단일 루트 노드의 태그를 쳐다보았다. 50이었다. 프랭크의 생각대로 비네티 일당이 비밀번호를 바꾸지 않았다면, 10이 적힌 사다리를 내려가면서 찾아야 했다. 10은 50보다 작았으므로 프랭크는 왼쪽 서브 트리를 택했다.

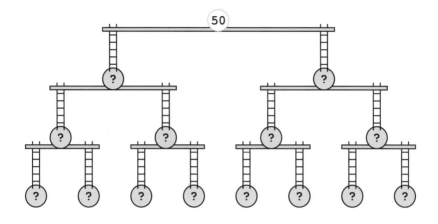

프랭크는 예방 차원에서 욕을 여러 개 중얼거리며 왼쪽 사다리를 내려가기 시작했다. 다행히도 사다리를 내려가는 동안 아무 일도 일어나지 않았다. 거미도 없었고 회전날도 없었다. 불쾌한 욕설을 내뱉는 마법 모독도 없었다.

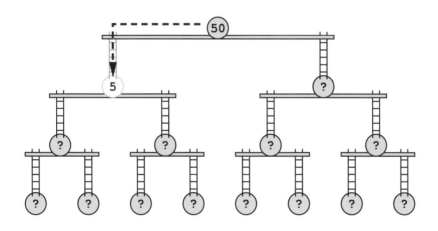

다음 단에는 5라는 숫자가 적힌 태그가 있었다. 10이 5보다 크므로 이번에는 오른쪽 경로를 택해야 했다. 자신감을 얻은 프랭크는 오른쪽 사다리로 뛰어갔다. 적이 무능하다는 생각은 들어맞는 경우가 꽤 많았다.

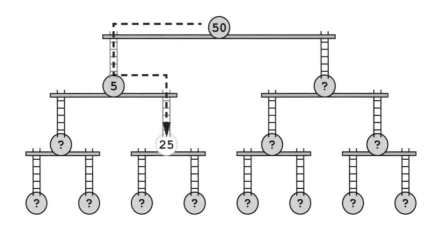

이번 단은 바닥 바로 윗단으로 바닥에서 6미터 정도에 있었다. 프랭크는 25라는 숫자를 보고는 바로 왼쪽으로 향했다.

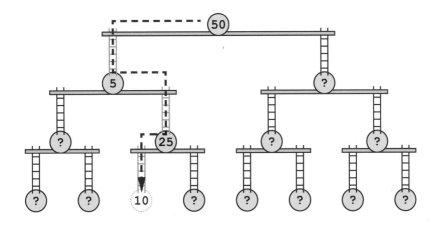

사다리를 반쯤 내려오고 나서야 무언가 잘못되었다는 느낌이 들었다. 발아래에서 가벼운 끼익 소리가 나더니 왼쪽 발 위에 놓인 사다리 발판이 움직이기 시작했다. 내려다봤을 때는 이미 발판이 왼쪽 발 위로 떨어져 발을 짓누르고 있었다. 프랭크는 깜짝 놀라서 소리를 질렀다. 프랭크가 당황해서 꼼짝도 않고 서 있는 동안 발을 누르던 발판이 다시 위로 올라가더니 아래로 떨어지며 발을 짓눌러 또다시 충격적인 고통이 느껴졌다. 사다리는 그야말로 프랭크를 우걱우걱 씹고 있었다. 이제 발판에서 뾰족한 쇠 이빨마저 돋아나려고 했다.

프랭크는 사다리가 그의 손가락까지 씹어 먹기 전에 결단을 내렸다. 이미 사다리에게 두 번이나 씹혀서 얼얼한 발로 엉거주춤 뛰어내린 다음 몇 발자국 비틀대고 나서 바닥에 주저앉았다. 그리고는 주변을 두리번거리며 사다리 아래 태그를 노려보았다. 태그는 확실히 10이었다. 실수가 아니었다. 하지만 곧 바닥에 분필로 쓰여 있는 작은 글씨가 눈에 들어왔다. "사용 불가, 비밀번호 바뀜." 곧바로 프랭크의 입에서 욕이 나왔다.

이진 탐색 트리 I

이진 탐색 트리는 일반 이진 탐색에서 값을 찾을 때 데이터에 접근하는 방식과 비슷하게 데이터를 정리하는 자료구조입니다. 이진 탐색 트리의 각 노드는 값을 한 개씩 저장할 수 있으며 왼쪽과 오른쪽에 각각 하나씩 최대 두 개의 자식 노드를 가질 수 있습니다. 노드의 위치는 저장된 값에 따라 정해집니다. 왼쪽 노드(모든 자식 노드 포함)에 저장된 데이터의 값은 현재 노드에 저장된 값보다 작습니다. 오른쪽 노드(모든 자식 노드 포함)에 저장된 데이터의 값은 현재 노드에 저장된 값보다 큽니다.

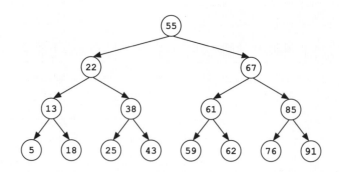

이진 탐색 트리에서는 맨 위에 있는 루트 노드부터 시작해서 아래 노드로 내려가면서 탐색하면 쉽게 원하는 값을 찾아낼 수 있습니다. 단을 내려갈 때마다 현재 노드에 저장된 값과 목푯값을 비교해 왼쪽으로 갈지 오른쪽으로 갈지를 정합니다. 예를 들어 목푯값이 현재 노드의 값보다 작다면 왼쪽으로 탐색을 진행합니다.

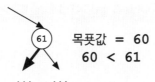

만일 목푯값이 현재 값보다 크다면 오른쪽으로 탐색을 진행합니다.

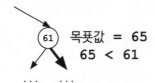

목푯값을 찾았거나 막다른 곳에 다다르면 탐색이 끝납니다. 막다른 곳에 다다라서 탐색이 끝난 경우에는 목푯값이 트리 내에 없다는 사실을 명확하게 알 수 있습니다.

모든 노드에서 왼쪽 서브 트리에 속한 노드의 개수와 오른쪽 서브 트리에 속한 노드의 개수가 서로 같으면 '트리가 균형 잡혀 있다'라고 합니다. 균형 잡힌 이진 탐색 트리에서는 단이 하나 늘어날 때마다 트리 내에 있는 노드의 개수가 약 2배로 증가합니다.

이진 탐색 트리의 탐색 비용은 목푯값이 트리의 어떤 단에 위치하느냐에 따라 달라집니다. 목푯값이 트리의 아래쪽에 있을수록 비교 연산을 더 많이 수행해야 하기 때문입니다.

함정에 빠진 사설탐정

이진 탐색 트리 Ⅱ

"우리가 비밀번호를 바꿨을 거라는 생각은 못 했나 보네, 런타임 씨?"

뒤에서 목소리가 들려왔다. 프랭크는 재빨리 고개를 돌렸다. 미행꾼은 서두르는 기색 없이 침착하게 다가오고 있었다. 일어서려고 해 봤지만, 왼쪽 발에서 통증이 밀려와 다시 주저앉을 수밖에 없었다. 하는 수 없이 엉덩이를 뒤척여 미행꾼 앞으로 가면서 태연한 척 말을 걸었다.

"비네티 일당이 비밀번호를 바꿀 만큼 똑똑한 줄은 몰랐지. 요즘엔 흑마법사를 찾아보기 어려우니까 말이야. 마지막 흑마법사는 요새 코코넛을 팔고 있다던데."

"요즘 흑마법사를 보기 힘든 건 맞아. 뛰어난 흑마법사들은 대부분 왕국을 떠났거나 먹고살기 위해 중립을 지키는 편을 택했지. 하지만 흑마법사를 찾을 방법이 아예 없진 않아. 뭐, 그냥 비네티 일당이 괜찮은 거래를 할 수 있었다고만 해 두지. 다른 영역에서 비네티 일당이 뒤를 봐주는 대가로 마법을 부려 주기로 한 마법사가 있었거든. 아무래도 카티아만큼 이진 탐색 트리 함정을 잘 만드는 거 같진 않지만 말이야. 카티아가 만든 사다리는 정말 예술이었지. 이 사다리는 그냥 그럭저럭 쓸 만할 뿐이고."

미행꾼은 사다리를 가리키며 말을 이었다.

"어쨌든 그쪽도 거의 다 내려왔잖아. 사다리 하나를 틀렸을 뿐이야. 비밀번호는 26이야. 우린 새로운 마법사가 사다리를 많이 건드리지 않길 바랐거든. 그냥 예전 비밀번호를 알고 있는 사람을 속일 정도면 충분했지. 당신도 거의 다 맞혔어."

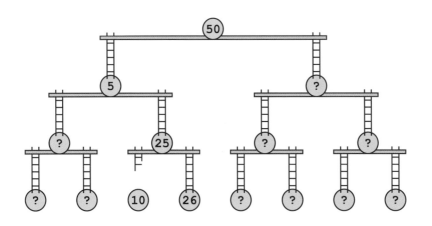

프랭크는 잠자코 있었다. 여자가 말을 잇지 않자 프랭크가 물었다.

"넌 누구지?"

"이름은 중요하지 않아. 난 비네티에서 일해."

"스파이인가?"

여자가 어깨를 으쓱했다.

"정보를 모으긴 하지. 뭐라고 부르든 상관없어."

"나한테서 뭘 원하는 거지?"

"물론 이 일에서 손 떼길 바라지."

프랭크는 이 말의 의미를 곰곰이 생각했다. 프랭크가 이 일에서 손을 떼게 하기 위해서라면 고작 사다리가 발을 씹어 먹는 정도로는 그치지 않을 것 같았다. 스파이는 프랭크를 죽이거나 계속 가둬 둘 계획일 것이다. 두 쪽 다 마음에 들진 않았지만, 죽는 편보다는 갇히는 편이 낫긴 했다.

프랭크의 머릿속을 들여다보기라도 한 듯 스파이가 말했다.

"이진 탐색 사다리 함정이 당신을 처리해 주길 바랐는데 그렇게 안 됐네. 적어도 지금까지는 말이야."

여자는 26번 사다리 바로 옆에 있는 사다리로 가더니 발판을 손바닥으로 내리쳤다. 동굴 같은 하수구 안에서 댕댕 소리가 울렸다. 여자는 두 번 더 발판을 내리쳤다. 댕, 댕.

"잘 가. 런타임 씨."

여자는 뒤도 돌아보지 않은 채 지하 통로로 성큼성큼 걸어서 빠져나갔다. 프랭크는 어리둥절한 표정으로 여자의 뒷모습을 지켜봤다. 그때 무언가 움직이는 모습이 눈에 들어왔다. 사다리에 붙어 있던 발판 3개가 분리되어서 바닥으로 떨어졌다. 잠시 후 발판은 곧 쉬익 소리를 내더니 꿈틀대며 프랭크를 향해 다가오기 시작했다. 발판 뱀이었다.

프랭크는 재빨리 몸을 피했다. 발판 뱀은 위험하지만 느렸다. 그가 26번 사다리에 이를 수만 있다면 아직 기회는 있었다. 아직 발이 아팠으므로 프랭크는 손과 무릎을 땅에 대고 기어가기 시작했다. 26번 사다리까지 다가 간 뒤에는 사다리를 잡고 일어서서 몸을 힘겹게 기댔다. 의심할 여지 없이 사다리를 올라가면 발이 무척 아플 것 같았다.

발판 뱀들은 벌써 수십 센티미터 앞까지 쫓아와 있었다. 프랭크가 앓는 소리를 내며 사다리를 오르기 시작했다. 기어오른다기보다는 한 발로 뛰어 올라가는 모양새였다. 먼저 성한 발을 바로 위에 있는 발판에 얹은 다음 그 발에 무게를 실어 몸을 끌어 당겼다. 움직일 때마다 왼쪽 발이 욱신거렸다.

프랭크는 사다리 끝까지 간신히 움직여서 25번 단에 오른 후에야 비로소 다리가 풀려 쓰러졌다. 등을 대고 누운 채 숨을 고르면서 이진 탐색 사다리에 욕을 퍼부었다. 한때 프랭크는 이 사다리의 구조가 너무나 아름답고 우아하다며 좋아했었다. 경찰 대학 시절에 알레나의 전시에 몇 번 가기도 했었고 심지어 전 세계에서 단 한 번 열렸던 이진 탐색 트리 행위 예술을 보러 가기도 했었다.

그날 본 공연의 제목은 '배를 들어라'였다. 알레나는 마법사 셋을 고용해 작품에 그려진 배의 개수에 따라 작품을 분류해서 이진 탐색 사다리로 만드는 과정을 관객에게 보여 주었다. 그해에는 배를 주제로 한 정물화가 크게 유행했는데 나중에 밝혀진 바로는 그해에 사과 수확이 좋지 않아서 일어난 일이었다. 이듬해 일어난 토스트 조각 열풍보다는 덜했지만, 그해의 배 열풍은 지금까지도 미술사에 부끄러운 사건으로 기억되었다. 요즘 사람은 이 사건에 대해 말할 때 경멸하는 말투로 수군대곤 했다.

공연은 조악하게 그려진 배 작품을 든 조수 일곱 명이 갤러리 안으로 행진하며 시작되었다. 조수들은 각각 1개부터 23개까지의 배가 그려진 작품을 차례로 들고 있었다. 그들은 이런 황당한 공연에 참여하는 데서 오는 부끄러움을 감추려는 듯 작품을 높이 들어 얼굴을 감추고 있었다.

첫 번째 마법사가 앞으로 나왔다. 그는 작품에 그려진 배의 개수를 하나씩 헤아리고는 중간에 들어갈 작품을 골랐다. 원목 식탁에 배 8개와 우유한 잔이 놓인 작품이었다.

마법사가 "트리 루트 상승!"이라고 소리치자 중앙에 있던 작품이 위로 올라가면서 양쪽에 작품이 3개씩 남았다. 1줄로 있던 7개의 작품이 3그룹으로 나뉜 것이다. 왼쪽에 있는 작품들에 그려진 배의 개수는 8개보다 적었다. 오른쪽에 있는 작품들에 그려진 배의 개수는 8개보다 많았다. 8개의 배가 그려진 중앙에 있는 작품은 위로 떠올라 이진 탐색 트리의 루트 노드가되었다. 이렇게 첫 번째 가지가 만들어졌다.

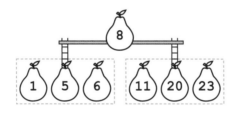

그다음, 남은 두 마법사가 같은 방법으로 각각 왼쪽과 오른쪽 작품을 분류했다. 분류 과정은 언제나 같았다. 먼저 중간에 들어갈 작품을 정하고이 작품을 기준으로 나머지 작품을 두 갈래로 나누었다. 마법사가 주문을외치면 트리가 위로 떠오르며 루트 노드 아래로 가지가 두 갈래로 뻗어 나왔다.

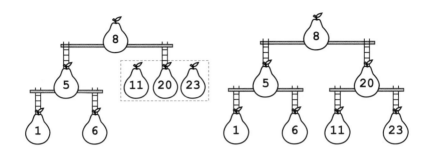

　당시 프랭크는 이 공연이 무척 멋지다고 생각했다. 하지만 자료구조가 무기로 변형된 이진 탐색 사다리 함정에 앉아서 생각해 보니 이진 탐색 사다리라는 개념 자체가 바보 같아 보였다. 반복해서 작품을 분류하는 일 따위가 멋지다고 생각했다니 과거의 자신을 한 대 쥐어박고 싶은 기분이었다.

　프랭크는 쉬익거리는 소리에 현실로 돌아왔다. 발판 뱀이 단 위로 머리를 내민 채 두리번거리며 그를 찾고 있었다. 눈, 코, 입도 없이 기껏 해 봐야 움직이는 쇳덩어리에 불과한 발판 뱀이 어떻게 목표를 찾는지는 알 수 없었다. 어쩌면 진동으로 감지하는지도 몰랐다. 프랭크는 뱀을 발로 차서 떨어뜨릴까도 생각했지만, 그러지 않기로 했다. 발판 뱀은 입이 없는데도 수수께끼처럼 독을 가지고 있었기 때문이었다. 대신 계속 도망치기로 했다. 위로 올라가는 사다리 쪽으로 황급히 다가가 몸을 일으켜 세웠다. 발의 통증이 많이 잦아든 덕분에 자세는 엉거주춤했지만, 별다른 어려움 없이 사다리를 오를 수 있었다.

　프랭크는 다음 단에 올라가자마자 다시 위로 올라가서 처음에 발을 디뎠던 50이라는 황동 태그가 달린 루트 노드의 단으로 돌아왔다. 그는 잠시 멈취 서서 이진 탐색 사다리에 대고 다시 한번 욕을 내뱉었다. 이진 탐색 사다리는 이제 보니 무척 멍청한 장치였다. 번듯한 이유는 댈 수 없었지만, 확실히 그렇다는 생각이 들었다. 프랭크는 만족스럽게 고개를 끄덕이며 발판 뱀을 피해 다시 길로 나왔다.

이진 탐색 트리 II

이진 탐색 트리는 정렬된 배열에 있는 요소들을 하위 집합으로 나누는 일을 반복하면 만들 수 있습니다. 단계마다 중간값을 계산해 그 단계의 노드로 정합니다. 요소의 개수가 짝수면 2개의 중간값 중 하나를 임의로 선택해 노드로 정하면 됩니다.

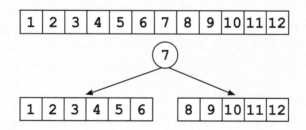

루트 노드를 만들고 나면 같은 방식으로 왼쪽과 오른쪽에 있는 하위 집합을 각각 분류합니다. 개념상 정렬된 배열을 왼쪽과 오른쪽 배열로 나누고, 나눌 때 사용한 똑같은 알고리즘을 왼쪽과 오른쪽 배열에 다시 적용하는 것입니다.

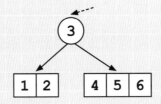

이진 탐색 트리를 만드는 동안 배열을 실제로 자르거나 복사할 필요는 없습니다. 현재 가지에서 최솟값의 인덱스와 최댓값의 인덱스를 기록해 나가기만 하면 배열 하나로 이 알고리즘을 구현할 수 있으니까요.

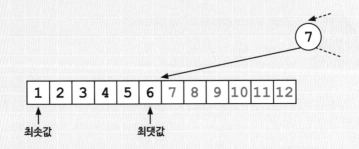

가장 의심스러운 사람은?

이진 탐색 트리 Ⅲ

프랭크가 다리를 절며 사무실로 돌아오니 삭스가 기다리고 있었다. 삭스는 프랭크의 바퀴 달린 의자에 앉아 한가롭게 의자를 돌리고 있었다. 프랭크는 삭스가 인기척을 느낄 때까지 가만히 서서 그 모습을 지켜봤다. 의자가 한 바퀴 돌고 나서야 프랭크를 발견한 삭스는 허둥지둥 의자에서 내려오며 중얼거리듯 사과했다.

"뭐 좀 알아냈나?"

삭스가 어깨를 으쓱했다.

"쓸 만한 건 없어요."

"아무것도?"

"새로운 연맹이 생겼다는 소리를 들은 마법사는 없었어요."

프랭크의 재촉에 삭스가 조사한 내용을 빠르게 읊었다.

"가장 최근에 만들어진 마법사 연맹은 '마법 사탕 연맹'이래요. 작년부터 밀려들기 시작한 저품질 박하사탕에 대항하기 위해 만들었대요. 예전에 식당에 가면 주던 까끌까끌한 박하사탕 드셔 보셨어요? 몇 분 동안은 박하 맛이 나는데 먹고 나면 6시간 동안 입에서 솔잎 맛이 났죠. 마치 골탕 먹이려고 만든 것 같을 정도였죠. 마법 사탕 연맹은 이 문제를 해결한 다음 초콜릿과 캐러멜로 관심사를 넓혔어요. 이 연맹엔 현재 사탕 가게 여섯 곳이랑 사탕 수레 네 곳이…"

"그거 말곤 없나?"

삭스는 고개를 저었다.

"클럽이나 협회에 대해서도 물어봤는데, 최근에 생긴 협회는 '수하물 마을 마법사 볼링 협회'밖에 없는 데다 그마저 한 달도 안 가고 없어졌대요. 수하물 마을에 볼링을 좋아하는 마법사가 그리 많지 않았나 봐요."

프랭크가 한숨을 쉬었다. 애초에 많은 기대를 걸지는 않았지만, 쓸 만한 정보가 없으면 실망스러운 건 언제나 마찬가지였다.

"그쪽엔 뭐가 좀 있었어요?"

"음, 새로운 실마리를 찾았어."

"정말요? 어떤 실마리죠?"

프랭크가 미처 대답하기 전에 노테이션 형사가 황당할 정도로 많은 문서 더미를 지고 요란하게 사무실로 들어왔다. 그녀는 간신히 프랭크의 책상까지 다가와서 문서 더미를 내려놓았다. 어찌나 무거운지 문서를 내려놓자 책상이 조금 내려앉았다.

"작년치 경찰 발령 원장은 이게 다예요."

노테이션이 가쁘게 숨을 몰아쉬며 말했다.

"이제 왜 이 문서가 필요한지 말해 보시죠?"

"발령 기록 하나를 찾아야 해."

"그럴 줄 알았어요. 어떤 기록인지 미리 말해 주었으면 굳이 여기까지 문서를 다 가져올 필요는 없었잖아요."

"어떤 발령 기록인지 몰라서 그랬어."

프랭크가 변명했다. 반쯤은 사실이었다. 어떤 기록을 찾아야 하는지 알고 있었더라도 문서를 다 가져오라고 시키긴 했을 테지만 말이다. 그는 노테이션이 기록을 찾는 모습을 두 눈으로 지켜보고 싶었다. 하나도 빠짐없이 살펴봤다는 사실을 직접 확인해야 했다.

"좋아요. 뭘 찾고 있죠?"

"먼저 50일에서 70일쯤 전에 의심스러운 발령을 받은 사람이 있는지부터 찾아보지."

프랭크가 말했다. 감옥에서 발견한 원장에서 뜯겨 나간 부분은 대략 이 기간의 기록이었다.

"범위 탐색 문제야. 이 기간에 일어난 모든 발령 기록을 살펴봐야 해."

노테이션이 끙 하는 소리를 냈다.

"기록은 발령 명령을 받은 경찰관이 원래 어디서 일했는지 경찰서에 따라 분류되어 있고 다시 경찰관 이름으로 분류되어 있어요. 발령 명령을 받은 날짜순이 아니라고요. 모든 기록을 살펴봐야 할 거예요. 그러려면 몇 시간은 걸릴 거예요."

"아냐. 그렇지 않아. 마법을 사용할 거거든."

삭스가 놀란 눈으로 프랭크를 바라봤다.

"마법요? 전 범위 탐색 주문은 하나도 몰라요."

"이진 탐색 트리는 알 거 아니야."

"이진 탐색 트리는 제 전문이죠. 하지만 그게 범위 탐색에 도움이 될진 모르겠어요."

"발령 명령 기록을 이진 탐색 트리로 만들면 돼. 명령을 내린 시기를 노드로 삼아서 말이야. 그러면 만든 트리로 범위 탐색을 할 수 있어."

"트리로 범위 탐색을 한다고요?"

삭스가 여전히 무슨 말인지 모르겠다는 듯 어리둥절한 표정을 짓자 노테이션이 끼어들었다.

"뭐하러 트리를 만들어서 골머리를 썩히죠? 그냥 찾기만 하면 되잖아요. 기록을 그냥 찾는 것보다 트리를 만드는 시간이 더 걸릴 거예요."

프랭크가 어깨를 으쓱했다.

"내 생각엔 탐색이 한 번으로 끝날 것 같지 않아. 일단 삭스의 마법으로 트리를 만들어 두면 몇 번이고 사용할 수 있을 거야."

"하지만 전 범위 탐색을 할 줄 모르는데요."

삭스가 이의를 제기했다.

"일단 트리를 만들면 어떻게 하는지 가르쳐 줄게."

"알겠어요. 대신 시간이 좀 걸릴 거예요. 전 단추로 이진 탐색 트리를 만들어 본 경험밖에 없거든요. 진짜 단추요. 기록을 트리로 만들어 본 적은 없어요. 기록은 좀 더 성가실 것 같아요. 주문을 수정해야 할 거예요."

삭스가 책상에 앉아 양피지에 코를 박다시피 몸을 숙이고 수정한 주문을 휘갈겨 쓰는 동안 노테이션이 프랭크에게 다가와 물었다.

"지금 뭐 하는 거예요?"

"아무것도."

"아, 그런 말은 집어치워요."

노테이션이 화난 목소리로 쏘아붙였다.

"감옥에 다녀온 이후로 계속 뭔가 감추고 있잖아요. 왜 발령 명령을 살펴보는 거죠? 전에는 왜 발령 명령에 대해 한마디도 하지 않았죠? 대체 뭘 본 거예요?"

"말했다시피 그냥 직감이야."

"안 믿어요. 저한테 뭔가 숨기고 있잖아요."

프랭크는 대답하지 않았다. 그때 삭스가 큰 소리로 두 사람을 부르며 말했다.

"됐어요! 아니, 음. 아마 제 생각엔 된 것 같아요. 조금 뒤면 트리를 만들 수 있을 거예요."

삭스가 다시 원장 더미 쪽으로 몸을 돌려 주문을 중얼거리기 시작했다.
그리고는 종이 위에 대고 과장되게 멋을 부리며 팔을 휘둘렀다. 빛이 번쩍
하더니 각 노드에 발령 명령이 지금으로부터 며칠 전에 내려졌는지가 표시
된 커다란 이진 탐색 트리가 허공에서 나타났다. 각 노드는 파란빛이 나는
전기 불꽃으로 연결되어 공중에 둥둥 떠있었다.

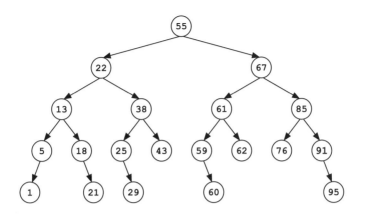

"이제 범위 탐색을 시작하자."

프랭크가 말했다.

"아까 말했지만, 전…"

삭스가 입을 열자 프랭크가 손을 들어 말을 막았다.

"깊이 우선 탐색을 변형해서 사용할 거야. 맨 위 노드인 루트 노드부터 시작해서 트리 아래쪽으로 살펴보는 거지."

"어떻게 탐색하죠?"

"노드마다 3단계를 밟으면 돼. 먼저 노드가 범위 안에 들어가는지 확인하는 거야. 지금처럼 목푯값이 55일 때는 우리가 찾는 범위 안에 들어가니까 이 노드를 결과 목록에 저장해. 범위에 안 들어간다면 그냥 넘기면 돼."

"잠시만요."

삭스가 공중에 둥둥 떠있는 이진 탐색 트리를 보며 말했다.

"목록에 들어간 노드를 다른 색으로 빛나게 해서 구분하기 쉽게 해 볼게요. 진녹색 어때요?"

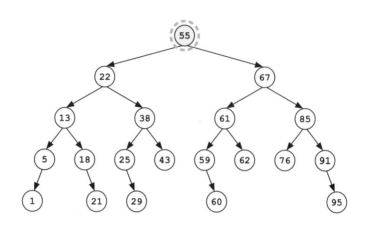

"물론 무슨 색이든 괜찮아. 현재 노드를 확인하고 나면 자식 노드 두 개를 다 살펴봐야 할지 확인해야 돼. 오른쪽과 왼쪽 서브 트리에 속한 노드들이 우리가 찾는 범위에 들어갈 가능성이 있을 때만 서브 트리를 **재귀적**으로 살펴봐야 하니까."

"재귀적으로 살펴본다고요?"

프랭크는 노테이션이 끼어들어 정확한 정의를 설명해 줄 거라고 믿고 기다렸지만, 노테이션은 화가 난 듯 팔짱을 낀 채 입을 꾹 다물고 있었다. 그는 한숨을 쉰 뒤 설명했다.

"재귀적으로란 말은 쉽게 말해서 하위 문제에도 같은 알고리즘을 사용하라는 뜻이야. 즉, 루트 노드에 적용한 탐색 알고리즘을 자식 노드에도 적용하라는 뜻이지. 자식 노드도 루트 노드와 같은 방식으로 다루는 거야. 먼저 자식 노드를 살펴봐야 하는지 확인한 다음에, 살펴봐야 한다는 결정이 나면 동일한 단계를 밟는 거지.

자식 노드를 살펴봐야 하는지 확인하는 간단한 방법은 현재 노드의 값을 우리가 찾는 범위와 비교하는 거야. 만일 현재 노드의 값이 우리가 찾는 범위에 속하는 값 중에 가장 작은 값보다 작다면 이 노드의 왼쪽 서브 트리에 들어 있는 모든 값이 우리가 찾는 범위보다 작다는 뜻이니까 왼쪽 자식 노드는 살펴보지 않아도 돼. 하지만 만일 현재 노드의 값이 우리가 찾는 범위에 속하는 값 중에 가장 작은 값보다 크다면 왼쪽 자식 노드를 살펴봐야겠지.

오른쪽 서브 트리도 마찬가지야. 현재 노드의 값이 우리가 찾는 범위 내에 있는 값 중에 가장 큰 값보다 크다면, 오른쪽 서브 트리는 살펴보지 않아도 돼. 그게 아니라면 오른쪽 자식 노드도 살펴봐야 하고 말이야.

이번 탐색에서 우리가 찾는 범위는 50에서 70 사이고, 왼쪽 자식 노드의 값은 최대 55니까 왼쪽 서브 트리에 우리가 찾는 값이 있을 가능성이 크지. 그러니까 왼쪽 자식 노드를 살펴봐야 해. 오른쪽 자식 노드의 값은 55가 넘을 테니 역시 우리가 찾는 범위 내에 들어가. 그러니까 오른쪽 자식 노드도 살펴봐야 돼. 먼저 왼쪽 자식 노드부터 살펴보자.

이 노드의 값은 22로군. 이 노드는 목록에 넣지 마. 그리고 이 노드의 왼쪽에 있는 서브 트리는 모두 22보다 작을 테니 왼쪽은 더 살펴볼 필요 없어."

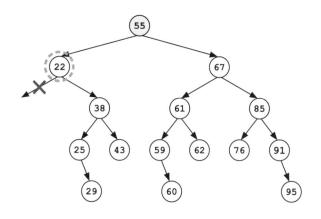

"이렇게 서브 트리를 제외하는 작업을 두고 **가지치기**한다고 해. 나뭇가지를 치는 거랑 비슷하다는 뜻에서."

노테이션이 아무 말도 않기로 결심했던 걸 잊어버리고 자기도 모르게 끼어들고는 프랭크와 눈이 마주치자 다시 입을 꾹 닫았다.

"그러니까 오른쪽 자식 노드들만 살펴보면 돼."

"재귀적으로요!"

삭스가 무척 활발한 목소리로 프랭크의 말에 덧붙였다.

"그래. 재귀적으로."

프랭크가 심드렁하게 동의했다.

"이번에는 38이군. 이 노드도 목록에 넣을 필요가 없고 왼쪽 서브 트리는 살펴보지 않아도 되겠어."

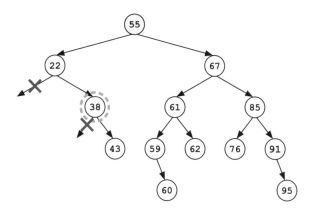

"하지만 오른쪽 가지는 재귀적으로 살펴봐야겠네요."

삭스가 말했다. 새로 배운 알고리즘이 마음에 드는 모양이었다. 프랭크가 고개를 끄덕였다.

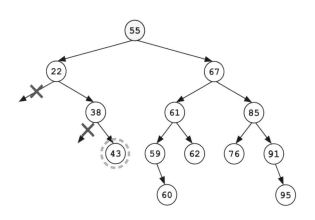

다음 노드에는 자식 노드가 없었다. 막다른 곳이었다.

"이제 어쩌죠?"

삭스가 금세 기가 죽은 목소리로 말하자 프랭크가 담담하게 대답했다.

"깊이 우선 탐색과 똑같이 하면 돼. 되돌아가서 살펴보지 않은 경로를 살펴보는 일을 트리 전체를 탐색할 때까지 반복하는 거지. 지금은 이미 가지치기를 많이 해서 루트 노드로 돌아가야겠어."

탐색은 루트 노드의 오른쪽 서브 트리 아래로 계속 진행되었다. 범위에 포함되는 노드는 목록에 추가하고 가능성이 없는 경로는 가지치기하고 가능성이 있는 경로는 재귀적으로 살펴보았다.

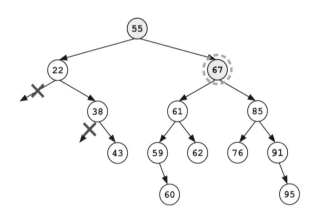

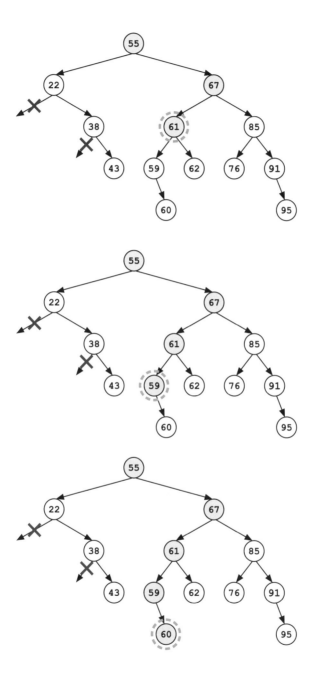

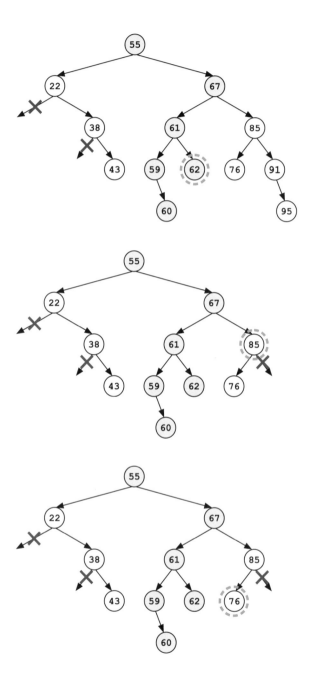

이렇게 탐색한 결과로 목표 범위에 속하는 발령 기록 몇 개를 찾아낼 수 있었다. 프랭크는 의심스러운 기록이 있는지 목록을 유심히 살펴봤다.

"아무것도 없어."

프랭크는 믿지 못하겠다는 듯 화를 내며 말했다.

"이 자료엔 아무것도 없다고!"

드레커 교수의 경찰 알고리즘 입문 수업

이진 탐색 트리 Ⅲ

이진 탐색 트리를 사용해 범위 탐색을 하는 알고리즘은 값 하나를 탐색할 때와 비슷합니다. 먼저 맨 위 노드에서 시작해 트리를 따라 내려가면서 재귀적으로 값을 살펴봅니다. 알고리즘은 노드마다 다음 세 가지 질문을 던지고 이에 대한 답을 바탕으로 의사 결정을 내립니다.

1. 이 노드를 결괏값에 포함시켜야 할까? 현재 노드의 값이 찾고자 하는 범위 내에 속할 때만 현재 노드의 값을 결괏값에 포함시켜야 합니다.

2. 왼쪽 서브 트리를 살펴봐야 할까? 왼쪽 자식 노드가 있고 현재 노드의 값이 찾고자 하는 범위에 속한 값 중 최솟값보다 크다면 왼쪽 서브 트리를 재귀적으로 살펴봐야 합니다. 이 두 가지 조건을 만족한다면 왼쪽 서브 트리에 우리가 찾는 범위 내에 속하는 값을 가진 노드가 존재할 가능성이 있기 때문입니다.

3. 오른쪽 서브 트리를 살펴봐야 할까? 오른쪽 자식 노드가 있고 현재 노드의 값이 찾고 있는 범위에 속하는 최댓값보다 작다면 오른쪽 서브 트리를 살펴봐야 합니다. 이 두 가지 조건을 만족할 경우 오른쪽 서브 트리에 우리가 찾는 범위 내에 속하는 값을 가진 노드가 존재할 가능성이 있기 때문입니다.

범위 탐색을 할 때 이진 탐색 트리를 사용하면 탐색 공간의 많은 부분을 가지치기 함으로써 계산 횟수를 줄일 수 있다는 장점이 있습니다.

직접 이진 탐색 트리를 보면서 살펴볼까요?

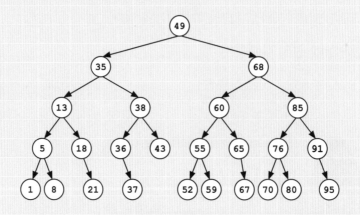

이 이진 탐색 트리에서 8 이상 20 이하인 값을 모두 탐색하고자 한다면 전체 25개 노드 가운데 7개 노드(초록색으로 칠한 노드)만 방문해서 우리가 찾는 값이 맞는지 확인하면 됩니다.

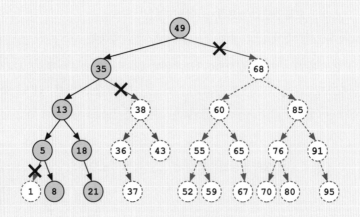

마찬가지로 70 이상 80 이하인 값을 모두 탐색하고자 한다면 전체 25개 노드 가운데 6개 노드만 방문해서 우리가 찾는 값이 맞는지 확인하면 됩니다.

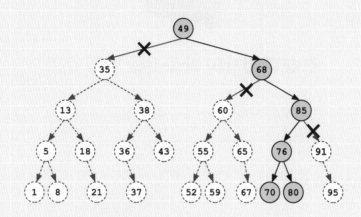

어떤 노드를 방문했다고 해서 그 노드가 꼭 결과 목록에 들어가는 것은 아니라는 사실에 주의합시다. 방금 살펴본 탐색에서도 방문한 노드 중 범위를 벗어난 값을 가진 노드가 있었습니다. 즉, 방문하는 노드에 반드시 범위 안에 드는 값이 있는 건 아닙니다.

1개의 값을 탐색할 때와 마찬가지로 범위 탐색을 할 때도 탐색을 여러 번 해야 하는 경우에만 이진 탐색 트리를 사용하는 편이 효율적입니다. 이진 탐색 트리를 만드는 데 드는 비용이 모든 데이터를 한 번 훑는 데 드는 비용보다 크기 때문입니다. 하지만 한번 트리를 만들어 두고 나면 계속 사용할 수 있으므로 탐색을 여러 번 해야 할 때 이진 탐색 트리를 사용하면 탐색 한 번에 드는 평균 비용을 줄일 수 있습니다.

견습 마법사의 좌충우돌 마법 수업

이진 탐색 트리 Ⅳ

프랭크는 몇 분 더 발령 목록을 살펴봤지만, 의심이 가는 기록은 찾을 수 없었다. 이번에 수사 중인 도난 사건들은 대부분 수도에서 일어났다. 하지만 최근에 수도는 물론이고 수도 근교로 발령받은 경찰관은 한 명도 없었다. 그나마 수도와 가까운 곳으로 발령받은 경우는 한 신임 경찰관이 수도에서 80킬로미터나 떨어진 이스터빌로 발령받은 것밖에 없었는데, 이 경찰관의 상관이 작성한 발령 사유란에는 "참기 힘든 발냄새"라고 적혀 있었다.

"기록은 이게 전부야?"

프랭크가 노테이션 쪽을 돌아보며 물었다.

"네. 경찰서들 사이에서 있었던 작년 발령 기록은 이게 다예요."

프랭크는 얼굴을 찌푸렸다. 노테이션이 말한 정의는 뭔가 틀린 것 같았다.

"첫 발령인 경우는?"

"경찰 대학을 갓 졸업하고요?"

"그래. 졸업하고 바로 발령받은 경우."

"글쎄요. 그런 발령은 수습 경찰 발령일 거예요. 다른 원장에 기록이 있을 거예요."

프랭크가 천천히 고개를 끄덕였다. 마음이 다급해졌다.

"그것도 제가…"

"그럴 필요 없어. 오후에 경감님께 중간보고를 드리기로 했거든. 그때 내가 원장을 보면 돼."

"경감님을 만나실 거라고요?"

노테이션이 놀란 얼굴로 물었다.

"고객에게 상황을 보고하는 건 사설탐정의 주요 일과 중 하나라고."

"그럼 경감님께도 그레첸 님의 의견을 전해 드리면 되겠네요."

삭스가 덧붙였다.

"무슨 의견?"

노테이션이 물었다. 그녀는 프랭크와 삭스를 날카롭게 쳐다봤다.

"프랭크가 말 안 했어요?"

"그래. 말 안 했어."

노테이션이 어금니를 깨물며 말했다. 그녀는 주먹을 꽉 움켜쥐었다. 주먹은 가만히 몸에 붙어 있었지만, 표정은 금방이라도 프랭크의 코에 주먹을 날릴 기세였다.

"제 스승인 그레첸 님께선 내일 저녁에 누군가 왕궁을 공격할 거라고 생각하세요."

삭스가 말했다.

노테이션은 프랭크 쪽을 돌아보며 어금니를 꽉 물고 따졌다.

"꽤 유용한 정보 같은데요. 프랭크, 왜 나한테 말 안 했죠?"

"그냥 추측일 뿐이야."

프랭크는 짐짓 별일 아닌 척 어깨를 으쓱하며 대답했지만, 노테이션의 눈을 피해 바닥을 내려다봤다.

"이따 경감님 뵐 때 저도 같이 가요."

노테이션의 말에 프랭크는 멈칫했다. 예상치 못한 말이었다. "좋은 소식입니다!"라거나 "제가 뭘 알아냈는지 아시면 정말 놀라실걸요!" 따위의 말로 입을 열 만한 상황이라면 몰라도 보통 경찰관이라면 도너번 경감에게 보고하는 일을 무서워했다. 막다른 곳에 다다랐다든지, 아직 살펴보지 못한 실마리가 있다든지, 목숨을 잃을 뻔한 상황이었다든지 하는 이야기를 경찰서로 가서 보고해 봤자 갖가지 호통과 잔소리만 돌아올 터였다. 사실 이번 중간보고는 경찰서에서 정보를 얻기 위해 하는 것이나 다름없었다.

"자네는 다른 단서를 추적해 줬으면 좋겠어."

프랭크는 잠시 생각한 다음 말했다.

"병렬 탐색을 하기로 한 거 기억하지?"

프랭크는 손을 집어넣어 주머니를 뒤져 봤지만, 메모장과 빈 과자 봉지, 오래된 달팽이 집만 손에 잡혔다. 달팽이 집은 최근에 타악기 밴드 소음 신고를 처리하고 얻은 전리품이었다. 그는 주머니에서 달팽이 집을 꺼내 노테이션에게 내밀었다.

"이 물건에 대해 알아낼 수 있는 건 다 알아내도록 해."

"달팽이 집요? 이게 우리 사건이랑 무슨 관련이 있죠?"

"아직 몰라."

프랭크가 얼버무렸다.

"하지만 유리 상자 빌리는 알지도 모르지."

노테이션은 마지못해 달팽이 집을 받아들고 자세히 살펴봤다. 노테이션이 손 위에서 달팽이 집을 뒤집으며 투덜거렸다.

"꼭 빌리한테 가야 해요? 빌리는 찾기 힘든데."

프랭크는 노테이션 옆에서 어리둥절한 표정으로 달팽이 집을 들여다보고 있는 삭스를 향해 말했다.

"지금 만든 이진 탐색 트리, 경찰서까지 들고 갈 수 있겠어?"

"음. 물론이죠. 하지만 새로 만드는 편이 더 쉬울 거예요."

프랭크가 고개를 저었다.

"그러려면 저 원장들이 다 필요해. 이 도시의 반을 가로질러 가야 하는데 저것들을 다 지고 가고 싶진 않아. 무거울 거야."

노테이션이 달팽이 집을 살펴보다 말고 다시 한번 못마땅한 눈으로 프랭크를 쏘아봤다.

57분 뒤, 프랭크와 삭스는 경찰서 기록 보관실 바깥에 섰다. 그냥 걸으면 20분 거리였지만, 반짝이는 커다란 이진 탐색 트리를 띄우고 걷느라 많이 늦어졌다. 삭스는 이진 탐색 트리가 시야를 가리는 바람에 길바닥에 패인 바퀴 자국에 걸려 넘어졌을 뿐만 아니라 호기심 많은 행인들의 끈질긴 질문과 시선을 받아야 했다. 결국, 프랭크가 최후의 수단으로 "비키세요! 언제 어떻게 될지 모르는 위험한 마법입니다!"라고 소리치며 걷기 시작했다. 다행히 이 경고가 잘 통한 덕분에 비교적 순조롭게 도착할 수 있었다.

"경감님께 가야 하는 것 아니었나요?"

"먼저 수습 경찰 발령을 찾아야 해."

빈손으로 고객을 찾아가기는 싫었다. 경찰 대학에서는 매년 약 스무 명의 졸업생을 배출했다. 졸업생은 모두 왕국에 있는 여러 경찰서로 배치되었다. 최근 10년 동안 내려진 수습 발령 명령을 기록한 원장은 어림잡아 4킬로그램은 나가 보였다. 다른 발령 원장과 마찬가지로 이 원장은 발령 일자가 아닌 발령받은 경찰관의 이름순으로 정렬되어 있었다.

"아까 만든 트리에 발령 기록을 몇백 개 추가해야 할 것 같은걸."

서류 작성실에서 빈 책상을 찾아 앉으며 프랭크가 말했다. 작성해야 할 행정 문서도 많거니와 보안상 문제가 생길 수도 있었기 때문에 경찰 기록 보관실 안에서는 문서 작성을 하지 못하게 되어 있었다. 대신 경찰서마다 기록 보관실 바로 옆에 문서 작성을 할 수 있는 긴 나무 탁자와 독서대가 마련되어 있었다.

"노드를 더 넣을 순 없어요!"

삭스가 소리치자 프랭크가 담담하게 대답했다.

"아냐. 할 수 있어. 이진 탐색 트리에 노드를 넣는 건 쉬워. 그 값을 트리에서 찾는다고 생각하고 맨 위부터 시작해서 아래로 내려가다가 막다른 곳이 나오면 그 노드 아래에 새로운 노드를 추가하면 돼. 57일 전에 난 이 발령을 예로 들어서 생각해 보자고.

먼저 맨 위부터 시작할 거야. 57이 루트 노드의 값인 55보다 크니까 오른쪽으로 내려가. 그다음에는 57이 67보다 작으니까 왼쪽으로 내려가지. 57이 61보다도 작으니까 또 왼쪽으로 내려가고 마지막으로 57과 59를 비교하면 다시 왼쪽 노드로 내려가야 하는데 이 노드엔 왼쪽 자식 노드가 없으니그럴 수 없지. 그럼 이제 값이 59인 노드의 왼쪽 자식 노드로 값이 57인 노드를 새로 추가하면 돼."

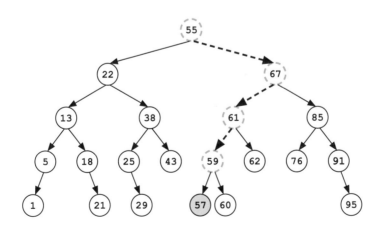

삭스는 잔뜩 겁에 질린 표정이었다.

"자, 잘 봐. 다시 설명해 줄게. 이 발령은 89일 전이잖아. 그럼 오른쪽으로 가고 또 오른쪽, 또 오른쪽으로 가서 이걸 값이 91인 노드의 왼쪽 자식노드로 추가하는 거지. 89가 91보다 작으니까."

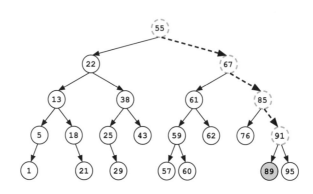

"노드를 추가하는 법을 몰라서 이러는 게 아니에요. 트리의 균형이 깨지면 어떻게 하죠?"

"그럴 수도 있지. 이진 탐색 트리에 노드를 추가하면 트리의 균형이 깨질 가능성이 있어. 하지만 그래도 탐색 알고리즘은 똑같이 작동하지."

"하지만 트리의 균형이 깨지면 탐색 효율이 낮아지잖아요."

"맞아."

프랭크가 고개를 끄덕였다. 확실히 트리에 노드를 추가하면 균형 이진 탐색 트리가 가진 알고리즘의 효율성을 높여 주는 장점 하나가 사라질 위험이 있었다. 균형 이진 탐색 트리에서는 노드 수가 2배가 될 때마다 트리의 단이 오직 하나씩만 늘어나야 했다. 이는 값 하나를 찾는 것 같은 단순 탐색 문제를 풀 때 전체 데이터의 양이 2배가 되어도 탐색이 한 단밖에 추가되지 않는다는 뜻이다.

삭스의 말에도 일리가 있었다. 이진 탐색 트리는 균형 잡힌 상태에 있을 때 효율적이었다. 트리의 균형이 깨져서 트리가 일렬로 죽 늘어져 있다면 완전 탐색을 해야 할 수도 있었다. 그리고 노드를 추가하면 트리의 균형이 깨질 가능성이 있다는 말도 맞았다.

"그 정도 위험은 감수해야 해."

잠시 생각에 잠겨 있던 프랭크가 단호하게 말했다.

"하지만…"

"탐색 효율이 낮아지는 건 감수할 수 있어. 이 원장을 가지고 돌아가서 다시 처음부터 트리를 만드는 데 걸리는 시간을 생각하면 그 정도는 참을 만해. 이 원장 더미는 무척 무거워 보이거든."

이진 탐색 트리 IV

이진 탐색 트리에 노드를 추가하는 방법은 이진 탐색 트리에서 목푯값을 탐색할 때와 거의 같습니다. 먼저 추가하려는 값을 트리에서 탐색하는 것처럼 루트 노드에서 시작해 차례로 트리를 내려갑니다. 값을 탐색할 때와 마찬가지로 추가하려는 값이 현재 노드의 값보다 작으면 왼쪽, 크면 오른쪽으로 진행합니다. 더 이상 내려갈 곳이 없는 막다른 곳, 즉 찾는 값이 속할 가능성이 있는 방향에 자식 노드가 없는 노드를 만나면 진행을 멈추고 아래에(왼쪽이나 오른쪽) 자식 노드를 새로 만들어 값을 추가합니다.

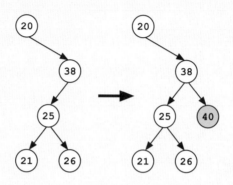

노드 하나를 삽입하는 데 드는 비용은 트리의 깊이에 비례해 늘어납니다. 물론 새로운 노드를 추가했을 때 트리의 균형이 깨지지 않을 것이라는 보장은 없습니다. 사실 새로운 노드를 추가할 때마다 불필요하게 단이 늘어나고 균형이 깨질 확률이 높습니다. 예를 들어 트리에 정렬된 순서대로 숫자를 추가한다면 추가한 노드 모두가 일렬로 늘어설 것입니다.

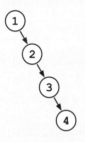

이런 경우에는 트리라는 구조가 무색하게도 완전 탐색 알고리즘이라는 비효율적 알고리즘을 사용해야만 하니 시간 낭비가 아닐 수 없겠죠.

소탐대실

이진 탐색 트리 V

"잠깐!"

프랭크가 외쳤다.

"틀렸잖아."

삭스가 트리에 막 노드 하나를 추가하다 말고 흠칫 놀라며 프랭크를 올려다봤다.

"뭐가 틀렸죠?"

"지금 추가한 노드 말이야. 위치가 잘못되었어."

삭스가 트리를 바라봤다.

"하지만 63은 60보다 크니까 오른쪽 서브 트리에 넣어야 하잖아요."

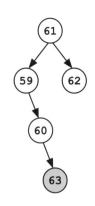

"63이 윗윗윗 노드인 61보다 크잖아. 그러니까 63은 61이라는 값을 가진 노드의 오른쪽 서브 트리에 있어야 해. 그런데 지금 너는 왼쪽 서브 트리에 넣었어. 왼쪽 서브 트리에 있는 모든 노드의 값이 현재 노드보다 작고 오른쪽 서브 트리에 있는 모든 노드의 값이 현재 노드보다 큰 게 이진 탐색 트리의 주요 속성인 거 몰라?"

"그건 저도 알아요."

삭스가 풀 죽은 소리로 말했다.

"근데 왜 왼쪽 서브 트리에 있지?"

"실수예요."

"63이 61보다 크다는 걸 어떻게 못 알아챌 수가 있어?"

"전⋯ 전 60부터 시작했거든요."

"뭐라고?"

"그러니까 조금 전에 60이라는 노드를 추가했거든요⋯. 근데 63은 60이랑 가까우니까… 그래서 그냥 60 아래에 63을 추가했어요.”

“노드를 추가할 때 루트 노드부터 살펴보지 않았단 거야?”

프랭크가 쏘아붙였다.

“그렇게 하면 더 빠를 거라고 생각했어요. 트리 전체를 살펴보지 않아도 되니까요.”

“그렇게 하면 잘못된 곳에 추가하게 되잖아. 지금까지 몇 개나 그런 식으로 했지?”

“꽤 있어요.”

프랭크가 신음과 함께 길게 욕을 중얼거렸다. 삭스는 눈을 아래로 깐 채 아무 말도 하지 않았다. 좀 진정되자 프랭크는 몇 번 길게 심호흡을 하고 나서 트리를 살펴봤다.

“완전 탐색을 해야겠어.”

프랭크가 이를 악물고 말했다.

“트리가 더는 이진 탐색 트리의 속성을 가지고 있지 않다면, 안전하게 가지치기를 할 수 없어. 모든 노드를 확인해야 해.”

“근데 어차피 트리에 넣으면서 노드 하나하나를 다 확인했잖아요. 왜 처음부터 그냥 완전 탐색을 하지 않은 거죠?”

“비용이 분산되니까. 트리를 만든 다음에 트리를 활용해서 탐색을 여러 번 할 생각이었거든. 50일에서 70일 사이의 발령뿐만 아니라 다른 범위에 대해서도 탐색을 해야 할 거라고 생각했어. 증거가 더 모이면 다른 범위를 탐색하게 될 수 있으니까. 범위 탐색뿐 아니라 값 하나를 찾아내야 할 수도 있고. 트리를 만드는 데 시간이 많이 들어도 일단 트리를 만들어 두면 탐색에 걸리는 시간이 줄어드니까 탐색을 많이 하면 할수록 전체적으로 걸리는 시간은 꽤 많이 줄어들어. 그러니까 탐색을 많이 하면 할수록 트리를 만드는 데 드는 비용이 분산돼서 평균 비용이 줄어드는 셈이지."

"아, 제가 쓰는 마법 단추 트리 같은 거군요."

프랭크는 "당연히 네 단추 트리랑 똑같지! 둘 다 이진 탐색 트리니까! 그걸 이제 알았냐!"라고 소리 지르고 싶은 마음을 꾹 참는 대신 "당연하지." 라고 짧게 쏘아붙이고 말았다.

"좋은 생각이네요. 나중에 시간을 많이 절약할 수 있겠어요."

"절약할 수도 있었지."

프랭크가 퉁명스럽게 삭스의 말을 정정했다.

"앗, 그렇구나. 제가 트리를 망가뜨린 거죠?"

이진 탐색 트리 V

이전 수업에서 배운 대로 이진 탐색 트리의 구조에 대한 정보를 활용하면 탐색 효율을 높일 수 있습니다. 그뿐 아니라 트리에 노드를 추가하거나 제거할 수도 있죠. 하지만 노드를 추가하거나 제거하면서 자료구조가 바뀌기 때문에 탐색에 활용하는 트리의 속성이 망가지지 않도록 주의하는 게 아주 중요합니다.

즉, 이진 탐색 트리에 노드를 추가하거나 제거할 때는 언제나 **이진 탐색 트리의 속성을 유지**하는 게 중요합니다. 이진 탐색 트리는 (1) 왼쪽 노드(모든 자식 노드 포함)에 있는 데이터의 값이 현재 노드의 값과 같거나 작고 (2) 오른쪽 노드(모든 자식 노드 포함)에 있는 데이터의 값이 현재 노드의 값과 같거나 크다는 속성을 가지고 있습니다. 그러나 이 속성이 사라지면, 더 이상 이진 탐색 트리라 할 수 없고 탐색할 때 트리를 가지치기할 수 없습니다.

기록 보관실과 사라진 문서

트라이 자료구조

프랭크는 발령 기록을 두 번이나 훑어봤지만, 수상한 기록은 보이지 않았다. 더 정확히 말하자면, 이 사건과 관련 있어 보이는 사람을 찾을 수 없었다. 그는 모든 사람이 다 조금씩 의심스러웠다.

"여기 노테이션 형사님이 있네요."

목록을 두 번째 살펴보고 있을 때 삭스가 말했다. 프랭크가 한숨을 내쉬었다.

"당연히 있지, 삭스. 노테이션은 경찰 대학을 갓 졸업했다고. 이 원장은 경찰 대학을 졸업한 학생들의 경찰 발령 원장이야."

"노테이션 형사님은 공부를 무척 잘했네요, 그렇죠?"

삭스가 노테이션의 발령 문서를 훑으며 물었다.

"집중해, 삭스. 수상한 사람을 찾고 있다는 걸 명심하도록 해."

"학교를 갓 졸업한 경찰관 세 사람이 왕궁으로 발령을 받았어요. 이 사람들을 살펴봐야 할지도 몰라요. 그레첸 님께서…"

"아니."

프랭크가 고개를 저으며 삭스의 말을 잘랐다. 왕궁으로 난 발령은 이미 살펴봤다. 모두 전혀 의심스럽지 않았다. 그 세 사람에 대한 기록 중에 이상한 구석이라곤 "긴 발톱"이라는 기록밖에 없었다.

"아무것도 없군."

결국 프랭크가 말했다. 삭스가 반박하려고 입을 열자마자 프랭크가 다시 말을 잘랐다.

"넌 사무실로 돌아가도록 해. 경감님께 간단하게 보고한 다음에 만나도록 하지. 만나서 남은 실마리를 점검해 보자고."

프랭크는 삭스의 얼굴에 안도감이 스치는 것을 봤다. 어쩌면 그냥 프랭크만의 생각인지도 몰랐다. 신참 경찰관들은 주간 보고 하나를 빼기 위해 가짜 맹장염 행세를 하다가 실제로 수술까지 받기도 했으니까.

❀ ❀ ❀

삭스를 보낸 뒤 프랭크는 경감의 사무실로 곧장 향하지 않고 기록 보관실로 돌아왔다. 경감이 공식 보고서를 주기는 했지만, 범죄 현장에서 무슨 일이 있었는지 프랭크 스스로 조사할 기회는 없었다. 운이 좋으면 단서를 더 찾아낼 수 있을 터였다.

기록 보관실 담당자는 존 캐시라는 이름의 신참 경찰관이었는데, 마지못

해 프랭크를 기록 보관실로 들여보내고는 졸졸 따라다니며 바짝 경계했다. 문서 도난 사건 이후로 보안이 강화된 것인지, 그저 신참 경찰관의 열정인지 구분하기 힘들었다. 신참이라면 다들 범죄자를 잡아서 적어도 한 주의 실패를 만회해 보고자 하는 꿈을 꾸기 마련이었다.

프랭크는 잃어버린 드래곤에 관한 정보를 찾는 척하며 책장을 훑어봤다. 경찰서 규모가 큰 만큼 문서의 양도 어마어마했다. 모든 왕국 조직에서 행정 문서의 양은 조직 크기의 제곱에 비례해 늘어나는 것 같았다. 수도 경찰서에는 지방 경찰서 두 곳을 합한 것보다 더 많은 수의 경찰관이 근무하고 있었다. 상당한 양의 문서를 도난당했음에도 기록 보관실은 꽉 차 있었다.

다행히 기록 보관실 담당자는 정보를 잘 정리해 두고 있었다. 모든 문서는 국왕이 정한 '10인 이상 왕국 조직의 행정 및 기타 문서 보관에 관한 법률'에 따라 주제별로 정리되어 있었다. 책장에 있는 문서는 대부분 체포, 비용 보고, 발령, 수비 교대, 소음 신고 기록이었다.

기록 보관실에 있는 문서들은 거대한 **트라이** 구조로 정리되어 있었다. **접두어 트리**라고 불리기도 하는 트라이는 **문자열 집합**을 효율적으로 탐색할 수 있게 해주는 자료구조다. 루트 노드에서 시작해서 아래로 갈수록 여러 갈래로 나누어진다는 점에서 이진 탐색 트리와 비슷하지만, 트라이는 숫자가 아닌 문자열 탐색에 잘 맞았다. 트라이는 노드마다 "문자열의 다음 문자는 무엇인가?"라는 질문의 답을 바탕으로 데이터를 분류한다. 트라이에 속한 각 노드는 알파벳 하나씩을 저장할 수 있는 자식 노드 여러 개를 가질 수 있다. 트라이를 사용하면 목표 문자열에 있는 다음 문자를 바탕으로 다음 노드를 선택하면서 하나의 경로를 따라 트리를 내려가기만 하면 어떤 문자열이든 효과적으로 탐색하는 것이 가능하다.

프랭크는 마법 학회에 갔을 때 마법 트라이를 본 적이 있었다. 한 마법사가 자신이 판매하는 수천 가지 마법 물약 재료의 이름을 정리한 네온 오렌지 트라이를 허공에 띄워서 가지고 다녔다. 단순하게 지금 재고가 있는 재료만 표시한 트라이였다. 손님들은 트라이를 보고 어떤 재료가 재고가 있는지 금방 파악할 수 있었다. 예를 들어 배트닙 파우더(Batnip Powder)를 사고 싶다면 B, A, T, N, I, P 가지를 따라 내려가기만 하면 배트닙 파우더(Batnip Powder) 재고가 있는지 파악할 수 있었다. 또, BA 노드의 서브 트리에 B에 해당하는 가지가 없는 것을 보고 베이비 파우더(Baby Powder)는 다 떨어졌다는 사실도 쉽게 알 수 있었다.

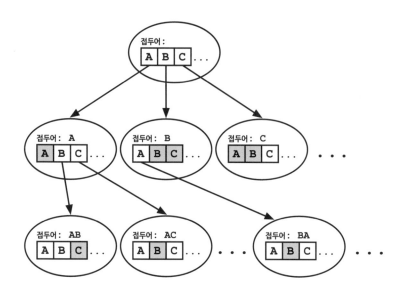

기록 보관실에서는 벽에 늘어선 거대한 책장 26개를 사용해 문서 기록을 트라이 구조로 정리해 두고 있었다. 책장마다 알파벳 하나씩이 쓰여 있고 그 알파벳으로 시작하는 문서 기록이 보관되어 있었다. 책장은 트라이로 치면 첫 번째 단에 해당했다. 제목이 A로 시작하는 문서 기록을 보관하고 있는 첫 번째 책장부터 Z로 시작하는 문서 기록을 보관하고 있는 스물여섯 번째 책장까지 책장이 차례로 늘어서 있었다.

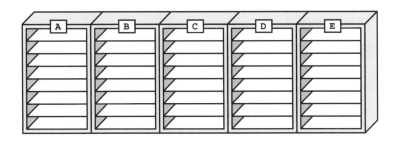

책장은 여러 칸으로 구분되어 있었는데 칸마다 문서 제목의 두 번째 문자가 쓰여 있었다. 트라이로 치면 두 번째 단인 셈이었다.

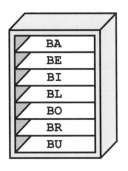

보통 문자 2개로 시작하는 제목을 단 문서가 1칸을 꽉 채울 만큼 많지는 않았으므로 26칸짜리 책장에는 빈 곳이 생기기 마련이었다. 프랭크는 칸이 남는 곳을 메울 방법을 고안하며 시간을 보내는 기록 보관실 담당자의 이야기를 들은 적이 있었다. 실제로 한 고위 경찰관은 ZO 칸을 채우기 위해 'Zoom 정책'에 따라 도로 속도 제한 조치를 취할 것을 제안했다가 경감으로부터 경찰 일을 진지하게 생각하라는 기나긴 잔소리를 듣기도 했다.

책장의 각 칸은 다시 책 받침대에 알파벳 하나를 써서 수평으로 구분되어 있었다. 책 받침대는 트라이의 세 번째 단에 해당하는 셈이었다. 프랭크는 걸으면서 V 책장을 흘깃 봤다. 경찰에 있는 동안 프랭크는 상관들을 설득해 비네티(Vinettee)를 단독 주제로 만드는 데 성공했었다. 그는 책장 V의 I 칸, N 받침대에 있는 파일을 살펴보며 많은 밤을 보냈었다.

프랭크는 책장 D에 멈춰 서서 R 칸의 A 받침대를 찾았다. 그리고 드래곤(Dragon) 등록 원장을 꺼내 책장을 넘기는 척하며 주변을 살폈다. 도너번 경감의 설명은 정확했다. 몇몇 칸이 통째로 비어 있었다. 특정 알파벳 접두어 2개에 해당하는 모든 문서가 사라졌다. 다른 책장은 전혀 건드리지 않은 채였다. 프랭크가 지금 서 있는 위치에서도 AS, CE, EX, NO, PR, RO 칸이 빈 것이 똑똑히 보였다. 프랭크는 머릿속으로 비어 있는 칸의 접두어를 목록으로 만들었다. 도둑이 원하는 정보는 어쨌든 이들 접두어와 관련이 있을 터였다. 실마리가 하나 더 생겼다. 프랭크는 드래곤 등록 원장을 다시 꽂아 넣고 큰 소리로 말했다.

"다행이네요! 수도에 등록된 드래곤은 몇 안 되는군요. 그런데 비둘기는 많잖아요. 다시 찾을 때까지 제 불쌍한 드래곤이 적어도 굶어 죽지는 않겠어요."

존 캐시는 동정의 눈길을 보내긴 했지만, 프랭크가 기록 보관실을 나설 때까지 아무 말도 하지 않았다.

트라이

트라이(trie)는 문자열의 접두어를 이용해 문자열을 효율적으로 탐색할 수 있게 해주는 트리 기반 자료구조입니다. 이진 탐색 트리와 마찬가지로 트라이도 루트 노드에서 시작해 아래로 가면서 여러 갈래로 갈라집니다. 트라이에서는 문자열의 다음 문자가 무엇인지에 따라 가지가 나뉩니다. 그러므로 이진 탐색 트리와 달리 트라이에 있는 노드는 2개가 넘는 자식 노드를 가질 수 있습니다.

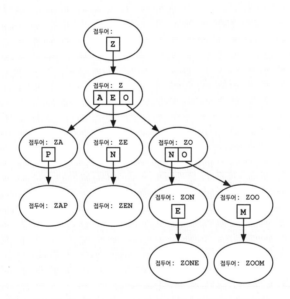

이진 탐색 트리와 마찬가지로 트라이에도 데이터가 저장된 노드만 표시하면 됩니다. 앞서 예로 든 트라이에는 zap, zen, zone, zoom이라는 단어가 저장되어 있습니다. 데이터에 zonk라는 단어는 들어 있지 않으므로 노드 ZON 아래에 K 가지를 달아서 서브 트리를 만들 필요는 없습니다.

저장하고자 하는 단어의 접두어 전체를 노드마다 저장할 필요는 없다는 사실에 주의합시다. 접두어가 무엇인지는 트리를 따라 내려가면서 거친 가지의 값을 차례로 나열하기만 하면 알아낼 수 있습니다. 또한, 노드에 저장된 문자가 단어에서 마지막 문자인지 아닌지를 알려주는 정보를 노드에 추가로 저장하면 도움이 됩니다. 이렇게 하면 접두어와 단어를 쉽게 구분할 수 있습니다. 예를 들어 zoo라는 단어가 트리에 저장된 데이터 중 하나인지 아니면 그저 단어 zoom의 접두어일 뿐인지 구분하기가 쉬워집니다.

트라이를 탐색하는 방법은 이진 탐색 트리를 탐색하는 방법과 비슷합니다. 알고리즘은 트라이의 맨 위에서부터 시작해 아래로 내려오며 탐색을 진행합니다. 그리고는 각 노드에서 찾고자 하는 목표 문자열의 다음 문자에 해당하는 노드를 골라 그쪽으로 내려갑니다. 예를 들어 zen이라는 단어를 찾고 있다면 Z 노드에서 E 가지를 따라 내려온 다음 N 가지를 따라 내려가게 됩니다.

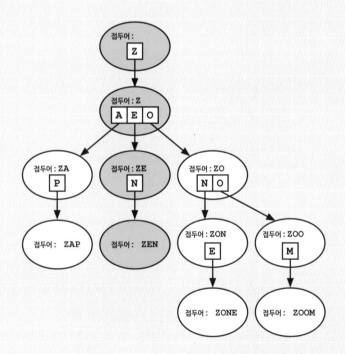

만일 찾는 단어가 없다면, 찾는 값이 트라이에 없다는 뜻입니다. 예로 트라이에서 zany라는 단어를 찾아봅시다. ZA 노드 다음에 N이 없으므로 이 값이 트라이에 없다는 사실을 알 수 있습니다.

의외로 트라이는 용의자 목록을 추릴 때 자주 사용합니다. 수사를 하다 보면 범인의 이름 전체는 모르지만, 몇 글자는 알 수 있는 경우가 많습니다. 이럴 때는 이름의 접두어만으로 트라이를 탐색해 해당 서브 트리에 속한 모든 이름을 용의 선상에 올릴 수 있습니다. 이름 대부분을 알고 있거나 흔치 않은 이름이라면 이 방법으로 용의자의 수를 극적으로 줄일 수 있습니다.

유능한 탐정의 영업비결

최상 우선 탐색

도너번 경감의 사무실은 5년 전과 거의 변한 게 없었다. 전과 똑같이 방한가운데에 놓인 책상 위에 "적합", "부적합", "보관", "폐기"라고 쓰인 결재함 4개만 덩그러니 놓여 있었고 프랭크가 경찰 시절부터 보아 왔던 훈장여러 개와 그사이 더해진 몇 개의 훈장이 벽을 장식하고 있었다. 시간이 흘렀음을 알려 주는 물건은 경감의 두 자녀를 그린 초상화와 가족사진뿐이었다.

"거기 앉게, 프랭크."

경감이 읽고 있던 문서에서 눈을 떼지 않은 채 말했다.

프랭크는 책상 앞에 놓인 의자를 보자 경찰을 관두던 날 마지막으로 여기에 앉아 있던 때가 떠올랐다. 그때 프랭크는 레베카 비네티를 잡을 만한 증거를 마지막으로 취합하고 있었다. 위험한 **무작위 알고리즘**을 사용해서 얻은 증거이긴 했지만 어쨌든 증거로서는 충분했다. 하지만 경감의 생각은 달랐다. 경감은 프랭크가 찾아낸 새로운 증거보다는 증거를 수집하면서 절차를 전적으로 무시했다는 사실에만 초점을 맞추었다. 프랭크는 불쾌했던 기억을 떠올리지 않으려고 애쓰면서 오른편 의자에 털썩 앉아 기다렸다. 경감은 문서에 사인을 마치고 부적합 결재함에 던지고 나서야 프랭크를 바라봤다.

"뭘 좀 알아냈나?"

"고작 문서 몇 개가 없어진 사건이 아닙니다. 훨씬 큰 사건 같습니다."

경감은 놀라지 않은 눈치였다.

"얼마나 큰 사건인가?"

프랭크는 경감실에 들어오기 전에 1시간 동안이나 가능한 보고 방식을 저울질하면서 이번 보고를 어떻게 할지 고민했다. 하지만 결국 자신이 늘 보고하던 방식대로 밀고 나가기로 했다. 요령을 부리는 것은 그의 보고 방식이 아니었다.

"경감님께서 알고 계신 것부터 말해 주시는 게 어떨까요? 진짜 아시는 대로 말입니다. 속이거나 감추지 말고요."

경감은 여전히 당황한 기색이 없었다.

"거짓말한 적 없네, 프랭크. 지난번에 자네를 만났을 때 내가 알고 있던 건 그게 전부였어."

프랭크가 반박하려고 하자 경감이 손사래를 치며 말을 이었다.

"하지만 그날 이후 몇 가지 정보를 더 알게 되었지. 오늘 아침에도 새로운 소식을 들었네."

"또 도난 사건입니까?"

"그 소식도 있고 다른 소식도 있네."

경감은 부적합 결재함에 있는 문서를 들추더니 "프랭크 런타임에게 전달"이라고 적힌 봉투 하나를 집어 프랭크에게 건넸다.

"이것 받게. 일손을 덜 수 있을 걸세."

프랭크는 봉투를 열어 서류를 살펴봤다. 사건 보고서 4부가 들어 있었다. 그중 3부는 다른 경찰서에서 일어난 도난 사건에 대한 보고서였고 나머지 1부는 군수송대 공격 사건에 대한 보고서였다. 도난 사건이 일어났다는 사실은 알고 있었지만, 사건의 자세한 내용을 보니 놀라웠다. 프랭크는 보고서에서 눈을 떼지 않은 채 중얼거렸다.

"부식 속도를 빠르게 하는 주문?"

"확인하려고 마법사를 한 명 불렀네. 도둑이 기록 보관실 문을 부식시킨 다음 밀고 들어왔거든."

"군수송대는요?"

"석궁이 부식되고 수레 뒤에 달린 왼쪽 바퀴도 부식되었다는 것 같았어. 보고서에 모두 있을 걸세."

"검이나 도끼는요?"

"보고서를 좀 보게. 녹을 빨리 슬게 하는 주문도 사용했네. 별로 고급 마법은 아니지만, 꽤 효과적인 마법이긴 하지."

"뭘 훔쳤는지는 여기 없네요. 가면 얘기도 없고."

경감이 눈을 동그랗게 떴다.

"가면에 대해 알고 있나? 그건 극비 사항인데."

"정보를 알아내라고 돈을 주시는 것 아닙니까."

프랭크는 삭스가 실수로 이 정보를 흘렸다는 사실은 말하지 않았다. 다른 사람의 멍청한 실수 덕분에 성과를 올렸다는 사실을 군이 고객에게 알릴 필요는 없었다.

"걱정스러운 상황이야, 프랭크. 그 가면은 무척 강력한 무기일세. 참고로 왕궁이 공격받을 수도 있다는 익명의 제보가 있었고 모든 군이 비상 경계

중이라는 점도 알아 두게. 경계를 강화하려고 다른 업무를 담당하는 경찰까지 동원했네."

"왕궁을 공격할 수도 있다는 소리는 저도 들었습니다."

프랭크가 서류를 한 번 더 뒤적이며 말했다.

"공격하는 놈들에 대한 실마리는 없습니까?"

"몇몇 소문이 돌고는 있지만 확실하진 않네. 보고서에 담을 만큼 확실한 실마리는 아니야."

"부하 경찰들은요? 의심 가는 경찰은 없습니까?"

경감은 답을 하기 전에 프랭크의 얼굴을 살폈다. 프랭크는 경감이 내부자를 의심하지 않았다면 자신을 찾아오지 않았으리란 사실을 알고 있었다. 하지만 의심 가는 경찰이 있다는 사실을 아는 것과 분명한 이름을 듣는 것은 상당히 달랐다.

"아니."

경감이 단호하게 대답했다.

"아직 아무 증거도 찾지 못했네. 이번에 일어난 도난 사건들엔 공통점이 없어. 도난 사건이 일어난 경찰서들도 다르고 도난 사건 당시의 책임자들도 다 달라. 심지어 책임자들이 근무하던 부서들도 다르네."

프랭크는 머릿속으로 사건을 떠올리며 조용히 고개를 끄덕였다. 경찰 발령 기록을 조사할 때마다 항상 똑같은 곳에서 막다른 곳을 만났다. 도난 사건이 일어난 경찰서에는 언제나 새로 발령받은 경찰관이 꼭 한 명씩 있었다. 하지만 같은 경찰관이 두 번 연루된 적은 없었다. 프랭크는 잠깐 모든 신참 경찰관이 이 사건에 가담한 것이 아닌가 의심했지만, 이 생각은 곧 접었다. 그렇게 많은 사람이 조직을 배신하게 할 정도의 인물이라면 분명 더 알아채기 힘든 방식으로 도둑질했을 터였다. 그런 인물이라면 적어도 반경 200킬로미터 내의 모든 경찰서에 비상이 걸리는 상황은 막았을 테니까.

"노테이션 형사는요?"

경감은 정말 의외라는 듯이 물었다.

"노테이션은 왜?"

"경감님이 의심하시는 부하 경찰 중 한 명입니까?"

"그날 밤 당직이었으니 고려 대상에는 있네. 하지만 노테이션은 말단 경찰이야. 게다가 좋은 녀석이지. 신참이긴 하지만 충성심이 높아."

"노테이션 형사가 혼자 사건을 수사하고 있다는 사실은 알고 계십니까?"

경감이 얼굴을 찌푸렸다.

"그건 놀랍군. 말했다시피 노테이션은 믿음직한 부하 중 한 명이거든. 어디서 만났나?"

"크래녹 농장에서요. 그 뒤로 얼마 동안 저를 따라다녔습니다."

"그런가? 그래서?"

"전 노테이션 형사를 믿지 않습니다."

"자네는 아무도 안 믿잖나, 프랭크."

프랭크는 한숨을 내쉬었다.

"그 정도가 아닙니다. 수상한 기미가 보이면 말씀해 주세요."

"그건 그렇고 자네는? 뭘 찾아냈나?"

경감이 재촉하며 물었다. 프랭크는 경감에게 지금까지의 일을 간략하게 말했다. 그는 단서를 쫓아 크래녹 농장에 가서 유에스비 항구로 향하는 또 다른 단서를 찾아냈던 일과 비네티 일당의 배, 레베카 비네티에 대해 보고했다. 보고를 들은 경감은 싱긋 웃으며 말했다.

"또 비네티 일당을 만난 건가, 프랭크? 레베카까지 만나다니. 살아서 걸어 다니는 게 용하군. 자네가 감옥에 잡아넣은 비네티 일당이 모두 몇이 더라?"

"아직 한참 더 잡아넣어야죠."

"그건 그렇지. 그럼 거기서 어떻게 빠져나온 건가?"

"마법사 하나가 나타나서 녀석들에게 절인 장어 통을 날리기 시작했어요."

프랭크는 마치 흔히 일어나는 일이라는 듯이 아무렇지도 않게 말했다. 경감의 입이 딱 벌어졌다.

"뭐라고?"

"삭스라는 견습 마법사입니다. 그레첸 마법사의 견습생으로 있다더군요. 국왕 폐하께서 고위 마법사들을 불러 들여 이 사건을 조사하라고 한 것 같아요."

"그레첸이라는 이름은 들어 본 적 없지만, 국왕 폐하가 마법사들을 불러 들였대도 놀랍지는 않네. 군수송대가 공격받은 후부터 도움이 될 만한 인력이라면 모두 불러 들이고 계시니까. 심지어 앤 공주님조차 하던 조사를 그만두고 내일 왕궁으로 돌아오실 계획이야."

이 말을 듣자 상황이 얼마나 심각한지 알 수 있었다. 앤 공주는 작전을 수행하거나 조사를 하거나 중요한 협의를 하려고 늘 왕궁을 떠나 있었다. 앤 공주까지 돌아와야 한다면 분명 심각한 상황이었다.

"앤 공주님이 돌아오신다고요?"

"공주님께서는 최근의 공격이 '불필요한 복잡성 연맹'과 관련되어 있다고 생각하고 계시네."

"불필요한 복잡성 연맹요?"

"흑마법사 익스포넨셔스와 관련된 연맹이야. 자네도 알다시피 왕국을 무너뜨리려고 했던 그 마법사 말이야."

프랭크가 고개를 끄덕였다. 그는 익스포넨셔스가 왕국을 공격했을 때 온 나라를 휩쓸었던 공포를 똑똑히 기억하고 있었다. 요즘에도 익스포넨셔스 이야기는 캠프파이어에서 견습 마법사와 기사들을 겁줄 때마다 단골 소재로 등장했다. 경감이 말을 이었다.

"그 사건 이후 익스포넨셔스는 왕립 감옥에 얌전히 갇혀 있어. 하지만 앤 공주님은 익스포넨셔스를 도우려는 사람들이 있는 것 같다며 걱정하고 계시네. 익스포넨셔스의 추종자나 부하, 숭배자 같은 게 있을지 모른다는 거지. 요즘 공주님께서는 불필요한 복잡성 연맹이 왕국을 무너뜨리려 하는 것 같다며 조사 중이시네. 지금까지는 음지에 숨어서 작은 말썽을 벌인 게 다였지만, 왕가는 걱정하고 있다네."

프랭크는 경감을 멍하니 바라봤다. 리트라이 루프에 있던 비네티 일당이 말한 연맹이 이 연맹일까? 그렇다면 이제 어떻게 해야 할까? 그러다 갑자기 다른 생각이 떠올랐다.

"왕궁에 대한 공격 말인데요, 앤 공주님이 돌아오는 날에 맞춰 공격할 수도 있지 않을까요? 공주님이 불필요한 복잡성 연맹 뒤를 쫓고 있었다면 복수하려고 할 수도 있으니까요."

"우리도 그렇게 생각하고 있네. 경찰 백 명을 추가로 투입해서 공주님을 호위하게 할 생각이야. 무기고나 감옥, 경찰서 인력이 좀 줄어들긴 하겠지만. 공주님을 위험한 상황에 빠뜨릴 순 없으니까."

"가면은요? 누군가 호위대 속에 잠입할 수도 있잖습니까."

"그렇지. 왕궁 안으로 숨어들 수 있는 절호의 기회니까. 가면이 없더라도 호위대를 백 명 더 투입하면 누가 숨어들어도 알아채기 힘들 거야. 하지만 대비책을 만들어 두었네. 왕실 마법사 마커스가 왕궁 호위대에 달 마법 명찰을 만들었다네. 가짜를 만들기가 거의 불가능한 데다 명찰 착용자와 명찰의 이름과 사진이 일치하지 않으면 명찰이 빨간색으로 변하지."

프랭크는 보안에 또 다른 허점은 없는지 곰곰이 따져 봤다.

"계속하게, 프랭크. 또 알아낸 건 없나?"

프랭크는 TCP 플라이어를 타고 진흙 벽과 헤진 밧줄 섬을 조사하며 보낸 시간에 대해 신속하게 보고했다. 감옥에서 공격받은 일과 문서가 사라진 일에 대해서도 이야기했다. 마지막으로 배열 수레에서 찾아낸 실과 경찰 발령 원장을 통해 찾아낸 실마리도 자세히 설명했다.

"노테이션을 의심하는 게 그래서였군."

경감이 그제야 이해했다는 듯 고개를 끄덕였다.

"갓 졸업해서 발령받았으니 말이야."

"그것도 이유 중 하나이긴 합니다. 탐색 범위에 노테이션의 이름도 들어 있었거든요."

경감은 프랭크가 한 말을 잠시 생각해 보더니 말했다.

"그럴 사람이 아니야. 나한텐 노테이션이 좋은 경찰이란 직감이 있네. 하지만 지금으로선 누구도 완전히 믿을 수 없지. 어쨌든 노테이션이 이 사건을 계속 조사하게 돼서는 곤란해. 담당 사건이 아니니까."

"고맙습니다."

"또 내가 살펴봐야 할 다른 발령은 없나?"

프랭크가 고개를 저었다.

"사건 현장마다 신참이 있었다는 기록은 있지만, 연관은 없었습니다. 두 번 이상 사건에 연루된 경찰이 없었어요. 그러니까 최근 졸업생 전부가 배신자가 아닌 이상, 더 알아낼 수 있는 게 없습니다."

"잘했네, 프랭크. 지난 몇 년 동안 본 **최상 우선 탐색**을 적용한 수사 중에서 가장 훌륭한 수사군."

프랭크가 웃었다. 이런 수사 방식을 콕 집어서 최상 우선 탐색이라고 말하는 사람은 경찰 중에서도 별로 없었다. 대개는 그냥 "몇 가지 조사 중이야."라거나 "실마리 몇 개를 쫓고 있어."라고 얼버무릴 뿐이었다. 많은 사람이 간과하고 있긴 했지만, 최상 우선 탐색은 메모장과 편한 신발만큼이나 경찰관에게 반드시 필요한 중요한 수사 도구였다.

최상 우선 탐색에서는 현재 손에 있는 실마리를 목록으로 만들어 가장 가능성이 높은 실마리를 고르고 그 실마리를 따라가게 된다. 이 실마리를 끝까지 추적한 다음에는 목록에서 그다음으로 가능성이 높은 실마리를 골라 추적하면 된다. 수사 도중에 새로운 단서를 발견하면 이것도 목록에 추가한다. 이런 최상 우선 탐색은 경찰관이 사건을 해결하는 데 최상의 수사 도구가 되어 주는 경우가 많았다.

"다른 건 없나?"

프랭크가 고개를 끄덕였다.

"알겠네. 그럼 계속 수사해 주게. 불필요한 복잡성 연맹이란 게 정말 존재하고 이들이 도난 사건의 배후라면 우린 생각보다 깊이 들어온 듯하네. 주변을 잘 살피는 편이 좋을 걸세, 프랭크."

"늘 그렇게 하고 있습니다."

프랭크가 일어서려다가 멈추며 말했다.

"질문이 하나 더 있습니다. 노테이션 형사가 배열 수레에 대해 알고 있는 건 아십니까?"

"몰랐네."

경감이 이번에는 프랭크의 뒤쪽을 바라보며 말했다.

"직접 묻는 게 어떤가? 마침 노테이션이 여기 온 것 같군."

최상 우선 탐색

지금까지 배운 알고리즘 가운데 꼭 기억해야 하는 알고리즘을 하나만 꼽으라면 저는 **최상 우선 탐색(best-first search)**을 꼽을 것입니다. 이 알고리즘은 경찰에게는 최상의 수사 도구입니다. 어떤 사건을 수사하든 이 알고리즘을 사용해야 합니다. 물론 기말고사에도 나올 거고요.

최상 우선 탐색은 점수나 점수를 매기는 함수를 바탕으로 살펴볼 다음 탐색 상태를 선택하는 알고리즘입니다. 이 알고리즘은 목록에 새로운 탐색 상태가 추가될 때마다 그 상태가 얼마나 살펴볼 가치가 있는지를 점수로 매깁니다. 예를 들어 점수는 목푯값(예상할 수 있다면)일 가능성이 얼마나 있는지에 따라 매기기도 하고 수사 중 발견한 실마리가 얼마나 질이 좋으냐에 따라 매기기도 합니다. 탐색할 때는 언제나 남아 있는 탐색 상태 가운데 가장 점수가 높은 상태를 선택합니다. 다음에 살펴볼 상태를 항상 점수순으로 정렬해 두는 목록을 떠올리면 최상 우선 탐색이 어떻게 작동하는지 이해하기 쉽습니다.

최상 우선 탐색은 탐색 상태마다 관련되는 비용들을 최소화하는 데도 사용할 수 있습니다. 목표에서 각 상태까지의 거리를 점수로 평가하는 경우처럼 말입니다. 탐색 비용을 최소화하는 데 이 알고리즘을 사용하면 탐색 비용이 가장 적은 상태를 살펴볼 다음 상태로 선택하게 됩니다.

입구와 출구의 좌표를 알고 있는 간단한 미로를 빠져나가는 문제를 생각해 봅시다. 먼저 출구로부터의 거리를 따져 탐색 공간 내의 각 상태에 점수를 매길 수 있습니다. 여기서는 목표 지점까지의 수직 거리와 수평 거리를 합한 값인 맨해튼 거리(Manhattan distance)를 이용해 각 상태의 점수를 매기겠습니다. 물론 점수를 매긴다고 탐색이 성공한다는 보장은 없지만, 점수는 탐색 알고리즘을 이끌어 주는 동기나 징후가 되어 줍니다.

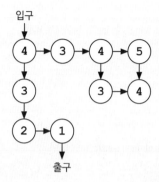

탐색을 진행하면서 알고리즘은 차이가 있는 상태들을 탐색하고(초록색 원), 아직 살펴보지 않은 새로운 상태(테두리가 점선인 원)를 발견하고, 이 상태를 살펴볼 상태의 목록에 추가하는 일을 반복합니다. 반복할 때마다 알고리즘은 아직 살펴보지 않은 상태 중에서 점수나 비용을 따져 최상인 상태를 선택합니다. 이 예에서는 비용이 최소인 상태를 선택하게 되겠죠.

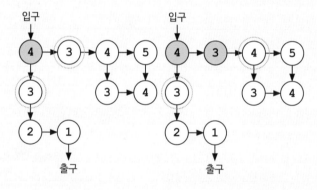

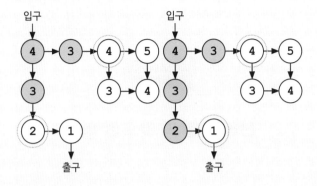

출구를 찾아내면 탐색은 끝납니다. 이 예에서 우리는 전체 상태 가운데 절반이 조금 넘는 수를 살펴본 뒤 출구를 찾아낼 수 있었습니다. 항상 거리가 더 가까운 다른 상태들을 먼저 선택하므로 거리가 4인 상태는 선택하지 않은 채로 탐색이 끝났습니다.

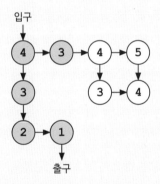

실전에서는 여러분이 직접 실마리에 우선순위를 어떻게 매길지 정해야 합니다. 사건에 맞게 가장 최근에 얻은 실마리부터 시작해야 할 때도 있고 가장 확실한 정보부터 시작해야 할 때도 있을 것입니다. 어떤 방식으로 우선순위를 매기든 탐색을 할 때는 언제나 우선순위를 정하기 바랍니다.

신참 경찰의 과도한 의욕

우선순위 큐

"도너번 경감님."

노테이션이 사무실로 들어서며 불쑥 말을 내뱉었다.

"허락받지 않고 근무 외 시간에 수사를 진행해서 죄송합니다. 하지만 이 사건은 프랭크만큼이나 제게도 중요한 제 사건이기도 합니다. 만약 프랭크가…"

"이 사건이 어떻게 자네 사건이라는 건가, 노테이션 형사?"

경감이 노테이션의 말을 끊으며 단호하게 말했다.

"분명 자네에겐 위조 요요 사건을 맡긴 것 같은데. 왜 문서 도난 사건을 수사하러 크래녹 농장에 갔던 거지?"

"실마리를 쫓아서…"

"실마리를 쫓고 있었다고? 자네 보고서에서 배열 수레라는 말은 본 적이 없는걸."

"그날 아침에 알아낸 거였습니다."

노테이션이 변명했다.

"찾은 실마리를 수사 책임자에게 보고하지 않고 바로 쫓기로 했다는 말인가?"

프랭크가 움찔하며 놀랐다. 경감은 수사할 때 정해진 절차를 지키는 데 집착하는 성격이었다. 경감이 싫어하는 행동에 우선순위를 매기자면 실마리를 보고하지 않는 행동은 샤워를 안 하는 행동보다는 조금 낮고, 휴리스틱 자료구조를 사용하는 행동보다는 조금 높은 순위에 있을 터였다. 프랭크는 노테이션의 얼굴이 점점 굳어지는 것을 보고 노테이션도 같은 생각을 하고 있다고 알 수 있었다.

"그때 농장 가까이에 있었습니다. 그리고…."

"그 실마리가 뭐였지?"

프랭크가 물었다. 노테이션은 놀라서 겁에 질린 표정으로 프랭크 쪽을 바라봤다. 프랭크가 경감의 말을 가로채서 놀랐거나 프랭크가 있다는 사실을 몰랐다가 지금에서야 알고 놀랐거나 둘 중 하나였다.

"도난 사건 날 밤에 있었던 일이 생각났어요. 그날 밤, 보고서를 막 끝내고 나서 창밖을 보니 이상한 수레가 있었어요. 그때는 아무 의심도 하지 않았어요. 생선 장수들은 다들 이상한 수레를 쓰니까요. 아침에 장어를 배달하는 수레인 줄 알았습니다."

노테이션이 경감 쪽으로 돌아서서 애원하는 듯한 눈빛으로 말했다.

"수레가 사건과 관련이 있다니, 말도 안 되는 생각이라고 넘겼습니다. 그냥 배달 수레인 걸 확인하고 끝날 줄 알았어요. 더 알아보고 보고하려고 했습니다."

"하지만 자네는 프랭크를 만나서 거의 이틀 동안이나 수사를 했지."

"저희는 사건 해결에 도움이 될 만한 실마리를 몇 개 찾았었습니다."

"노테이션 형사."

경감이 쏘아붙였다.

"설사 자네가 전직 경감의 유령에 홀렸다고 해도 상관없어. 절차는 그럴 만한 이유가 있어서 정해진 거야. 자네는 절차를 어겼네."

노테이션은 물끄러미 바닥을 바라봤다.

"알겠습니다. 경감님."

"아니. 난 자네가 알아들었는지 잘 모르겠네. 하지만 오늘부터는 생각해 볼 시간이 충분할 걸세. 내가 다시 명령하기 전까지 사무실에 꼼짝 말고 있도록 하게."

노테이션은 몸서리쳤지만 반박하지는 않았다. 경감이 프랭크 쪽을 돌아보며 말했다.

"프랭크, 자네는 계속 수사를 해 주게."

이 말로 대화가 끝났다. 노테이션은 등을 돌려 나가려다 말고 벽에 걸린 프레더릭 국왕의 초상화를 빤히 보더니 갑자기 뒤를 돌아보며 물었다.

"경감님. 혹시 남는 **우선순위 큐**가 있습니까?"

프랭크는 우선순위 큐가 지금 상황과 무슨 상관이 있는지 생각하다가 그만 옛 추억이 떠올랐다. 경찰 대학에 다닐 때 프레더릭 국왕이 어떻게 우선순위 큐를 대중화시켰는지에 대해 수업 시간마다 지겹게 말하는 교수님이 있었다.

프레더릭 국왕은 왕위를 계승하기 전 왕자 시절에는 백성에게서 왕국에 관한 불만이나 우려를 듣는 일을 했다. 불만이 워낙 많은 데다 왕자는 바빴기 때문에 혼자서 그 많은 불만을 단번에 해결할 수는 없는 일이었다. 그래서 우선순위를 매기는 체계를 만들기 시작했다.

처음에 프레더릭 왕자는 불만 스택을 사용해 가장 최근의 불만부터 들으려 애썼다. 하지만 불만 스택은 오래되었지만 중요한 불만을 듣지 못한다는 단점이 있었다. 그래서 프레더릭 왕자는 불만 큐를 사용해 가장 오래된 불만부터 들으려 애썼다. 하지만 불만 큐를 사용하면 가장 최근에 들어온 중요한 불만을 듣지 못한다는 단점이 있었다. 결국, 왕자는 가장 중요한 불만을 먼저 들게 해 주는 새로운 자료구조인 우선순위 큐를 도입하기로 했다.

"우선순위 큐?"

도너번 경감이 갑작스러운 질문에 당황하며 물었다. 경감의 설교가 끝난 뒤 감히 입을 여는 부하 경찰관은 거의 없었다. 보통은 풀 죽은 채 경찰서 밖을 헤매거나 몇 시간 동안 어두운 빗자루 보관함에 들어가 몸을 웅크리고 있는 게 전부였다.

"자료구조 말입니다."

노테이션이 반사적으로 설명을 시작했다.

"일반 큐처럼 큐에 항목을 더하거나(인큐) 해제하거나(디큐) 할 수 있는 자료구조죠. 하지만 모든 항목에 중요성을 판단하는 척도로 우선순위 점수가 있다는 점이 달라요. 우선순위 큐를 사용하면 항목을 제거할 때 중요한 순서대로 항목을 제거하게 됩니다."

노테이션은 경감과 프랭크의 황당하다는 표정을 보더니 예까지 들기 시작했다.

"그러니까 만일 1, 2, 4, 3이라는 항목 4개를 차례로 추가했다면, 우선순위가 높은 순서, 즉 4, 3, 2, 1 순으로 항목을 제거하게 되는 거죠."

"우선순위 큐가 뭔지는 나도 알아."

경감이 말했다.

"우리 경찰서에서는 소음 불만 신고를 처리하는 데 사용하고 있지. 소음의 크기가 클수록 더 높은 우선순위를 부여해서 언제나 제일 심각한 소음부터 먼저 처리하고 있네. 하수구나 습지대 근처 악취 불만 신고에 대해서도 우선순위 큐를 사용하고 있다고 들었어. 이 경우엔 전부 참을 수 없는 악취여서 우선순위가 똑같이 높다는 문제가 있는 것 같지만 말이야. 근데 우선순위 큐 이야기는 왜 꺼낸 건가?"

"경감님, 혹시 남는 우선순위 큐가 있습니까?"

노테이션의 물음에 경감은 고개를 저었다. 화가 나기보다는 왜 찾는지 궁금하다는 투였다.

"남는 큐는 없네. 지금 있는 우선순위 큐는 모두 사용 중이야. 하나는 소음 불만에, 셋은 각각 다른 유형의 범죄에, 또 하나는 주요 지명 수배자 명단에, 또 다른 하나는 휴가 요청에 사용하고 있지. 왜 그러나?"

"최상 우선 탐색을 하려고 합니다."

"최상 우선 탐색이라니? 프랭크는 이미 최상 우선 탐색을 사용하고 있다고 했는데."

"맞습니다."

프랭크가 거들자 노테이션이 재빨리 말했다.

"우선순위 큐가 있으면 더 효율적일 겁니다. 새로운 실마리를 발견할 때마다 사건 해결에 얼마나 가까운 실마리인지 판단해서 우선순위 큐에 넣어두는 거죠. 새로운 실마리를 쫓을 준비가 되면 우선순위 큐에서 하나를 꺼내고요. 그렇게 하면 가장 좋은 실마리부터 살펴볼 수 있을 겁니다."

프랭크가 한숨을 쉰 뒤 고개를 저었다. 그는 경감이 어떻게 반응할지 잘 알고 있었다. 경감에게는 신참 경찰관을 가르치는 그만의 방법이 있었다. 소리 지르거나 욕하지 않고 침착하게 신참이 자신의 멍청함을 깨닫도록 유도했다.

"그럼 전에는 어떻게 했지?"

경감은 인내심 있게 말했다. 결말이 좋지 않을 게 틀림없었다.

"공책에 실마리를 적었습니다. 새로운 실마리를 쫓을 때가 되면 적어 둔 실마리 전체를 살펴보고 가장 좋아 보이는 실마리를 골랐습니다."

"그럴 때마다 몇 개의 실마리를 고려했지? 평균 개수를 말해 보게."

"평균요?"

노테이션은 잠시 생각하더니 말했다.

"2개에서 5개 사이였던 것 같습니다."

"항목이 2개에서 5개인 목록을 살펴보는 데 사용하려고 부서의 우선순위 큐를 요청하는 건가?"

만일 경감이 평소 습관처럼 으르렁거리며 말했다면 이 질문은 덜 가혹하게 들렸을지도 모른다. 하지만 경감은 인내심을 가지고 차분하게 말해서 지금까지의 이야기가 얼마나 바보 같았는지 분명하게 만들었다.

"음, 우선순위 큐는 그렇게 비싼…"

노테이션은 얼굴을 확 붉히며 말끝을 흐렸다.

"자, 노테이션 형사. 우선순위 큐가 최상 우선 탐색에 꽤 효과적이란 건 동의하네. 이 미팅이 끝나면 경찰관 한 사람에게 하나씩 전부에게 주문을 해 줄 수 있어. 하지만 자네는 당장은 필요하지 않아. 우선순위 큐가 필요할 만큼 아직 실마리도 많지 않고. 더 중요한 건 이 사건에서조차 실마리가 별로 없다는 거야."

경감의 설교가 이어지면서 노테이션의 얼굴이 점차 붉어졌다가 결국 사탕무 스프처럼 안색이 변했다. 그녀는 심호흡을 하며 경감을 똑바로 바라봤다. 그리고는 중얼거렸다.

"알겠습니다, 경감님."

프랭크에게 동정심이 밀려들었다. 노테이션은 신참 경찰이 범하는 전형적인 실수를 한 것뿐이었다. 해결을 너무 과하게 최적화하려고 했다. 프랭크는 우선순위 큐에 대한 아이디어를 노테이션에게 주었었다. 실마리를 쫓는 데 우선순위 큐를 사용하라는 아이디어는 매우 적절했다. 사실 프랭크는 이 사건 내내 우선순위 큐를 사용해 오고 있었다. 하지만 노테이션이 경감에게 질문을 하는 시점이 문제였다. 이렇게 나쁘지 않을 수도 있었다. 경감이 차분하게 말을 이었다.

"노테이션 형사. 자네는 장래가 밝아. 똑똑하고, 투지가 넘치고 타고난 소질이 좋네. 하지만 자네는 절차를 따르는 걸 배워야 해. 여기 프랭크처럼 되지 말라고."

노테이션은 반박하려는 듯 입을 벌렸다. 하지만 프랭크를 보더니 얼굴을 찌푸리고는 그대로 입을 다물었다. 노테이션은 딱딱하게 고개 숙여 인사한 뒤 사무실을 나갔다.

"그리고 프랭크 자네는 할 일이 있지. 계속 잘해 주게."

프랭크는 인사도 없이 뒤돌아서 나와 노테이션을 따라갔다.

❁ ❁ ❁

프랭크는 계단에 다다라서야 노테이션에게 말을 걸었다.

"저기… 수정 구슬 구역에 가면 값싼 우선순위 큐를 만드는 마법사가 한 명 있어. 독특하게도 이름이 쌓아 올리는 사람이라는 뜻을 가진 히페러스(Heaperous)야. 이름 때문에 자료구조 일을 시작한 게 아닌가 싶을 정도지. 히페러스라는 이름을 가지고 자료구조 일을 안 하는 게 더 이상하니까 말이야. 어쨌든 딱히 근사하진 않지만 잘 작동하는 우선순위 큐야. 근데 아침에만 일하니까 내일까지 기다려야 할 거야."

노테이션이 걸음을 멈추고 의심스러운 눈길로 프랭크를 쳐다봤다.

"왜 저한테 그런 걸 말해 주는 거죠?"

프랭크는 최대한 동정심이 묻어나는 표정을 지으려 애쓰며 말했다.

"경감님의 설교는 나도 무척 많이 들어서 결말이 뭔지 알거든. 게다가 자료구조가 얼마나 수사에 중요한지 알고 있으니까 말이지."

"좋은 자료구조가 그렇게 중요하다면 왜 당신은 우선순위 큐를 사용하지 않죠?"

노테이션이 쏘아붙였다. 프랭크는 짜증 나서 노테이션을 쏘아봤다.

"나야 당연히 우선순위 큐를 사용하지. 수사를 시작하면서부터 사용하고 있었어. 내가 단서 전부를 머릿속에 기억해 두고 있을 거라고 생각했어? 그러기에 난 너무 늙었다고."

"뭐라고요? 지금까지 계속 우선순위 큐를 사용하고 있었다고요? 왜 경감님에게 아무 말도 하지 않은 거예요?"

이 상황에서 프랭크가 웃었다.

"이봐 신참. 자네는 아직 경감님에 대해 더 알아야 해. 먼저 경감님이 설교하고 있을 때는 절대 끼어들면 안 돼. 두부에 대해 설교할 때 끼어들었다가 한 달 동안 현장 업무를 맡지 못한 경찰관도 봤어. 딱히 중요한 설교도 아니었는데 말이야. 계속 두부가 뭉그러지고 맛이 없다고 투덜대고 있었을 뿐이거든."

노테이션이 할 말을 잃고 프랭크를 바라봤다. 프랭크는 계속해서 말을 이어나갔다.

"그러니까 내가 하고 싶은 말은 때로는 자네 혼자 해결해야 할 일도 있다는 거야. 우선순위 큐가 필요하면 경찰서에서 지급할 때까지 기다리지 마. 그냥 가서 사."

노테이션은 이 조언에 대해 생각해 본 뒤 고개를 끄덕였다.

"수사 도구를 제 돈으로 사는 게 경찰 규율을 어기는 행동은 아닌 것 같네요. 고마워요, 프랭크."

노테이션이 기뻐하는 모습을 보니 죄책감이 들었다. 사실 우선순위 큐는 시내에 있는 아무 마법 용품 가게에서나 살 수 있었고 히페러스가 파는 큐와 가격도 비슷했다. 오히려 수정 구슬 구역에 있는 히페러스의 가게는 이 도시에 있는 가게 중에서 경찰서에서 가장 먼 가게였다. 프랭크는 조금 더 노테이션을 멀리 떼어 놓을 작정이었다.

우선순위 큐

장담하건대 여러분이 경찰 업무를 하면서 사용하게 될 자료구조 가운데 **우선순위 큐**가 가장 유용할 것입니다. 스택이나 큐를 사용할 때와 마찬가지로 우선순위 큐도 정해진 순서로 데이터를 추가하고 제거할 수 있습니다. 스택과 큐에서는 항목이 추가된 순서대로 항목을 처리하는 순서가 정해지지만, 우선순위 큐에서는 우선순위가 높은 순서대로 항목을 처리하는 순서가 정해집니다. 항목이 추가된 순서와 관계없이 우선순위 큐에 있는 항목 가운데 가장 우선순위가 높은 항목이 먼저 제거되는 겁니다.

우선순위 큐에 추가할 항목에는 우선순위 또는 점수가 있어야 합니다. 항목의 값 자체가 우선순위가 될 수도 있고 다른 함수로 구한 값이 우선순위가 될 수도 있습니다. 소음 민원 신고에 우선순위를 매기는 예를 들어볼까요? 먼저 소음 불만을 다음과 같은 순서로 우선순위 큐에 추가한다고 가정합시다.

기하급수 에스프레소에 모인 사람들 (점수=3)

크랩스 핀치의 뱃노래 자랑 대회 (점수=6)

스윈슨 농장의 토끼 (점수=1)

스윈슨 농장의 수탉 (점수=5)

스윈슨 농장 (점수=7)

이제 항목을 우선순위 큐에서 제거해 봅시다. 그러면 다음과 같은 순서로 항목이 제거될 것입니다.

스윈슨 농장 (점수=7)

크랩스 핀치의 뱃노래 자랑 대회 (점수=6)

스윈슨 농장의 수탉 (점수=5)

기하급수 에스프레소에 모인 사람들 (점수=3)

스윈슨 농장의 토끼 (점수=1)

우선순위 큐에 있는 항목들이 꼭 꺼내는 순서에 따라 정렬되어 있을 필요는 없다는 사실에 주의합시다. 나중 수업에서 살펴보겠지만, 우선순위 큐는 **히프(heap)**라는 자료구조를 사용해 효율적으로 구현할 수 있는데 히프는 데이터를 완벽히 정렬해서 저장하지 않습니다.

수도 경찰서에서는 우선순위를 구하는 데 여러 함수를 사용합니다. 이 중에 논란거리가 많은 우선순위 큐는 역시 경찰관들의 휴가 큐입니다. 이 큐는 오로지 남은 휴가 일수만으로 처리 순서가 정해집니다. 휴가지가 얼마나 멋진지를 우선순위로 고려해 달라는 요청이 많았지만, 받아들여지지 않았습니다. 빙하를 가든 해변을 가든 늪지대를 가든 우선순위에는 영향을 미치지 않습니다. 대신에 이 큐는 모든 경찰관에게 공평하게 휴가를 주는 데 초점이 맞추어져 있습니다. 이 큐 덕분에 그해에 가장 휴가를 적게 낸 경찰관부터 차례로 휴가를 갈 수 있는 거죠. 물론 여러분 같은 신참에겐 휴가보다 중요한 게 많으니까 벌써부터 휴가 생각으로 해이해지면 안 됩니다.

이 비밀번호만이 내 희망

자료구조와 탐색

돌아오는 길에 보니 폭력배 한 무리가 프랭크의 사무실 앞에서 기다리고 있었다. 나름 모습을 숨기려고 애쓴 듯했지만, 프랭크는 한 블록 떨어진 곳에서도 그들을 알아볼 수 있었다. 한 놈은 벤치에 앉아서 신문을 읽는 척하며 거리를 감시하고 있었고 나머지 세 놈은 모퉁이에 서서 스포츠 경기에 대해 큰 소리로 떠들고 있었다. 가까이서 들어 보니 셋 다 전혀 다른 종목을 이야기하는 중이었다. 폭력배 한 놈은 지난 국왕배 폴로 경기에서 심판을 잘못 보았다며 불평을 하고 있었고, 다른 한 놈은 곧 열릴 경마 대회에서 어떤 말을 골라야 할지를 말하고 있었으며, 마지막 한 놈은 그저 주기적으로 한 번씩 '스포츠'라고 말하고 있었다.

모습을 제대로 숨긴 사람은 저번에 프랭크를 미행했던 여자가 유일했다. 그 여자는 사무실 맞은편 길에 편한 자세로 벽에 몸을 기대고 있었다. 역시 베테랑다운 솜씨였다. 만난 적이 없었다면 전혀 눈치채지 못했을 것 같았다. 더 정확하게는, 나머지 폭력배들이 정말 형편없었다.

프랭크는 걸음을 늦추지 않고 그대로 방향을 돌려 샛길로 빠졌다. 비네티 일당이 진을 치고 있는 사무실로 돌아갈 수는 없었다. 프랭크는 잠시 고민한 끝에 경찰 시절 은신처로 사용했던 곳으로 가기로 했다. 가깝기도 했고 몇 년 동안 사용하는 사람도 없었다. 운이 좋으면 자물쇠 비밀번호도 기억날 것 같았다. 반 블록쯤 걷자 뒤에서 고함과 함께 쿵쿵 울리는 발소리가 들렸다. 여자가 나머지 일당들에게 프랭크가 빠져나갔단 사실을 알린 게 틀림없었다.

"프랭크!"

일당 중 가장 덩치가 큰 한 놈이 프랭크를 불렀다.

"그냥 얘기나 좀 하지."

전혀 믿음이 가지 않는 말이었다. 옆에서 다른 일당이 빙글거리며 웃는 꼴을 보니 더더욱 믿을 수가 없었다. 프랭크는 뛰기 시작했다. 뒤에서 쫓아오는 발소리가 울렸다. 프랭크는 재빨리 왼쪽으로 몸을 틀어 좁은 골목으로 들어섰다. 그는 이쪽 지리에 밝았다. 분명 비네티 일당을 따돌릴 수 있을 터였다. 이제 은신처 문을 열 만한 시간을 벌어야 했다. 운이 좋아 비밀번호를 한 번에 떠올리지 않는 한, 은신처 문을 따는 데 시간이 좀 걸릴 것이다.

　프랭크는 골목에서 플래그 가로 들어선 다음 빠르게 한 바퀴 돌아서 모퉁이에 있는 가게로 들어갔다. 그는 선반에 걸린 아기 옷을 유심히 살피는 척하며 창밖을 살펴봤다. 아이용 튜닉옷이 걸린 선반은 몸을 숨기기에 제격이었다.

　얼마 후 그 길로 뛰쳐나와 어리둥절한 표정으로 주변을 두리번거리는 일당들이 눈에 들어왔다. 뒤에서 여자가 쫓아와 큰 소리로 지시를 내렸다. 여자는 부하들을 두 조로 나누어 길 양쪽으로 보낸 다음 자신은 방금 나온 골목 입구에서 버티고 서 있었다. 프랭크는 우물쭈물하지 않고 가게 뒷문을 통해 조금 전에 일당들이 나온 골목으로 나갔다. 3미터쯤 앞에 여자가 등을 돌린 채 서 있었다. 프랭크는 최대한 조용히 그 골목을 빠져나와 은신처로 걸음을 옮겼다. 일당들이 가게 주인에게 프랭크에 관해 묻지만 않는다면 시간을 좀 벌 수 있었다.

프랭크는 은신처 문 앞에 서서 번호 자물쇠를 만지작거렸다. 먼저 다이얼을 1로 돌린 다음 다시 한번 돌려 1로 맞추고 이번엔 반대쪽으로 돌려 1로 맞추어 봤다. 확실히 단순한 비밀번호였다. 문은 열리지 않았다. 프랭크는 욕을 내뱉었다. 오랫동안 발걸음 하지 않았더니 그사이 누군가 비밀번호를 바꾼 게 분명했다. 그는 어떻게 이 상황을 헤쳐나갈 수 있을지 고민해 봤다. 시간은 좀 걸리겠지만 다른 비밀번호를 시도해 볼 수 있었다. 아니면 다른 은신처를 찾아 봐야 했다. 비네티 일당의 눈에 띄지 않고 갈 만한 다른 은신처가 떠오르지 않아 프랭크는 자물쇠를 열어 보기로 했다.

시간이 없으니 효율적인 방법을 사용해야 했다. 비밀번호는 1부터 20까지의 번호 3개로 이루어져 있어서 가능한 조합은 8,000개였다. 너비 우선 탐색이나 깊이 우선 탐색을 할 만한 시간은 없었다. 추측에 기대어 제한된 최상 우선 탐색을 시도하는 수밖에 없었다. 직감을 믿어야 했다. 그는 주머니에서 우선순위 큐를 꺼내 잘 닦은 뒤 비밀번호 조합을 추가하기 시작했다. 비밀번호마다 그가 생각하는 우선순위도 붙였다. 먼저 경찰이 자주 사용하는 간단한 비밀번호부터 우선순위 큐에 추가했다.

1-2-3

1-1-2

1-3-5

프랭크는 이 비밀번호 각각에 우선순위 10을 붙였다. 다음에는 한 숫자가 세 번 반복되는 비밀번호를 추가했다. 원래 비밀번호가 1-1-1이었다면 2-2-2를 사용하지 않을 이유도 없지 않을까? 자주 사용하지 않는 은신처의 비밀번호라면 단순할 가능성이 컸다. 그는 번호 하나로 만들 수 있는 비밀번호 가운데 아직 시도해 보지 않은 19개를 넣고 우선순위를 5로 매겼다. 이제 우선순위 큐에는 가능한 비밀번호 조합이 22개나 되었다.

그다음 프랭크는 은신처 관리 담당 경찰관들의 생일을 재빨리 기억해 냈다. 그는 생일로 6개의 조합을 만든 뒤 우선순위 8을 붙여 큐에 추가했다. 기억나는 다른 경찰관들의 생일로도 조합을 만들어서 우선순위 2를 붙이고 큐에 추가했다. 마지막으로 'RUN'이라는 단어에 우선순위 1을 붙여서 추가했다. 이 단어가 나올 때쯤엔 포기하는 편이 낫다는 걸 알게 될 것이다. 그때는 다른 은신처를 찾아 봐야 했다.

이제 우선순위 큐에 들어 있는 조합은 32개였다. 가능한 비밀번호들이 든 긴 목록이 생겼다. 우선순위 큐의 맨 위에 있는 조합은 가장 우선순위가 높은 1-2-3이었다. 이 번호를 돌렸지만, 자물쇠는 꼼짝도 하지 않았다. 프랭크는 욕을 내뱉으며 이 조합을 우선순위 큐에서 제거했다. 남은 조합 가운데 가장 우선순위가 높은 번호가 맨 위로 튀어나왔다.

맨 위에 있는 조합을 돌려 보려던 프랭크는 번뜩 괜찮은 생각이 떠올랐다. 어쩌면 옛날에 사용하던 비밀번호를 조금 바꿔서 사용하고 있지 않을까? 경찰 동료 중에는 사물함 비밀번호를 순서만 거꾸로 해서 짐가방 비밀번호로 사용하는 사람도 많았다. 여기 은신처를 담당하는 관리자도 비슷하지 않을까? 프랭크는 3-2-1이라는 비밀번호에 우선순위 9를 붙여서 목록에 추가했다.

1-1-2도 1-3-5도 아니었다. 이 둘을 끝으로 우선순위가 10인 조합은 모두 돌려 본 셈이었다. 프랭크는 시도한 조합들을 제거하고 번호 순서만 반대로 바꾼 2-1-1, 5-3-1을 큐에 추가했다. 순서만 반대로 한 비밀번호는 기억하기 쉬울 터이므로 이번에도 우선순위는 9로 정했다.

프랭크는 우선순위 큐 맨 위에 현재 가장 우선순위가 높은 조합으로 3-2-1이 있다는 걸 알았다. 조금 전에 번호 순서만 반대로 해서 추가한 비밀번호였다. 항목을 추가한 순서와 상관없이 가장 우선순위가 높은 항목이 먼저 튀어나오는 것이 우선순위 큐가 가진 마법 같은 속성이었다.

우선순위 9를 붙여 나중에 추가한 번호 가운데 하나인 5-3-1을 시도하자 자물쇠에서 딸각 소리가 나며 문이 열렸다. 프랭크는 안도의 한숨을 내쉬며 주위를 살펴봤다. 비네티 일당은 아직 보이지 않았다. 이제 한동안 안전했다.

자료구조와 탐색

이번 학기 강의를 하는 동안 몇 번이나 반복해서 말했듯이 알고리즘의 기능과 효율성은 어떤 자료구조를 사용하는지에 따라 달라집니다. 우리는 깊이 우선 탐색과 너비 우선 탐색을 배울 때 스택을 사용하느냐 큐를 사용하느냐에 따라 탐색 순서가 달라지는 것을 봤습니다. 최상 우선 탐색을 할 때 우선순위 큐를 사용하는 것도 **자료구조가 알고리즘에 미치는 영향**을 잘 보여주는 예입니다.

개념상 최상 우선 탐색은 너비 우선 탐색이나 깊이 우선 탐색과 많이 닮았습니다. 알고리즘은 탐색 단계마다 상태를 새로 하나 선택한 다음 이 상태를 살펴보게 됩니다. 큰 차이라면 우리가 새로운 상태를 살펴보는 데 있어서 순서를 매기는 방식에 있습니다. 최상 우선 탐색을 할 때 우선순위 큐를 사용하면 목푯값에 가장 가까울 것으로 예상되는 상태를 손쉽게 골라낼 수 있습니다. 최상 우선 탐색과 우선순위 큐는 서로를 완벽하게 뒷받침해 주는 무척 효율적인 **알고리즘-자료구조 조합**입니다.

깊어 가는 밤, 안개 속 수수께끼

휴리스틱

그날 밤, 프랭크는 배고픔에 시달리면서 비네티 일당이 있는지 확인하기 위해 가끔 창밖을 내다보거나 단서를 하나씩 다시 짚어 보며 시간을 보냈다. 그는 곧 이 은신처에 먹을거리 외에도 부족한 게 많다는 사실을 깨달았다. 경찰 건물이라면 당연히 갖춰야 할 빈 공책과 깃펜, 책상과 의자조차 없었다. 어디에 뭐가 없을까 두리번거리다가 창문에 커다랗게 "세 놓습니다!"라고 적은 종이를 붙여 놓은 걸 발견했다. 경찰이 아직 이 건물을 세주거나 비밀번호를 바꾸지 않아서 다행이었다.

몇 시간이 지나자 비네티 일당이 쳐들어오진 않을 거라는 확신이 들었다. 프랭크는 창문은 그만 내다보기로 하고 은신처 안을 서성이며 사건을 푸는 데 집중했다. 모든 단서로 볼 때 내일 밤 왕궁을 공격할 것이라는 사실만은 확실했다. 시간이 별로 없었다. 하지만 불행히도 언제 어디서 사건이 일어날지 외에는 아무것도 알 수 없었다. 특히 누가, 왜, 어떻게 사건을 일으

킬지는 비네티 일당에게 들키지 않고 음식을 사 올 수 있을지와 함께 심각하게 고민해야 할 문제였다.

사건이 일어날 시간과 장소는 쉽게 알 수 있었지만 나머지 빈 곳을 채우려 애쓰며 1시간 동안 서성이자 이젠 시간과 장소마저 불분명해 보이기 시작했다. 왕궁을 공격한다는 시나리오는 너무 뻔해 보였다. 경찰은 이미 왕궁 공격에 대비하고 있었다. 심지어 삭스까지 마법사들이 범인이 왕궁을 공격할까 봐 걱정하고 있다고 떠벌리고 다니지 않았던가.

그러던 중 퍼뜩 깨달음이 찾아와 모든 것이 명확해졌고, 프랭크는 멈춰서서 욕을 내뱉었다. 분명 삭스가 사건에 연루되어 있었다. 그는 평소처럼 '아무도 믿어선 안 돼.'라는 생각을 하며 지난 며칠 동안 있었던 일을 머릿속으로 떠올려 보았다. 그러자 삭스의 수상한 행동이 눈에 들어오기 시작했다.

삭스의 지팡이가 '우연히' 감옥에 있는 문서를 태워 증거가 없어졌을 때 알아챘어야 했다. 프랭크가 망토 가게에 들를 것이라는 정보를 비네티 일당에게 흘린 자가 있진 않았을까 의심했어야 했다. 이게 아니더라도 어떻게 완벽한 순간에 절인 장어 통으로 황당한 공격을 할 수 있었는지부터 의심해 봤어야 했다. 적어도 삭스가 이진 탐색 트리에 노드를 잘못 추가했을 때부터는 의심했어야 했다. 이진 탐색 트리 전문가라면 우연히라도 그런 실수를 저지르지 않는다. 확실히 삭스는 계속 수상한 행동을 했다. 하지만 프랭크는 언제나 모두를 의심하는 성격이니 확실하지는 않았다.

이런 생각이 들자 의문이 더 늘어났다. 이제 언제 어디서 사건이 일어날

지조차 명확하지 않았다. 삭스가 잘못된 정보를 일부러 흘렸다면 모든 것을 의심해 봐야 했다. 마법사들은 무슨 짓을 벌일 속셈일까? 이유까지 알수 있다면 더 좋겠지만, 경험에 비추어 볼 때 범인을 심문하지 않고 이런 복잡한 범죄 계획에 대해 동기를 알아내기란 어려웠다. 이쯤에서 프랭크는 꼬르륵거리는 배를 움켜쥔 채 지금은 일단 그런 의문일랑 접어 두기로 하고, 몰래 음식을 가져오는 것도 포기했다.

"가면이 어떻게 맞아 들어갈까?"

프랭크는 혼잣말했다. 범인이 왕궁을 공격할 생각이라면 그때도 가면을 사용할 수 있을까? 아니면 마커스의 배지 때문에 가면이 무용지물이 될까? 그저 경찰서에 몰래 들어가기 위해 가면이 필요했던 걸까? 도둑들이 찾던 기록은 뭘까? 프랭크는 메모장에 질문을 열거하기 시작했다. 곧 질문 목록의 길이가 단서 목록의 길이를 넘어섰다.

프랭크는 다음에 무엇을 해야 할지 생각해 봤다. 이렇게 시간이 촉박할 때는 대개 경험에 근거한 **휴리스틱**을 사용할 수밖에 없었다. 거북이 도난 사건을 해결할 때 프랭크는 '먼저 주변을 살피기'라는 휴리스틱을 사용했다. 거북이가 느리다는 사실을 반영한 휴리스틱이었다. 심지어 경찰서에서 갓 뽑은 커피가 담긴 주전자를 찾아내야 할 때도 '가득 찬 주전자일수록 최근에 내린 커피'라는 휴리스틱을 활용했다. 처음 간 도시에서 높은 성을 가야 할 때도 휴리스틱을 사용해서 '일단 성 쪽을 향해' 걸었다. 막다른 길 몇 개를 만나긴 했지만, 언제나 성까지 갈 수 있었다.

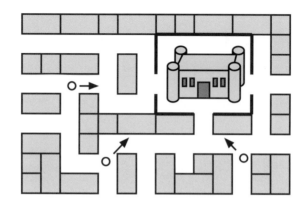

휴리스틱은 완벽하진 않았지만, 유용한 정보를 주었다. 경찰관으로 근무할 때 프랭크가 가장 굳게 믿고 따랐던 휴리스틱은 '가장 확실한 단서를 쫓으라.'였다. 언제나 근거 없는 의심이나 소문보다는 확실한 이름이나 물증을 믿어야 했다.

경찰 생활을 하면서 프랭크가 이 휴리스틱을 무시한 적이 딱 한 번 있었다. 당시 프랭크는 유리 상자 빌리로부터 강도 사건 모의가 있다는 소리를 들었다. 빌리는 먼저 범인이 도주할 때 사용할 수레가 기다릴 장소와 수레의 종류, 수레바퀴에서 나는 소리 같은 확실한 정보를 프랭크에게 알려 주었다. 그다음, 그 사건이 레베카 비네티와 관련이 있고 물고기가 범죄 대상이라는 확실치 않은 소문을 소란스러운 다트 게임장에서 엿듣고 프랭크에게 전달했다.

프랭크는 경찰 알고리즘의 원칙을 모두 무시한 채 직접 레베카 비네티를 쫓기로 했다. 그는 레베카 비네티가 수레에 물건을 싣기 전에 모습을 감출 것이라고 믿었다. 어쩌면 은신처로 향하는 다른 길을 사용할지도 몰랐다. 이번에야말로 레베카 비네티가 사라지기 전에 잡아야 했다. 프랭크는 범인의 도주 수레가 기다릴 곳에서 두 블록밖에 떨어지지 않은 수도의 생선 창고에 잠복했다.

하지만 경감이 나중에 평소보다 더 커다랗게 호통쳤다시피 사건은 프랭크가 기다리고 있던 생선 창고와는 정반대 방향으로 두 블록 떨어진 곳에서 벌어졌다. 도주 수레가 기다렸던 곳에서 1/4 블록밖에 떨어지지 않은 곳에 마법 구슬 백화점이 있었던 것이다. 비네티 일당과 전혀 관련 없는 강도는 고급 유리구슬 64개와 시제품으로 만든 정육면체 구슬 2개를 훔쳐 도주 수레에 실은 뒤 유리 상자 빌리가 말한 대로 귀에 거슬리는 바퀴 소리를 내며 달아났다. 프랭크는 소문을 들었다고 둘러대면서 '언제나 비네티 일당을 의심하라.'라는 새로운 휴리스틱을 수사에 활용해야 한다고 고집을 부렸지만, 경감은 꿈쩍하지 않았다.

이번 사건에는 확실한 단서는커녕 확실치 않은 단서조차 부족했다. 이미 확실한 실마리는 다 없어지고 의심과 짐작만 남았다. 수사를 계속하려면 정보가 더 필요했다. 프랭크는 평소 두 번째로 믿고 따르던 휴리스틱인 '막다른 곳에 다다르면 정보를 더 모으라.'를 따르기로 했다. 가면에 대해 정보를 모아야 했다. 어떻게 사용하는지, 어떤 마법으로 막을 수 있는지 말이다. 이제 전문가를 찾아가야 했다.

휴리스틱

휴리스틱은 알고리즘을 올바른 방향으로 이끌게 해주는 경험칙입니다. 휴리스틱이 그저 근거 없는 추측일 뿐이라고 깎아내리는 경찰관도 있지만, 이들조차도 자신도 모르는 사이에 과거에 잘 통했던 경험칙을 사용하곤 합니다. 하지만 다른 모든 정보와 마찬가지로 휴리스틱에도 수준이 다양하므로 주의해야 합니다.

휴리스틱을 가장 명확하게 보여 주는 예는 길을 찾는 과정입니다. 우리는 미로에서 출구를 찾을 때나 처음 가보는 도시를 구경할 때, 건물에서 식당을 찾아야 할 때 등 길을 찾을 때마다 휴리스틱을 사용합니다. 길이 두 갈래로 나뉠 때 우리는 어떤 길을 먼저 갈까요? 이럴 때 가장 흔한 방법이지만 믿을 만한 휴리스틱은 단순히 목적지까지의 거리가 가까워 보이는 곳으로 가는 것입니다. 이럴 때 저는 '새가 하늘에서 보는' 거리를 기준으로 삼는 걸 좋아하는데, 목적지까지 아무런 장애물이 없다고 생각하고 직선 거리를 계산하는 겁니다.

실제로 이 휴리스틱을 사용하면 언제나 목적지와 가까운 곳으로 이어질 것 같은 길, 즉 목적지 쪽으로 향하는 방향으로 난 길을 택하게 됩니다. 몇 번 막다른 골목에 다다를 때도 있지만, 이 휴리스틱은 대개 좋은 결과를 가져옵니다.

물론 형편없는 휴리스틱도 많습니다. 제대로 알아보지 않고 새로운 휴리스틱을 사용하면 큰 곤경을 겪게 됩니다. 몇 년 전, 신참 경찰관이 무척 나쁜 휴리스틱을 생각해 냈습니다. 항구에서 밀수꾼 조직을 급습해서 큰 성공을 거둔 그 경찰관은 모든 조사를 항구에서 시작해야 한다는 생각을 하게 되었습니다. 문제는 이 휴리스틱이 잘못되었다는 데 있었죠. 이 휴리스틱은 그 경찰관의 수사를 올바른 방향으로 이끌지 못했습니다. 오히려 막다른 곳으로만 이끌 뿐이었죠. 이 경찰관이 열여덟 번이나 수사에 실패하자 담당 경감은 그 경찰관의 임무를 항구 정찰로 변경했습니다.

근거 없는 추측을 휴리스틱으로 삼아서는 안 됩니다. 휴리스틱은 유용한 정보를 근거에 두고 있어야 하며 문제에 맞게 사용해야 합니다.

만만치 않은 사무실 쟁탈전 우승자

히프

　다음 날, 프랭크는 아침 일찍 은신처를 빠져나와 시내 반대편에 있는 경찰 대학으로 향했다. 캠퍼스에 도착해 현역 경찰관, 경찰 생도, 퇴직 경찰관에 둘러싸이자 마음이 편안해졌다. 건물에 둘러싸인 사각형 안뜰을 가로질러 교수들이 있는 건물로 가는 동안 프랭크의 얼굴에는 미소마저 크게 번졌다.

　마지막으로 이 건물에 들른 지도 벌써 몇 년이 지났다. 학칙에 따라 학생들은 언제나 교수 사무실에 찾아와서 모르는 것을 질문할 수 있었다. 하지만 대다수 학생은 미리 교수님을 찾아가 물어보기보다는 시간을 끌다가 시험 전날 밤에야 얼마나 모르는 게 많은지 깨닫곤 했다. 프랭크는 이보다 더 심해서 시험지 앞에 앉은 후에야 모르는 게 많다는 사실을 깨닫는 편이었다.

　교수 명단을 보니 루프(Loop) 박사의 사무실은 이 건물 맨 위층 전체를 차지하고 있는 방인 듯했다. 놀랄 일은 아니었다. 교수 사무실 건물은 특이하게 설계되어 있어서 누가 어떤 사무실을 사용할지가 언제나 논란거리였다. 각 층에 있는 사무실의 수는 바로 아래층에 있는 사무실 수의 절반이었다. 따라서 층이 높아질수록 사무실 크기가 2배씩 늘어날 뿐만 아니라 전망도 좋았다. 사무실을 어떻게 정할지에 대해 오랫동안 다툰 끝에, 총장은 대학에 근무한 기간을 기준으로 사무실을 정한다는 규율을 만들었다. 즉, 맨 위층 사무실을 차지한 교수는 그 사무실 바로 아래층에 있는 두 사무실을 사용하는 교수들보다 무조건 더 오래 근무한 교수여야 했다. 이 규율이 적용되면서 교수 사무실 건물은 근무 기간을 기준으로 한 거대한 **히프**가 되었다.

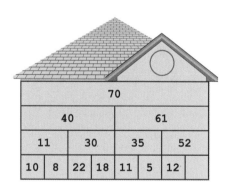

올리비아 루프 박사는 마법 범죄학 교수로, 이미 70년째 이 학교에서 근무하고 있었다. 루프 박사에 비견할 만큼 오랫동안 강의한 교수는 부동소수점 연산학 교수로 61년째 재직 중인 배블톤(Babbleton) 박사뿐이었다.

건물 꼭대기 층에 올라왔을 때쯤 프랭크는 95세의 노교수가 어떻게 이 계단을 하루에도 몇 번씩 오르락내리락할 수 있는지 놀라워하며 숨을 몰아쉬었다. 어쩌면 매일 이렇게 운동을 해서 건강을 유지해 왔는지도 몰랐다.

"어서 들어와요."

열린 문틈으로 루프 박사가 말했다.

"쓰러지기 전에 좀 앉아요. 자네 같은 젊은이가 오르기에도 좀 힘든 계단이죠."

프랭크는 사무실에 들어가 책상 앞에 놓인 딱딱한 나무 의자 중 하나에 감사히 털썩 앉았다. 루프 박사는 숨을 고르는 프랭크의 모습을 조용히 바라봤다.

"멋진 사무실이네요."

마침내 프랭크가 간신히 입을 열었다.

"정말 멋지지 않아요? 여기까지 오는 데 70년이나 기다렸어요. 70년! 이터레이터(Iterator) 교수가 오랫동안 학교를 퇴직하지 않았거든요. 하지만 꾹 참고 기다렸죠. 이터레이터 교수가 퇴직을 선언했던 날 무슨 일이 있었는지 알아요?"

프랭크는 그때까지도 숨이 찬 나머지 제대로 대답할 수 없어서 고개만 저었다.

"람다(Lambda) 박사, 건방진 애송이가 내 사무실을 가로채려고 했어요!"

"정말요?"

프랭크가 숨을 몰아쉬느라 씩씩거리며 답했다. 루프 박사가 어깨를 으쓱했다.

"어떤지 알잖아요. 경찰 대학에선 교수 한 사람이 퇴직할 때마다 흥미진진한 일이 벌어지죠. 규율상 제일 오래 근무한 교수만 퇴직할 수 있으니까요. 교수 한 사람이 퇴직하면 다들 좋은 사무실을 차지하기 위해 다툴 수밖에 없죠. 솔직히 말하면 다 이터레이터 교수의 잘못이었어요. 말썽꾸러기 학생에 대해 투덜대면서 75년을 근무한 직장에서 갑자기 짐을 싸서 나가 버렸죠. 이터레이터 교수는 전통에 따라 그날 자기 사무실 문에서 가장 가까이 있던 람다 박사에게만 퇴직한다고 알렸어요. 겨우 11년 근무한 교수였죠."

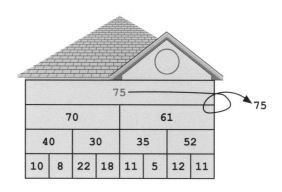

"람다 박사는 정해진 사무실 배정 규율을 무시하고 자기가 사용하던 허름한 사무실에 있는 짐을 싸서 곧장 이 사무실로 옮겼죠. 정말이지! 교수

한 사람이 떠날 때마다 매번 이런 일이 벌어진다니까요. 이 건물에 제일 늦게 들어온 교수가 뛰어 올라와서 꼭대기 층에 있는 사무실을 차지하려 들어요. 정말로 매번!"

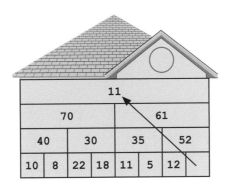

"물론 난 이터레이터 교수가 퇴직했다는 소식을 듣자마자 뛰어 올라와서 이 사무실의 주인은 나라고 주장했죠. 알다시피 당연히 내 사무실 아니겠어요? 70년 동안 가르친 나 말고 여길 차지할 자격이 있는 교수가 또 어딨겠어요. 하지만 내가 뛰어 올라가는 소리를 배블턴 박사가 듣더니 같이 뛰어 올라와서 이 사무실을 차지하려고 했어요. 언제나 이렇다니까요."

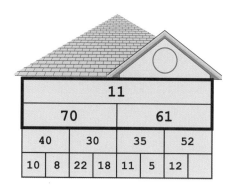

"사무실 하나가 비면 그 사무실 바로 아래층 사무실을 사용하던 교수 두 사람이 모두 올라와 사무실이 자기 거라고 주장하죠. 정식으로 퇴직 신청이 완료되기 전 몇 주 동안은 퇴직한다는 말을 먼저 들은 교수가 아무에게도 들키지 않고 사무실을 차지할 수 있거든요. 예상했던 일이긴 하지만 나와 배블턴 박사도 제일 좋은 사무실을 차지하려는 람다 박사 때문에 골머리를 앓아야 했죠.

어쨌든 나와 람다 박사, 배블턴 박사가 바로 이 사무실을 두고 다투었어요. 우리는 1시간 내내 재임 규율을 두고 말씨름을 했죠. 알다시피 람다 박사는 자격이 되지 않았지만, 1시간 동안 주장을 굽히지 않더군요. 람다 박사는 여기서 일한 지 겨우 61년밖에 안 된 배블턴 박사에게조차 상대가 안되었죠. 당연히 내가 이겼고 람다 박사는 내가 예전에 사용하던 사무실로 옮겼어요. 배블턴 박사는 원래 사용하던 아래층 사무실에 그대로 머물게 되었고요."

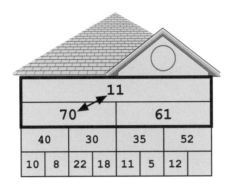

"람다 박사는 짐을 챙겨 내가 사용하던 사무실로 갔지만, 딱하게도 이미 다른 두 교수가 그 사무실에 있었대요. 원래 제 사무실 아래층에 있던 교수들인데 더 좋은 방으로 옮기려고 올라왔던 거죠."

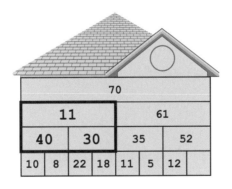

"물론 두 교수 모두 람다 박사보다 오랫동안 근무한 사람들로서 그 사무실을 차지할 자격이 있었어요. 한 교수는 30년, 다른 한 교수는 40년을 근무했거든요. 이번엔 람다 박사도 싸우려 들지 않았죠. 결국 배리어블

(Variable) 박사가 그 사무실을 차지했죠. 40년이나 근무했으니 그 사무실을 사용할 만해요."

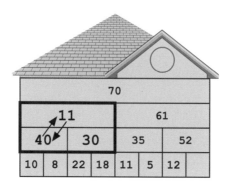

"람다 박사는 운 좋게 다음 층에 자리를 잡을 수 있었어요. 아래층에 있던 교수들이 모두 람다 박사보다 근무 기간이 짧았거든요. 아마도 람다 박사는 자기가 이겼다며 다른 두 교수 앞에서 문을 닫을 때 희열을 느꼈을 거예요."

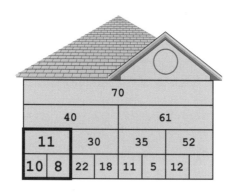

"어찌 보면 람다 박사가 운이 좋았어요. 꼭대기 층에 있는 사무실을 차지하려다가 우연히 더 신임인 교수들이 있는 쪽으로 가게 되었거든요. 결국 한 층 올라온 셈이 되었죠. 규율에는 위층에 있는 사무실을 사용하는 교수는 '바로 아래층'에 있는 사무실을 사용하는 교수보다 더 오래 근무해야 한다고 되어 있거든요. 람다 박사는 순전히 운이 좋아서 선배 교수들마저 아직 1층에 있을 때 2층을 사용할 수 있게 되었죠."

프랭크는 루프 박사가 이어서 말을 하도록 공손히 기다렸다. 교수가 더 말을 잇지 않자, 그는 용기를 냈다.

"루프 박사님. 시간 좀 내주실 수 있겠습니까? 몇 가지 질문이 있습니다."

"물론이죠. 이번 주 과제 때문인가요?"

프랭크는 질문을 생각하다 말고 깜짝 놀라서 말했다.

"네? 저는 학생이 아닙니다. 누가 봐도 아니죠."

"학생이 아닌가요? 그럼 경찰 지망생이겠군요. 경찰은 좋은 직업이죠."

"전 졸업한 지 10년도 더 되었는데요."

"그런가요?"

루프 박사는 또 한 번 어깨를 으쓱했다.

"나이가 들면 젊은 사람들은 모두 비슷한 나이로 보여요."

"그렇군요."

프랭크는 질문을 다시 생각해 내려 애썼다.

"그렇지, 보안 주문에 대해 알고 싶습니다."

"오, 나는 마법을 가르치지는 않아요. 마법 범죄를 가르치죠. 무슨 내용 이냐면…"

"교수님 수업은 대학교 때 들었습니다. 주문을 어떻게 거는지 알고 싶은 게 아닙니다. 어떤 보안 주문이 있는지, 특히나 경찰서에 어떤 주문이 걸려 있는지 알고 싶을 뿐입니다."

루프 박사의 표정이 갑자기 굳어지고 목소리는 차가워졌다.

"그건 무척 민감한 정보예요. 소수만이 아는 중요한 정보죠."

"그래서 여길 찾아온 겁니다."

"정확히 왜 이 정보가 필요한 거죠?"

"수도 경찰서에서 일어난 도난 사건을 수사 중입니다."

프랭크가 날카롭게 말했다. 끝도 없이 이야기를 해 대고는, 이제 와서 심문을 하다니? 프랭크에게는 시간이 없었다.

"경찰 배지를 좀 봐야겠네요."

루프 박사가 손짓하며 말했다. 프랭크는 트렌치 망토에 손을 넣어 사설탐정 배지를 꺼내 책상 위에 올려놓았다.

"사설탐정?"

루프 박사가 깔깔 웃었다. 목소리가 한층 차가워졌다.

"내 방에서 나가세요."

"루프 박사님…"

프랭크는 입을 뗐다가 뒤에서 석궁을 장전하는 소리가 들려 말을 멈추었다.

히프

최대 히프(max heap)는 노드와 그 노드의 자식 노드 사이에 특정한 순서가 있는 이진 트리 기반 자료구조입니다. 더 정확히 말하자면 히프는 히프 속성을 만족하도록 항목을 저장합니다. 최대 히프의 경우 히프 속성은 트리에 속한 각 노드의 값이 그 노드 아래에 있는 모든 노드의 값보다 크거나 같다는 것입니다. 이 속성 덕분에 최대 히프를 사용하면 다음과 같은 중요한 연산을 효율적으로 수행할 수 있습니다. 최대 히프를 사용하면 1) 가장 큰 항목을 쉽게 찾을 수 있고 2) 가장 큰 항목을 쉽게 제거할 수 있으며 3) 아무 항목이나 쉽게 추가할 수 있습니다. 이 세 가지 연산을 효율적으로 할 수 있다는 점 때문에 히프는 우선순위 큐를 구현하는 데 이상적인 자료구조입니다.

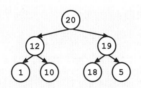

히프는 흔히 트리 구조로 그립니다. 하지만 그림에서 보듯 배열의 각 요소를 트리의 노드로 생각하고 인덱스가 0인 요소를 루트 노드로 삼아서 배열로 그릴 수도 있습니다. 히프를 배열로 나타낼 때 자식 노드의 인덱스는 부모 노드의 인덱스에 따라 정해집니다. 더 정확히 말하면 인덱스가 i인 노드의 자식 노드는 인덱스가 $2i+1$과 $2i+2$입니다. 따라서 인덱스가 1인 노드의 자식 노드는 인덱스가 $(2 \times 1) + 1 = 3$인 항목과 $(2 \times 1) + 2 = 4$입니다.

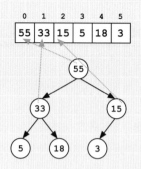

히프를 구현하면서 계산을 단순하게 하려고 배열의 인덱스가 0인 요소를 비워 두기도 합니다. 대신 배열에서 인덱스가 1인 요소를 루트 노드로 삼습니다. 이렇게 할 경우 인덱스가 i인 노드에 대해 자식 노드의 인덱스가 2i와 2i+1이 되어 계산이 단순해집니다. 둘 중 어떤 방식을 택하든 간단한 계산만으로 부모 노드의 인덱스를 알면 자식 노드의 인덱스를, 자식 노드의 인덱스를 알면 부모 노드를 알아낼 수 있다는 점은 같습니다.

최대 히프에서는 항상 루트 노드(배열의 첫 번째 항목)에 최댓값을 저장하므로 언제나 정해진 시간 안에 최댓값을 찾아낼 수 있습니다. 이런 속성 덕분에 우선순위 큐에 최대 히프를 사용하면 값이 최대인 항목을 효율적으로 찾을 수 있습니다.

다만 히프에 새 항목을 추가하거나 최대 항목을 제거하려면 히프 속성을 깨뜨린 다음 히프 속성을 복원하는 좀 더 복잡한 과정을 거쳐야 합니다.

배열로 구현한 히프에 새로운 항목을 추가하려면 먼저 배열 맨 뒤에 항목을 넣습니다(트리의 경우 맨 아랫단의 첫 번째 빈 노드에 넣으면 됩니다.). 이때 새로 추가된 항목의 값이 부모 노드의 값보다 크다면 히프 속성이 깨진 셈이므로 부모 노드의 값이 이 노드보다 큰 위치까지 새로 추가된 항목을 옮겨 히프 속성을 다시 복원해야 합니다. 전문 용어로는 새로운 값이 부모 노드의 값보다 클 경우 이 값을 부모 노드와 바꿔 가며 **버블 정렬**한다고 말합니다. 예를 들어 다음과 같은 히프에 60이라는 값을 새로 추가할 때는 먼저 맨 아래에 60을 추가한 다음 부모 노드와 두 번 자리를 바꿔야 합니다. 위 두 단에 있는 부모 노드의 값이 60보다 작기 때문입니다.

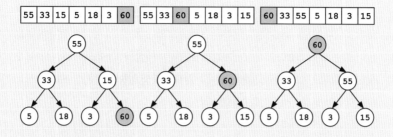

값이 최대인 항목을 제거하는 과정도 이와 비슷합니다. 먼저 원래의 최댓값과 배열 내 마지막 요소의 자리를 바꿔서 맨 아래에 있던 값이 새로운 루트 노드의 값이 되도록 합니다.

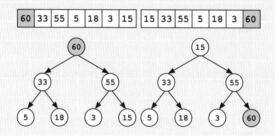

그다음 원래 있던 최댓값(지금 배열의 마지막 값)을 제거합니다. 이제 원하던 대로 최댓값을 제거하긴 했지만, 이 과정에서 히프의 속성이 깨졌을 가능성이 높습니다.

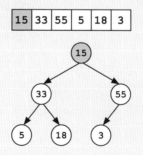

따라서 새로운 루트 노드에서 시작해 아래로 내려가면서 히프 속성을 다시 복원해야 합니다. 단을 내려가면서 단마다 현재 노드의 값을 2개의 자식 노드와 비교합니다. 현재 노드의 값이 자식 노드보다 작으면 히프 속성을 복원하도록 자식 노드 가운데 더 값이 큰 노드와 자리를 바꿉니다. 현재 노드의 값보다 큰 자식 노드가 없을 때까지 이렇게 자리 바꾸기를 계속합니다.

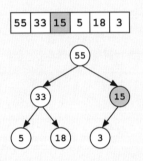

히프에서는 새 항목을 추가하거나 값이 최대인 항목을 제거할 때마다 트리를 위부터 아래까지 최대 한 차례 훑어야 합니다. 하지만 히프에 저장된 노드의 수를 약 2배로 늘려도 트리의 단은 한 단밖에 늘어나지 않으므로 노드 수가 많아져도 꽤 빨리 트리를 훑을 수 있습니다. 더 구체적으로 말하면 히프의 노드 수를 2배로 늘려도 항목을 추가하거나 제거할 때 수행해야 할 연산은 한 번밖에 늘어나지 않습니다. 또한, 새 항목을 추가하거나 최대 항목을 제거한 뒤에도 트리의 균형이 깨지지 않아서 값을 추가하거나 제거한 후에 다른 연산을 할 때 효율적입니다.

모든 단서와 실마리가 한곳으로

효율적 알고리즘의 핵심

"나가세요."

루프 박사가 다시 한번 말했다.

"정식으로 수사하러 온 겁니다."

프랭크가 자리에서 일어서지 않은 채 대답했다. 그는 등 뒤에서 석궁을 겨누고 앞으로 다가오는 발소리를 들었다.

"그래 보이진 않는군요. 도너번 경감을 오래 알고 지냈는데 사설탐정에게 이런 수사를 맡길 사람은 아니에요. 내가 기억하기론 오히려 수사 중인 사건에 달라붙는 탐정들을 떼어 낼 방법을 궁리하는 사람이었어요."

프랭크가 주머니로 손을 가져갔다.

"움직이지 마."

뒤에서 거친 목소리가 말했다.

프랭크는 신경이 곤두섰다. 이런 일을 하다 보면 늘 겪는 일이지만, 도무지 익숙해지지 않았다.

"양피지를 꺼내려던 참입니다."

프랭크는 이를 악물며 말했다.

"그럼 천천히 꺼내. 빠르게 움직이면 무조건 쏠 거야."

프랭크는 조용히 신음했다. 저런 식으로 말하는 사람은 불리언 출신밖에 없었다. 모든 것을 흑과 백으로만 나누는 불리언의 세계관은 보안 요원을 하기에 안성맞춤이었다. 이들에겐 사정을 봐 달라는 말은 통하지 않았다. 그저 규칙을 어겼는지 어기지 않았는지만 중요할 뿐이었다. 프랭크는 과하다 싶을 만큼 느린 몸짓으로 도너번 경감의 편지를 꺼냈다. 몸을 굽혀 편지를 꺼내 책상 위에 놓기까지 1분이나 걸렸다. 프랭크는 몸을 다시 뒤로 젖히지 않았다. 적게 움직일수록 좋았다.

루프 박사는 편지를 꼼꼼히 읽은 다음 보안 요원에게 고갯짓했다. 프랭크는 석궁의 장전이 풀리는 소리를 들었다. 그는 그제서야 안도의 한숨을 내쉬고 의자에 등을 기댔다. 루프 박사가 보안 요원을 향해 방을 나가도 좋다는 손짓을 했다.

"도너번 경감에게 소개장을 써 달라고 한 건가요?"

"말씀하셨듯이 기밀 사안이니까요."

"나에 대해 들은 게 좀 있나 보네요."

루프 박사가 껄껄 웃었다.

"제가 직접 교수님 수업을 들었습니다."

프랭크가 말했지만, 루프 박사는 들으려 하지 않았다.

"그래서, 도난 사건을 조사하고 있다는 말이군요. 뭘 알고 싶죠?"

루프 박사는 단번에 자세를 바꿨다. 교수는 마치 모든 반응을 분석하려는 듯 빠르게 프랭크의 얼굴을 훑었다. 상냥했던 말투는 온데간데없고 무척 사무적인 목소리였다. 프랭크는 루프 박사의 상냥한 수다가 어디까지 진심이었을지 궁금해졌다. 마법 범죄학은 위험한 분야였고 루프 박사는 그런 위험한 곳에서 오랫동안 살아남은 인물이었다.

"경찰서에 어떤 보안 주문이 걸려 있는지 알려 주실 수 있습니까?"

"기본 경보 주문이 있어요. 누군가가 경찰서 안에서 마법을 부리면 경보가 울리지만, 마법을 부리는 걸 막아 주진 않죠."

"마법을 막는 장치는 왜 없는 겁니까?"

"현실성이 없어요. 경찰서에서 마법을 많이 사용하거든요. 증거 주문, 수 감자에게 거는 진실 주문, 기록을 남기는 마법 거울 주문, 점심 도시락 데우 기 주문 등 여러 가지를 사용해야 하죠."

프랭크는 경감과 노테이션 두 사람이 마법 우선순위 큐를 이야기했던 걸 떠올리고는 고개를 끄덕였다.

"게다가 설치 비용이 너무 비싸요."

루프 박사가 덧붙였다.

"기본 경보 주문 외에 다른 보안 주문이 걸린 곳은 감옥과 왕궁뿐이에 요. 왕궁에는 보안 주문이 여러 개 걸려 있지만, 마법 주문을 약하게 하는 주문은 없죠. 왕실 마법사 마커스가 워낙 마법을 많이 사용하니까."

"그럼 누가 왕궁 안에서 마법을 부릴 수 있는 겁니까?"

"마법을 부릴 순 있어요. 하지만 안 부리는 편이 좋죠. 왕궁에는 공격 마 법을 막기 위한 주문이 수십 개 걸려 있어요. 프레더릭 국왕이 임명한 마법 보안 요원 여섯 명도 있고요. 견습 마법사지만, 기초 공격은 할 수 있거든 요. 그리고 마커스도 있죠. 그에게 맞설 만한 마법사는 거의 없어요."

"마법 무기는요?"

"아, 좋은 질문이군요. 무기에 따라 달라요. 물론 왕궁에 마법 무기에 대 한 보호 주문이 걸려 있긴 하지만, 모든 마법 무기를 막을 수 있는 주문은 없어요. 마법 무기가 너무 많거든요. 마법 무기에 이미 마법이 걸려 있다면 사용할 때마다 다시 주문을 외워야 할 필요가 없으니까요. 심지어 감옥에 걸린 주문 차단 주문도 소용이 없어요."

"뭐라고요? 감옥에서는 모든 마법이 안 통하는 줄 알았는데요. 흑마법사들을 감옥에 가두지 않았나요? 특히나 익스포넨셔스가 감옥에 있잖아요? 마법으로 왕국 전체를 무너뜨리려 했던 마법사예요. 그냥 모든 마법 무기를 사용할 수 없게 차단하면 안 되는 건가요?"

루프 박사가 허탈한 웃음을 지었다.

"실망하게 해서 미안하지만, 모든 마법 무기를 막을 방법은 없어요. 하지만 걱정하지 말아요. 강력한 무기는 왕실 마법사들이 잘 지키고 있으니까. 게다가 새로 오는 수감자들은 모두 꼼꼼히 확인하고 있어요."

"감옥에 있는 다른 보호 주문이나 장비, 인력으로는 뭐가 있습니까?"

프랭크는 하나씩 조각이 맞춰지는 퍼즐을 보며 공포를 느꼈지만, 애써 침착하게 물었다.

"어디 보자."

루프 박사는 손가락을 하나씩 꼽기 시작했다.

"돌벽, 괴물 오소리가 우글우글한 호수 가운데 성, 교도관 백 명, 무거운 참나무 문, 조각한 소나무 문, 복도마다 걸려 있는 현기증 주문, 탐색을 어렵게 하는 주문…"

"탐색을 어렵게 하는 주문요?"

"오래된 주문이에요. 주문 차단 주문이 만들어지기 전에는 감옥에 보호 주문을 무척 많이 걸었거든요."

"탐색을 어렵게 하는 주문은 어떤 일을 하죠?"

프랭크가 마음에 엄습하는 두려움을 느끼며 물었다.

"수감자가 갇힌 감방을 찾기 어렵게 하죠. 더 정확히 말하자면 마법을 부려서 감방을 바꾸어 버려요. 감옥을 커다란 배열로 생각하면 탐색을 어렵게 하는 주문은 배열의 인덱스를 바꾸는 알고리즘이라고 생각할 수 있어요. 매일 밤 자정에 임의로 모든 감방을 바꾸죠.

이 주문은 수감자의 탈옥을 어렵게 만들어요. 배열에 값이 어떻게 정렬되어 있는지 모를 때는 완전 탐색을 할 수밖에 없어요. 감방이 매일 바뀌니까 며칠 밤에 걸쳐 찾을 수도 없죠. 교도관들은 무작위로 감방을 바꾸는 게 성가시다고 투덜대기만 해요. 매일 점호하는 데만 몇 시간이 걸리거든요. 요즘엔 "다음 방엔 누가 있을까?"라는 게임을 만들어서 즐긴다고 들었긴 하지만요. 어떨 땐 은화 한 닢을 걸기도 한다는군요."

"바뀐 감방의 위치는 기록해 두나요?"

"그러면 의미가 없지요! 누가 어떤 감방에 있는지 기록해 둔다면 수감자 이름을 역 인덱스 삼아서 감방의 위치를 찾아보기만 하면 되잖아요. 수도 경찰서 기록 보관실에서 수감자가 어디 있는지 찾을 수 있다면 주문을 사용하는 의미가 있겠어요? 그 주문의 목적은 침입자가 감옥을 뒤지느라 시간을 허비하게 하는 거예요. 당연히 침입자가 그리 오래 머물 수는 없죠. 교도관들은 서로 얼굴을 알고 있으니까요."

마침내 프랭크의 머릿속에서 퍼즐의 마지막 조각이 맞춰졌다. 도너번 경감은 불필요한 복잡성 연맹이 위험한 흑마법사 익스포넨셔스의 추종자와 부하로 이루어져 있다고 말했다. 모두 이 연맹이 왕국을 다시 공격할까 봐 걱정하고 있었다. 하지만 그들의 계획은 훨씬 단순했다. 연맹은 우두머리를 탈출시킬 계획을 세우고 있었다. 프랭크는 석궁을 겨눈 불리언 출신 보안 요원이 뒤에 없다는 사실에 감사하며 의자를 박차고 일어나 문을 향해 뛰었다. 프랭크는 계단을 뛰어 내려가며 어깨너머로 외쳤다.

"고맙습니다!"

❀ ❀ ❀

노테이션을 찾았을 때 프랭크는 쉬지 않고 달린 탓에 옆구리에 강한 통증을 느끼며 숨을 몰아쉬고 있었다. 그는 간신히 말을 내뱉었다.

"네 도움이 필요해… 탈옥… 오늘 밤… 마법사들."

노테이션은 걱정과 호기심, 약간의 성가심이 섞인 채 한참 동안이나 프랭크를 물끄러미 바라보고만 있었다. 그러다 답답했는지 팔짱을 끼고는 퉁명스럽게 말했다.

"제대로 말 좀 해 봐요, 프랭크."

프랭크는 몸을 수그리고 손을 무릎에 얹은 채 숨을 몰아쉬며 노테이션을 쏘아봤다.

"내 앞으로 뛰어온 건 그쪽이에요. 아까 씩씩거리면서 내 도움이 필요하다고 말하는 걸 들은 것 같은데요."

"알아냈어."

마침내 그가 간신히 입을 열었다.

"오늘 밤 마법사들이 감옥에 잠입할 거야."

노테이션은 놀란 표정이었다.

"감옥이요? 삭스가 감옥에 무슨 볼일이 있는 거죠?"

"잠깐. 삭스에 대해 어떻게 알고 있는 거지?"

프랭크가 허를 찔려 놀라 물었다. 그러자 오히려 노테이션이 프랭크를 황당하다는 듯이 쳐다봤다.

"무슨 소리예요? 예전부터 의심하고 있는 줄 알았는데. 그런 거 아니었어요? 바로 티가 나던데요."

"그래. 의심이 갈 만한 단서가 있었지."

프랭크가 말을 얼버무렸다. 이 말을 듣자 그동안 있었던 일의 아귀가 맞아들어가기 시작하면서 노테이션의 마음이 무섭게 요동치기 시작했다. 노테이션은 물끄러미 땅만 쳐다보며 아무 말도 하지 않았다. 노테이션은 굳은 얼굴로 프랭크를 홱 돌아보며 물었다.

"이런 얘길 왜 저한테 하는 거죠? 전 이 사건에서 손 뗐어요. 아시죠?"

프랭크가 믿지 못하겠다는 눈으로 노테이션을 바라봤다.

"그렇다고 어떻게 진짜 손을 뗄 수가 있지? 범인들을 잡고 싶지 않아?"

"물론 그러고 싶죠. 하지만 경감님께서…"

"경감님은 잊어. 이건 네 사건이야. 경감님이 어떻게 말했든. 그렇지 않아?"

프랭크는 노테이션이 고민하는 틈을 노렸다.

"잘 들어. 범인을 나 혼자 잡을 순 없어. 하지만 경찰에 도움을 요청할 수도 없지. 적어도 지금은 안 돼. 분명 경찰 노릇을 하며 숨어 있는 범인이 있을 거야. 그런데 그자가 누군지 모르거든. 누군지 알아내기 전까지는 믿을 사람이 없어."

"그럼 저는 왜 믿는 거죠?"

"그야 네가 여기 있으니까."

"별로 좋은 이유는 아니네요."

노테이션이 불쾌한 표정으로 말했다.

"그런 뜻이 아니야."

프랭크는 노테이션의 기분을 풀어 보려 말했다.

"내 말은 네가 이 가게까지 와서 터무니없이 비싼 우선순위 큐를 네 돈으로 사고 있어서 그렇다는 말이야. 넌 네 직업을 좋아해. 게다가 네가 마법사의 탈옥 계획에 연루되어 있다면, 그냥 흑마법사 한 명에게 마법 우선순위 큐를 만들어 달라고 했겠지. 그런 상황에서 정신이 똑바로 박힌 사람이 다른 데서도 손쉽게 얻을 수 있는 물건을 사러 수정 구슬 구역까지 올 리는 없으니까."

노테이션은 프랭크를 노려보며 서 있었다. 그는 노테이션의 표정이 '진짜 화난' 상태일 때 뒤로 물러섰다가 '당신, 정말 끔찍한 실수를 저질렀군' 상태로 바뀌자 다시 앞으로 다가섰다.

"여기 와서 사라고 한 건 당신이잖아요."

노테이션이 이를 악물고 말했다.

"어찌 보면 잘된 일이야. 자네가 어디 있는지 내가 정확히 알 수 있었으니까. 자네를 찾는 게 세상에서 제일 쉬운 탐색 문제였어. 배열에서 인덱스를 아는 항목을 탐색하는 것만큼 쉬웠지. 그냥 히페러스의 가게로 곧장 오기만 하면 됐으니까. 뛰어야 하긴 했지만 말이야. 이미 들렀다 갔으면 어쩌나 걱정했거든. 자네를 놓치기 싫었어."

노테이션은 전혀 화가 풀리지 않은 듯했다.

"내가 범행에 가담했는지 시험해 보려고 여기까지 오라고 한 거였어요?"

"아냐. 그냥 떼어 놓으려고 여기로 오라고 한 것뿐이야."

프랭크가 솔직하게 털어놨다.

"자네가 여기 있다면 믿을 수 있는 사람일 거라는 생각은 뛰어오면서 했어. 난 자네가…."

"절 의심했군요?"

노테이션이 차가운 목소리로 물었다. 단어 하나하나에 비난이 담겨 있었다.

"너무 기분 나빠 하진 마. 난 원래 아무도 안 믿어."

"당신은 진짜… 정말이지…."

노테이션이 얼굴을 점점 더 붉히며 씩씩거렸다. 무슨 욕을 해 줘야 할지 모르겠다는 표정이었다. 잠시 노테이션의 화가 가라앉기를 기다리고는 프랭크가 물었다.

"그럼 같이 가는 건가?"

노테이션이 뻣뻣하게 고개를 끄덕였다.

"좋아. 그럼 2시간 뒤에 감옥에서 만나자. 석궁을 챙겨 오도록 해."

노테이션이 다시 고개를 끄덕였다.

"그리고 커다란 통도."

프랭크가 덧붙였다.

"통요?"

노테이션이 놀라서 화내던 것도 잊고 물었다. 프랭크가 빙그레 웃으며 말

했다.

"감옥 복도에 현기증 주문이 걸려 있거든. 토할 곳이 필요할 거야."

드레커 교수의 경찰 알고리즘 입문 수업

기말고사 준비 시간

이번 수업에서 배운 다른 내용을 다 잊더라도 "효율적 알고리즘의 핵심은 정보다."라는 말은 꼭 기억하기 바랍니다. 처음 보는 문제를 해결해야 할 때는 꼭 시간을 들여서 문제의 구조와 그 문제의 데이터를 파악하기 바랍니다. 문제가 구조화되어 있을수록 정보를 활용하면 효율적입니다. 수업 시간에 배웠듯이 값이 무작위로 저장된 배열에서 값을 찾는 일보다는 정렬된 배열에서 값을 찾는 일이 훨씬 쉽습니다. 필요하다면 히프나 역 인덱스 같은 보조 자료구조를 활용해서 데이터를 원하는 대로 구조화할 수도 있습니다. 어떤 문제를 풀든 언제나 문제를 이해하는 데서부터 출발해야 한다는 사실을 잊지 마세요.

마침내, 사건 종결

자정에서 1분이 지난 시각, 문이 삐걱대더니 교도관 한 명이 어두운 감방 안으로 고개를 들이밀었다. 그는 횃불을 비춰 천천히 감방을 둘러보더니 이내 등을 지고 누워 있는 수감자에게 시선을 고정했다.

"주인님?"

교도관이 조용히 물었다. 수감자는 몸을 뒤척인 뒤 일어나 앉아서 교도관을 바라봤다.

"주인님. 저는…."

감방 안에 앉은 수감자 얼굴을 본 교도관은 숨이 턱 막혀 말을 잇지 못했다. 감옥 침대에 앉아 손을 흔들어 답례한 사람은 다름 아닌 프랭크였다. 교도관은 도망치려 뒤돌아보았지만, 감방 앞 복도에서 커다란 석궁을 든 노테이션이 기다리고 있었다.

"저는… 저는 그냥 순찰을 돌고 있었을 뿐입니다."

교도관이 말했다. 프랭크가 고개를 저으며 껄껄 웃었다.

"횃불을 천천히 이리 내."

프랭크는 명령조로 말하고는 노테이션 쪽으로 턱짓했다.

"저쪽에 있는 내 동료는 경찰 대학을 갓 졸업했지. 석궁 과목에서 1등을 했다던걸."

"사실 2등이었어요!"

노테이션이 복도에서 소리쳤다. 프랭크가 한숨을 쉬었다.

"정말 이러기야? 이럴 땐 좀 얌전히 있을 수 없어?"

"미안해요. 정확히 하고 싶었어요."

"협박하는 중이잖아. 노테이션. 협박할 때는 좀 지어내도 괜찮다고."

"미안해요."

노테이션이 다시 사과했다. 프랭크가 맥빠진 얼굴로 교도관을 보며 말했다.

"어쨌든 핵심은 바뀌지 않아. 저 친구는 석궁을 들고 있고 동급생 중에 한 명을 빼면 석궁 실력이 제일 좋아. 횃불 이리 줘."

교도관은 달아날 곳을 찾느라 방을 이리저리 살폈다. 빠져나갈 구멍이 보이지 않자 천천히 앞으로 다가와서 횃불을 프랭크에게 내밀었다. 하지만 프랭크가 횃불을 잡으려 다가서자 갑자기 태도를 바꿔 프랭크의 머리를 향해 횃불을 휘둘렀다. 허공에 불꽃이 날렸다.

프랭크는 급히 왼쪽으로 비켜서며 횃불을 피했다. 교도관이 다시 몸을 돌려 횃불을 휘둘렀지만, 노테이션이 뒤에서 교도관을 밀었고 그사이 프랭크가 횃불을 빼앗았다. 교도관은 비틀대더니 침대 위에 얼기설기 쌓아 둔 히프 위로 쓰러졌다. 프랭크가 고개를 저었다.

"뻔히 보이는 수작이었어, 꼬맹아. 횃불로 나를 치려고 하다니. 끔찍한 실력이야. 심지어 스치지도 않았어. 하지만 시도했다는 데 점수를 주지."

교도관이 프랭크를 보며 눈을 껌뻑거렸다.

"이제 그 멍청한 가면은 벗어. 네가 삭스인 거 다 알아."

"삭스? 그게 누구죠? 삭스라는 이름은 한 번도 못 들어 봤어요."

교도관은 전혀 모르겠다는 듯이 말했다.

"삭스, 가면 벗어."

프랭크가 다시 말했다. 교도관은 잠시 망설이다가 목 뒤로 손을 뻗어서 걸쇠를 풀었다. 이상한 바람 소리가 감방 안을 맴돌더니 교도관의 얼굴이 녹아서 정교한 가면으로 변했다. 교도관이 가면을 얼굴에서 떼어 내자 삭스의 얼굴이 드러났다.

"어떻게 알았죠?"

삭스가 물었다.

"여러 가지 사소한 의심들이 쌓여서 알게 되었어. 일단 넌 우리를 계속 따라다녔지만, 비네티 일당이 나타나기 전까지는 정체를 드러내지 않았어. 비네티는 잔혹하기로 악명이 높긴 해도 포로에게 자기 자랑을 늘어놓는 동안 정보가 줄줄 새는 멍청한 폭력배일 뿐이지. 네 계획을 흘릴 가능성이 높았어. 하지만 네가 지어낸 이야기도 믿기엔 너무 허술하더군.

헤진 밧줄 섬에서 네가 한 행동도 수상했어. 네가 떨어뜨린 지팡이가 증거를 불태워 버렸지. 넌 감옥 문밖에서는 마법을 사용하는 걸 주저했지만, 네 목숨이 위험해지니까 바로 금속을 약하게 하는 주문을 사용했어. 심지어 군수송대를 공격할 때 사용했던 주문과 같은 부식 속도를 빠르게 하는 주문이었지."

이어서 노테이션이 덧붙였다.

"감옥 문을 열 때도 내가 혼자 기어올라 가겠다고 하기 전까지 넌 비밀번호를 풀려고 하지 않았어. 너 없이 우리가 문서를 발견할까 봐 그제서야 나섰겠지."

"그럼 왜 그때 날 막지 않았죠?"

삭스가 물었다.

"난 그때까지 누굴 믿어야 할지 몰랐어."

프랭크가 여전히 석궁을 든 채 문가에 서 있는 노테이션을 가리키며 말했다.

"노테이션이 좀 더 빨리 눈치챘지. 감옥에서부터 널 의심했지만, 확실한 증거가 없었대. 게다가 내가 병렬 탐색을 하자고 한 뒤에는 널 감시할 수 없었지."

"사실 난 프랭크가 널 한동안 떼어 놓기 위해 병렬 탐색을 하자고 한 줄 알았어."

노테이션의 말에 프랭크는 흠칫했다. 두 사람 모두를 떼어 놓기 위해 병렬 탐색을 하자고 했었다는 사실은 입 밖에 내지 않기로 했다. 실은 삭스보다 노테이션을 더 의심하고 있었다는 것까지. 프랭크는 혼자 배열 수레에서 얻은 실이라는 실마리를 따라가기 위해 병렬 탐색을 제안했던 것이었다.

"감옥에서 네 연기가 훌륭했다는 점은 인정하지."

프랭크가 말을 이었다.

"정말 누군가 너에게 달려든 줄 알았어. 널 공격한 범인을 찾을 수 없어서 미심쩍긴 했지만, 내 직감을 믿지 않았지. 더 빨리 알아챘어야 했는데 말이야. 한 가지 잘 이해가 안 가는 게 있는데, 그때 왜 문을 닫은 거지? 그냥 발을 헛디뎌서 지팡이를 떨어뜨려도 됐잖아?"

삭스가 어깨를 으쓱했다.

"문은 실수로 닫혔어요. 거기 갇힐 생각은 아니었죠. 발을 헛디디는 시늉을 하는 동안 소매가 문에 걸렸거든요."

"어쨌든 연기를 잘했군. 그렇게 갇힌 게 적이 공격했다는 네 말을 믿는 데 한몫했어."

삭스는 어깨를 으쓱하며 아무렇지 않은 척했지만, 내심 자랑스러운 표정이었다.

"하지만 무엇보다도 가장 의심이 갔던 순간은 네가 이진 탐색 트리에 빨리 노드를 추가하려고 이상한 방법을 사용할 때였어. 노드를 추가할 때 루트 노드에서 시작해야 한다는 사실쯤은 이진 탐색 트리를 배운 사람이라면 다들 알고 있지. 그런 기초적 실수를 저질렀다는 건 네 말과는 달리 이진 탐색 트리 전문가가 아니거나 트리를 일부러 망치려고 했다거나 둘 중 하나겠지."

삭스가 웃으며 말했다.

"그랬군요. 서툰 마법사 흉내를 내면 의심받지 않을 수 있다고 믿었는데요."

"나쁘지 않았어. 너무 확실한 증거가 있는데도 계속 못 보고 지나갔을 정도로."

"고마워요. 학교 다닐 때 배비지 마을 극장에서 몇 번 공연했거든요."

"그래서였군. 그래서 경찰서 기록 보관실을 털 때마다 네가 새로 발령받은 경찰관 역할을 했던 거였어. 사실 네가 정확히 누굴 연기했는지는 알아내지 못했지만."

"일에 필요한 사람이라면 아무나 연기했지요. 새로 발령받은 경찰관이 많아서 고를 수 있었어요."

프랭크가 고개를 끄덕였다. 일리 있는 말이었다.

"경찰서에 감방 배치 기록이 없었다니 아쉽군. 감방 배치와 관련 있어 보이는 칸에 든 문서는 다 훔친 것 같던데. 감방 배치(Cell Assignment), 익스포넨셔스(Exponentious), 공고(Notice), 감옥(Prison), 수감자(Prisoner), 방 배치(Room Assignment) 등등. 하지만 모두 헛짓이었어."

"해 볼 가치는 있는 일이었죠. 이 감옥엔 감방이 많으니까요. 하지만 어떻게 내가 감옥으로 올 줄 알았어요? 그런 말은 안 했는데요."

프랭크는 너무 뻔한 이야기를 들었다는 듯이 웃었다.

"넌 대놓고 왕궁을 공격할 거라고 말했잖아. 감옥에 경계가 쏠리는 걸 막으려는 시도였겠지. 나쁜 계획은 아니었어. 루프 박사를 만나지 않았다면 감옥에 잠입할 거란 생각은 하지 못했을 거야."

루프 박사의 이름이 나오자 삭스는 눈에 날을 세웠다.

"루프 박사요? 그 사람 몇 년째 흑마법사들에게는 눈엣가시 같은 존재죠. 그 박사가 마커스가 감옥 보안 장치를 만들 때 도와준 거 알고 있었어요? 감옥 복도에 현기증 주문을 대체 누가 건 거죠? 정말 고약해요."

노테이션이 끼어들었다.

"그렇게 고약하진 않아. 교도관들에겐 어지러움 방지 주문을 걸어 주는 데다 교도관들과 함께 있거나 감방에 있을 때는 수감자들도 어지러움을 느끼지 않거든."

"난 벌써 두 번이나 토했다고요."

삭스가 대꾸했다.

"네가 멋대로 침입했잖아! 그래서…"

프랭크가 노테이션의 말을 자르고 물었다.

"동료들은 어딨지, 삭스?"

삭스가 대답하기 전에 노테이션이 말했다.

"삭스 혼자예요."

"뭐라고? 자넨 그걸 어떻게 알았지?"

프랭크가 노테이션을 바라봤다. 노테이션이 턱짓으로 문쪽을 가리키며 말했다.

"밖에 6칸짜리 배열 수레가 주차되어 있으니까요. 왜 이번에도 똑같은 수레를 사용하려고 했는진 모르겠지만, 어쨌든 밖에 아무도 타지 않은 빈 수레가 있어요. 공범이 있다면 수레를 지키고 있었겠죠."

삭스가 어깨를 으쓱했다.

"한 명밖에 가면을 쓸 수 없는 데다 감옥 밖에서 여러 명이 어슬렁거리면 의심받으니까 자청해서 혼자 왔어요."

"그럼 어디에 가면 네 동료를 찾을 수 있지?"

프랭크의 물음에 삭스가 소리내 웃었다.

"런타임 씨가 내 동료들을 찾을 필요는 없어요. 내가 잡혔단 소문을 들으면 동료들이 당신을 찾아낼 겁니다. 당신, 오늘 밤 무서운 적을 만든 거라고요."

"아, 그래?"

프랭크가 능청스럽게 말했다.

"내가 또 적을 만드는 덴 소질이 있지. 이름을 말해 주지 않겠나. 내 팬클럽 명단에 넣게 말이야. 혹시 그레첸도 거기 속해 있나?"

"그레첸요? 아직도 제가 견습생이라고 생각하는 거예요? 이미 어떤 거짓말을 했는지 알고 있으면서요?"

"그럼 누가 네 배후인 거야?"

노테이션이 물었다.

"불필요한 복잡성 연맹이야."

노테이션의 질문에 프랭크가 대신 답했다.

"물론 그레첸이라는 마법사는 거기 없겠지."

"대단한데요, 런타임 씨. 우리 조직을 아는 사람은 몇 명 없는데 말이죠."

노테이션이 처음 듣는다는 표정으로 되물었다.

"불필요한 복잡성 연맹이라뇨?"

"흑마법사 익스포넌셔스와 관련된 조직이야. 추종자나 부하 아니면 숭배자랄까."

"익스포넌셔스! 그 악마 같은 흑마법사요? 지금은 감옥에 갇힌 거 아니었어요?"

"맞아. 그 사람이야. 그 사악한 마법사. 삭스가 빼내려던 게 그 마법사라고 내가 말 안 했었나?"

프랭크가 조심스레 물었다. 노테이션이 프랭크의 뒤통수를 노려봤다.

"다들 잘못 알고 있어요. 왕국을 무너뜨리는 게 아니라 구하는 거예요. 익스포넌셔스 님이 권력을 잡으면 새로운 황금기를 맞을 거라고요. 익스포넌셔스 님은…"

"익스포넌셔스는 미쳤지. 그 녀석이 잡히지 않았더라면 왕국이 무너졌을 거야."

프랭크가 삭스의 말을 잘랐다. 노테이션이 몸을 돌려 고개를 끄덕이며 동의했다.

"이번엔 프랭크에게 동의할 수밖에 없군요."

삭스의 눈이 분노로 타오르더니 자리에서 갑자기 벌떡 일어서서 망토를 벗어 던졌다. 그는 지팡이를 치켜들고 긴 주문을 외우면서 복잡한 문양을 그리고는 프랭크 쪽으로 지팡이를 휘둘렀다. 프랭크는 그 모습을 가만히 지켜보고 있었다. 아무 일도 일어나지 않았다. 노테이션이 한심하다는 듯 삭스를 쳐다봤다.

"다 한 건가? 참고로 여기선 마법이 통하지 않는다는 사실을 알아 둬."

"아니, 난 그냥…."

삭스가 털썩 주저앉으며 말했다. 그러더니 갑자기 태도를 바꿔 문을 향해 달렸다. 노테이션이 석궁을 겨누자 삭스는 석궁 쪽으로 지팡이를 흔들었다. 노테이션은 삭스의 애처로운 탈출 시도에 약간 실망하며 뒤로 조금 물러나 지팡이를 피해 다시 석궁을 겨눴다. 그러는 동안 프랭크가 삭스의 옷자락을 낚아챘다. 삭스는 양팔을 풍차처럼 흔들며 버둥거렸다.

꿍 하는 소리와 함께 프랭크가 옷자락을 들어 올리자 삭스는 발을 헛디뎌 휘청이다 감방 침대로 넘어졌다. 프랭크는 몸을 숙여 떨어진 지팡이를 집어 들었다. 마법을 부릴 수는 없었지만 맞으면 꽤 아플 것 같았다. 프랭크가 감방을 나오자 노테이션이 문을 세차게 닫았다.

어쩌다 보니 탐색이 전문

노테이션은 경감 사무실 앞에 서서 프랭크가 나오길 초조하게 기다리고 있었다.

"어땠어요?"

프랭크가 나와 문을 닫자마자 노테이션이 물었다.

"괜찮았어. 호통치진 않으셨거든. 석 달치 사무실 세를 받았지."

프랭크가 돈이 담긴 작은 주머니를 들어 보였다.

"그게 다예요?"

노테이션이 실망한 목소리로 물었다.

"뭘 바란 거야? 훈장이라도 받을 거라고 생각한 거야? 사설탐정에겐 훈장을 주지 않아. 너는 받게 됐다고 들었어. 그리고 승진도. 잘했어, 노테이션 형사. 한 발짝 나아간 거야."

노테이션이 얼굴을 붉혔다.

"고마워요. 하지만 당신은요? 저는… 어쩌면…"

"경감님이 내게 돌아오라고 할 거라고 생각했나 보군. 네가 날 추천했다고 들었어."

프랭크가 노테이션이 못다 한 말을 대신했다. 노테이션의 얼굴이 빨개졌다.

"당신은 경험 많은 형사잖아요."

프랭크가 웃으며 말했다.

"경감님이 형사직을 제안하진 않았어."

프랭크는 노테이션의 표정을 살피며 덧붙였다.

"너무 서운하게 생각하지 마. 경감님이 나한테 다시 경찰을 하라고 할 리는 없어. 나랑 경감님 사이엔 사건 하나를 해결한 것 가지고는 풀리지 않는 앙금이 있어. 게다가 내겐 사설탐정 일이 더 맞아."

"그럼 그냥 예전처럼…"

"잃어버린 드래곤이나 찾으러 다닐 거냐고?"

"네. 그거요."

"사실 다른 일을 하나 제안받았어. 그냥 청부 계약이긴 하지만."

프랭크는 노테이션이 너무 흥분하는 것을 막으려고 손사래를 치며 말했다.

"무슨 일이죠?"

"아직 익스포넨셔스를 탈옥시켜 왕국을 차지하려는 마법사 연맹이 남아 있잖아."

노테이션이 웃었다.

"저도 잘 아는 연맹이네요. 얼마 전 꽤 열성적인 멤버를 하나 체포한 기억이 나는데요."

"그래. 열성 멤버였고 분명 헌신적이기도 했지. 하지만 제일 실력 없는 멤버였을지도 몰라. 앤 공주님께서는 익스포넨셔스를 탈옥시키려는 삭스의 시도를 보고 경험 많고 실력 좋은 연맹 소속 마법사들이 자극을 받아서 비슷한 일을 꾸밀지도 모른다고 걱정하고 계셔."

"그럼 불필요한 복잡성 연맹을 수사하시는 건가요? 아, 물론 청부 계약으로요."

프랭크가 고개를 끄덕였다.

"비밀 조직의 멤버를 모두 찾아내는 건 어려운 탐색 문제야. 근데 어쩌다 보니 내 전문 분야가 탐색이지 뭐야."

삭스가 알려 주는 알면 더 재미있는 컴퓨팅 +α

◆ **런타임(Runtime)** 날 잡아넣은 철천지 원수 프랭크 런타임! 런타임을 쉽게 말하면 실행시간이야. 컴퓨터 과학에서 프로그램이 실행되는 동안의 모든 동작을 일컫지. 이 책의 주인공이니, 분하지만 잘 어울리는 이름인 것 같아.

◆ **노테이션(Notation)** 똑똑한 신참 형사 엘리자베스 노테이션! 그녀의 성 노테이션은 '표기법'이란 뜻이야. 표기법은, 숫자(digit), 문자(character) 또는 기호(symbol)의 집합을 사용하여 데이터를 표시하는 일을 가리켜. 사사건건 설명하길 좋아하는 형사에게 딱 맞는 이름이지?

◆ **익스포넌셔스(Exponentious)** 우리 위대한 익스포넌셔스 님의 이름은 사실 '지수 함수'(exponential fuction)에서 따온 거야! 지수 함수란, a가 1이 아닌 양의 상수, x가 모든 실수값을 취하는 변수라 할 때, $y=a^x$로 주어진 함수를 가리키는 말이지! a가 1보다 크면 증가함수가 되고, 1보다 작으면 감소함수가 돼! 즉, '모든 변수는 지수에 있음'이니 우리 익스포넌셔스 님의 대단함이 잘 드러난다고 할 수 있지!

◆ **히페러스(Heaperous)** 우선순위 큐를 만드는 마법사인 히페러스를 두고, 프랭크가 이름 때문에 자료구조 일을 하는 게 아닌가, 라고 말하는 건 그의 이름에 히프(heap)가 들어가 있기 때문이야! 책을 다 읽었으니 히프가 뭔진 알지? 바로 최댓값 및 최솟값을 찾아내는 연산을 하기 위한 완전 이진 트리를 기본으로 한 자료구조를 가리키는 말이지.

◆ **이터레이터 교수(Iterator)** 컴퓨터 프로그래밍 언어에서 반복 가능한 객체, 즉 자료가 담긴 데이터의 종류마다 반복하는 방법이 다르기 때문에 모두 다르게 적용하려면 비효율적이야. 그래서 표준화된 방법으로 적용한 것을 뜻해. 반복하는 게 지겨웠는지 어느 날 훌쩍 경찰 대학을 떠나긴 했지만 말이야.

◆ **람다 박사(Lambda)** 프로그래밍 언어에서 사용하는 개념이야. 익명(이름이 없는) 함수를 사용해 컴퓨터 코드를 간결하게 만들고, 지연 연산을 할 수 있어 필요한 시점까지 계산하지 않고 지연시켜 불필요한 연산을 제거할 수 있어. 또한, 반복자(Iterator 객체) 코드의 불필요한 부분을 제거할 수도 있지!

◆ **베리어블 박사(Variable)** 컴퓨터 프로그래밍에서 Variable, 즉 변수는 아직 알려지지 않거나 어느 정도까지만 알려져 있는 양이나 정보를 가리키는 말이야. 일반적으로 데이터 저장 위치와 그 내용물과 관련이 있지!

장소

◆ **3비트 골목길(3bit)** 3비트 골목길의 '비트'는 컴퓨터 데이터의 가장 작은 단위를 가리키는 이름이야. 항상 하나의 2진수 값(0 또는 1)을 가져서 정보를 표시하지.

◆ **절댓값(Absolute value)** 험상궂은 바텐더 에이브가 운영하는 바야. 이름인 절댓값은 주어진 수가 0으로부터 얼마나 떨어져 있는지를 나타내는 말이야. '|' '|' 이렇게 표시해. 거리의 개념이니까 절대 음수는 나올 수 없겠지?

◆ **불리언 시(Boolean)** 프랭크의 고향이기도 한 불리언 시! 불리언이란 참과 거짓을 나타내는 컴퓨터 과학의 논리야! 예스 아니면 노의 이분법적 사고를 가진 사람들의 고향으로 딱 맞지?

◆ **불변 상수(Constant)** 상수는 그 자체로 일정한 값을 말해. 다른 변수가 바뀐다고 해도 늘 그대로인 성질을 가지고 있지. 그런데 굳이 앞에 '불변'이라는 말을 붙인 거 보면, 어지간히 전통을 지키는 바인가 봐?

◆ **대담한 더블(Double)** 컴퓨터에는 두 번 명령해야 되는 때가 있지! 바로 더블클릭처럼 말이야! 새로운 손님이 올 때마다 흥겨운 파티를 벌이는 마법사들의 아지트로 언제든지 놀러 가 봐!

◆ **기하급수 에스프레소(Geometric Series)** 유리 상자 빌리가 있던 3배 많은 원두의 커피숍이지! 앞의 항에 일정한 수를 곱한 항으로 이루어지는 급수를 말하는데, 수나 양이 갑자기 많아지는 것을 이렇게 표현하기도 해. 수를 계속 곱하면 금방 값이 불어나니까 그렇겠지?

◆ **레지스터 결함** 레지스터는 컴퓨터의 프로세서 내에서 자료를 보관하는 아주 빠른 기억 장소야. 임시 보호소라고 할 수 있지! 이게 결함이 있다면 컴퓨터가 제대로 작동하지 않겠지?

◆ **유에스비 항구(USB)** 유에스비는 다 알지? 플래시 메모리를 이용한 이동형 데이터 기억 장치야. 배가 들어와서 물건(정보)을 내리고, 다시 다른 물건(정보)를 싣고 나가니, 참 좋은 항구 이름인 것 같아. 아, 썩은 생선 냄새는 빼고!

◆ **플래그 가(Flag)** 컴퓨터 과학에서 플래그는, 무엇인가를 기억해야 하거나 또는 다른 프로그램에 약속된 신호를 남기기 위한 용도로 프로그램에 의해 사용되는 미리 정의된 비트(또는 여러 개의 비트들)을 가리키는 말이야. 매우 자주 사용되는 것들이니 꼭 알아 두라고!

사물, 단체

◆ **리트라이 루프(Retry Loop)** 비네티 일당의 밀수선! 재시도 반복이라는 뜻인데, 얼마나 밀수를 해 댔으면 이런 이름을 지었겠어? 무한한 반복이잖아.

◆ **코럽트 패킷(Corrupt Packet)** 여기서 패킷은 데이터 패킷이야. 통신망을 통해 전송하기 쉽도록 자른 데이터의 전송 단위를 가리키지. 그런데 이게 손상(corrupt)되었다고 하네? 과연 밀수선다운 이름이야.

◆ **TCP 플라이어(TCP Flyer)** 우리가 타고 모험을 떠난 마비스의 배야! TCP란, 전송 제어 프로토콜(Transmission Control Protocol)의 약자로, 세계 통신 표준으로 개발된 OSI 모형에서 4번째 계층인 전송 계층(Transport Layer)에서 사용한다고 해. 없어서는 안 될 유용한 존재지!

◆ **불필요한 복잡성 연맹(Needless Complexity)** 말 그대로 필요 없이 복잡하다는 의미야. 소프트웨어 개발에서, 설계가 현재 시점에서는 유용하지 않은 요소를 포함하고 있을 때 "이 설계는 불필요한 복잡성을 갖고 있다."라고 말해. 그렇지만 이런 변수들이야말로 세상을 풍요롭게 만들고 왕국에 황금기를 가져다줄 행운 아니겠어?

찾아보기